1000个哲学知识

哲学家是怎么说的

THE HANDY PHILOSOPHY ANSWER BOOK

19世纪哲学、大陆哲学 、美国哲学
分析哲学、新哲学等，将带你走进哲学世界
与哲学家一起探寻哲学世界一些有趣的话题

[美] 内奥米·扎克 博士 /著

李 哲 /译

上海科学技术文献出版社
Shanghai Scientific and Technological Literature Press

图书在版编目（CIP）数据

　哲学家是怎么说的：1000个哲学知识／（美）扎克博士著；
李哲译．—上海：上海科学技术文献出版社，2015.6
　（美国科学问答丛书）
　ISBN 978-7-5439-6642-0

　Ⅰ.① 哲…　Ⅱ.① 扎…　②李…　Ⅲ.①哲学—通俗读
物　Ⅳ.① B-49

　中国版本图书馆 CIP 数据核字（2015）第 088634 号

总　策　划：梅雪林
责任编辑：张　树
封面设计：周　婧

丛书名：美国科学问答
书　名：哲学家是怎么说的
[美]内奥米·扎克博士　著　李　哲　译
出版发行　上海科学技术文献出版社
地　　址　上海市长乐路 746 号
邮政编码　200040
经　　销　全国新华书店
印　　刷　常熟市人民印刷有限公司
开　　本　720×1000　1/16
印　　张　19.25
字　　数　324 000
版　　次　2016 年 1 月第 1 版　2017 年 5 月第 2 次印刷
书　　号　ISBN 978-7-5439-6642-0
定　　价　45.00 元
http://www.sstlp.com

前言

　　我们究竟知道什么？什么是真实的？生命是否有意义？人们有自由意志吗？这些只是哲学问题的几个例子。除了这些问题之外，人们还会提出大量类似的问题。这些问题被称为"哲学问题"。人们无法彻底回答这些问题，它们已经困扰哲学家三百多年了。要提出这些问题，你不必非得是哲学家——尽管你在阅读这本书时，可能会觉得自己颇像一位哲学家。

　　本书中有大量关于特定的哲学家以及他们思想的条目。每个条目都以问题开始，这些问题深入地探讨了某个哲学家、思想流派或者时间年代的重要性。紧接着问题的是作者的回答，这也是对整个章节内容的概述。每个条目之下的部分也是以核心问题开始，对问题回答之后，会提出更加深入的问题，并提供解答。你可以单独阅读每个提问和回答，也可以将它们视为大框架的一部分。

　　如果你想要了解某位哲学家或者有关某个思想的简述，你并不需要通读全书。如果你到目录部分查找某个哲学家的名字或者相关主题，你就可以知道在本书的哪一页能找到相关内容。本书的主要内容——哲学史上的重要人物和思想——从古代哲学至今，按时间顺序排列，目录可以引导你找到相关内容。

　　哲学在很大程度上可以看作是哲学家所提出的观点。虽然哲学家之间争论不断，但是他们对于彼此的权威观点还是非常尊重的（本书的作者是一位哲学教授）。

　　本书使用方法灵活。如果想了解哲学史，那么可以按照章节的顺序进行阅读。如果只对某一时代或者某一思想流派感兴趣，则可以只读相应的章节。

　　如果对整本书的内容感兴趣，想要把它作为研究哲学的入门读物，或者用来更新已有的哲学知识，那么你就应该从头到尾通读本书（至少完整读一遍），然后再选择你所感兴趣的内容继续深入阅读。

你如果真的了解了上述内容（也就是说，如果哲学真的很吸引你的话），你可以更加深入地学习哲学。如果你是学生，你可以选择一门哲学课程。如果你以后要继续深造的话，你可以在当地的某所大学选修一门哲学课程。哲学在很大程度上需要进行面对面的讨论，所以一定要找合适的场合和同样爱好哲学的人一起交流。如果不方便参加哲学课程，那么可以加入当地某个定期活动的哲学俱乐部，或者到互联网上找一个类似的俱乐部。

〔美〕内奥米·扎克博士

目录
CONTENTS

目录

Contents

目录

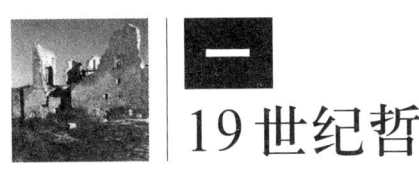

19世纪哲学

▶ 19世纪哲学作为当代哲学的思想基础有哪些特点?

哲学在19世纪开始了近代化进程,按此意义来说,19世纪的各种哲学思想流派和分析方法仍被现今的职业哲学家所实践着。近代哲学一方面以经验主义为特点,另一方面又抗拒着经验主义。它涵盖了一系列的探究,至今还被当代思想家用作基本原则来建立新思想体系。近代哲学主要的奠基者出现于19世纪和20世纪早期,各路哲学家纷纷为哲学难题搭建舞台,各种哲学思潮涌现,如存在主义和现象论、欧陆哲学和美国哲学以及实用主义、英美分析哲学(其中包括现在所谓的科学哲学)、后结构主义的新哲学、后现代主义、女权主义、种族主义和后殖民主义。

近代哲学的显著特征就是其持续革新的思想意识及其在其他领域的延伸,诸如社会批判、政治学、自然科学、数学、逻辑学和文学,以及对作为哲学思想主旨的人文主题新的认识。

19世纪经验主义

▶ 19世纪发生的什么事情影响了经验主义?

经验主义一路走来,行至19世纪,作为全面的哲学方法论

已逐步系统化,广泛应用于自然科学、伦理学和政治学。这大体上源于两个互不相容的哲学家的工作,即威廉·惠威尔(William Whewell, 1794—1866)和约翰·斯图亚特·穆勒(John Stuart Mill, 1806—1873),还有创建实证主义哲学思想流派的奥古斯特·孔德(Auguste Comte, 1798—1857)。

在社会学的建立上,孔德的作用也是不容忽视的,但是从方法论的角度,人们将孔德看作经验主义者。惠威尔关注的主要是科学及其大众化。穆勒的贡献在于把经验科学的合理解释纳入哲学体系,因为相较于惠威尔的经验主义,穆勒更易被经验哲学家所接受。穆勒还将经验主义延伸至伦理学、政治哲学和女权。迄今为止,孔德是最极端的经验主义者,并且在20世纪,实证主义作为总体上阐述哲学的一种方法而被重新审视。

威廉·惠威尔

▶ 威廉·惠威尔是什么人物?

威廉·惠威尔是一个十分博学的人,其对机械学、矿物学、地质学、天文学、政治经济学、神学、教育、法律、建筑学、伦理学、科学哲学以及他命名的"潮汐学"都有突出贡献。他是英国科学促进协会(British Association for the Advancement of Science)的创建者和主席,也是英国皇家学会会员。惠威尔仿照"艺术家"一词(artist)创造了"科学工作者"(scientist)一词。同时,他也是19世纪英国教育界最有影响的人物。

▶ 惠威尔主要的生平事迹有哪些?

1794年惠威尔出生在英国兰开斯特。父亲是木匠师傅,母亲写诗歌。早年在赫弗舍姆文法学校(Heversham Grammar School)就读,后获得奖学金进入剑桥大学三一学院。1820年,他年仅26岁就当选为英国皇家学会会员。在被委任为英国国教会牧师后,这一职位要求他必须成为大学教授,因此他从1828年—1832年担任了三一学院的矿物学教授。1838年被聘为道德哲学教授。

▶ 威廉·惠威尔是如何描述科学方法的?

在其1837年《归纳科学史》(*History of the Inductive Sciences*)一书中,惠威尔阐述了作为科学方法论的三个过程:以个别事实为序曲,朝向普遍原理和法则推进;在"归纳时代",科学家的"概括"达到顶点,人们创造了理论;最后一步是"续集",理论不断被完善,并应用于新的事实中。

惠威尔与科迪莉亚·马歇尔(Cordelia Marshall)结婚后,担任了两个学期的三一学院院长及剑桥大学副校长。科迪莉亚去世后,他与朋友的妹妹——阿弗莱克夫人(Lady Affleck)再婚。在阿弗莱克不幸去世后,惠威尔在一次骑马事故中因受伤严重而独自黯然离世。惠威尔的著作一直被世人忽视,直到20世纪中期才被重视,其经验主义和理论成就得到了前所未有的认可。

▶ 惠威尔的知识基本对立是指什么?

惠威尔认为,"知识的每一行为都存在两个相对立的因素,即我们所谓的观念与感知"。惠威尔受到康德的影响,并继承了康德观点,即科学知识并不是客观事实的纯粹采集,而是由观念到达科学知识的先验系统。然而,对科学知识完全存在于心灵中的观点探讨,惠威尔并不及康德的深入。与康德不同,惠威尔认为人类所探知的世界独立地存在于人类心灵中,他也不像那些被他称为"感觉论派"的经验主义者那么强调归纳和观察。

▶ 惠威尔所说的感觉论派指什么?

惠威尔所说的感觉论派指的是那些把感觉视为人类全部知识的源泉,认为感性认识比理性认识更可靠的经验主义者。

▶ **什么是惠威尔的主要思想?**

惠威尔提出了若干个"基本概念",如空间、时间、动因和相似性,正是这些基本概念实现了"无意识推理",因此,我们可以从多种途径构建和关联我们的感觉,得到对客体的感知。他认为每种科学都有特定的基本理念使其研究主题合乎情理。例如,几何学的空间概念、力学的动因概念和化学的物质概念。某一科学的基本概念可被进一步描述为该科学的必要条件,如力的概念之于力学。

▶ **惠威尔与康德有何分歧?**

惠威尔反对康德没有限制基本概念的范畴,他认为我们了解世界上的客观知识,是因为这些客观知识本身就存在着,与我们的基本概念无关。而康德持另一观点,他认为我们不能认知自在之物,只有自在之物成为我们的了解范畴才可以被理解。惠威尔还指出,上帝是基本概念的创造者。正因为上帝创造了基本概念,这些概念才可以与现实相匹配。

 ▸ **英国科学促进协会是什么组织?**

英国科学促进协会的宗旨是促进人们对科学的进一步了解——其中包括科学的基本原理、程序及可能产生的后果。协会实现目标的措施是组织会议、大会和讲座,与其他科技团体进行合作,支持科研和科学资料的出版工作。但是,在其官网上,该组织认定1815年发明万花筒的大卫·布儒斯特为其主要创始人,而不是威廉·惠威尔。

该协会现有会员三千余人,他们致力于科学的普及化;还发起了一项青年科学家计划,成员1.2万余人。自1932年以来,英国科学促进会每年举行"科学节",吸引了众多科学家和科技爱好者的参与。可通过网址http://www.the-ba.net/the-ba了解更多的活动内容。

▶ 什么是惠威尔的归纳理论？

在惠威尔的《归纳科学哲学史》(*Philosophy of the Inductive Sciences, Founded upon Their history*, 1840; 1847年修订版; 1858年增编版)一书中, 他强调使用"发现者的归纳"这一方法去构建普遍原则和因果规律。这就是他对弗朗西斯·培根原则(Francis Bacon's principles)革新性的"概括"。

在概括中, 心灵额外添加给事实一些可用来总结的概念。例如, 惠威尔描述了天文学家约翰尼斯·开普勒概括的火星轨道要点。惠威尔认为人们发现新的事物不是新认识的结果, 而是将正确的概念应用于存在而产生的。因此, 根据惠威尔的观点, 开普勒将其椭圆概念应用在早已被丹麦天文学家第谷·布拉赫(Tycho Brahe)观测到的火星轨道上。

对于如何选择正确的概念去综合事实, 惠威尔认为不能通过简单的观察和臆测实现, 必须通过"心灵的特殊加工", 即"我们所推论的多于所看到的"。一旦理论建立, 它就会延伸至我们所观察不到的世界, 如光波、轨道形状和重力。换言之, 惠威尔认为我们总会用心灵中某些东西去研究经验, 帮助我们阐释经验和经验之外的事物。

▶ 惠威尔认为如何应用一致性、融贯性和预测性来测试理论？

科学理论必须经得起一致性、融贯性和预测性的检验。"一致性"指的是新事物证实理论。理论的融贯性指的是理论有解释新事实的能力, 融贯性是随时间而增强的。预测性指的是能证明预测的准确。一旦经得住这些测试, 理论和科学原理就成了不可否定的, 否定它们就是自相矛盾。

约翰·斯图亚特·穆勒

▶ 约翰·斯图亚特·穆勒为什么是重要的人物？

迄今为止, 人们对约翰·斯图亚特·穆勒所提出的伦理学功利主义进行了广泛的研究。功利主义和德性伦理学及道义学构成了三大主要的道德哲学体

系。然而,他的政治影响更为重要;作为英国的改革论者,他也被看成是经验主义科学哲学家。他对民主进步和科学哲学的贡献如此之大,以至于世人忽视了他在政治学和科学定义上的成就。

▶ 约翰·斯图亚特·穆勒有什么经历?

穆勒父亲的兴趣和影响为他树立了方向,但是穆勒最后还是基于自身经历和妻子的影响而选择了自己的道路。穆勒的父亲詹姆斯(James)是著名哲学家和经济

约翰·斯图亚特·穆勒是英国议会下院议员、政治理论家、经济学家和哲学家及功利主义者。(图片来源:艺术文献库)

学家,也是东印度公司(East India Company)的官员。穆勒也在东印度公司任职,直到1856年英国政府将东印度公司解散为止。在19世纪30年代,穆勒曾任《威斯敏斯特评论》(Westminster Review)的主编,并在1865年—1868年担任下院议员。总的来说,穆勒毕生促进英国民众以科学方式解决政治、社会和经济问题,但他也十分关注艺术和生活本身传递出的人文关怀。

▶ 穆勒有哪些有影响的著作?

在其《逻辑学体系》(System of Logic)(1843年)一书中,穆勒赋予形式逻辑以证明体系,说明事实的结论是如何被证实的。他也更新了弗朗西斯·培根的因果分析观点,并扩展了大卫·休谟的理论,即原因与结果并无逻辑联系,因果关系不过是各类事件的恒常连接。

在《政治经济学原理》(Principles of Political Economy)(1848年)一书中,论述了衡量人类价值与经济的差距,如环境的维持和限制人口。他认为理想的经济形式应该是由员工自由合作社组成。

穆勒的《论自由》(On Liberty)(1859年)一书,是19世纪西方资产阶级社

会科学中的一部重要著作。在当时的历史条件下,此书对批判封建专制主义思想,宣传近代欧洲的自由、民主观念曾起过积极的作用。但这也是他最受质疑的著作,因为它对社会舆论的杠杆效应给予了抨击。穆勒认为,民主社会强加给社会成员的公约不允许异类生活方式的出现,而且压制创造个性的做法,也就是把某些人自以为正确的观念和行为准则强加给意见不同的人,从而迫使一切人被压入一个共同的、僵死的生活模式中。他同时代的保守者反对他所拥护的言论自由,即只要不涉及他人的利害关系,个人(成人)就有完全的行动自由,其他人和社会都不得干涉,只有当自己的言行危害他人利益时,个人才应接受社会的强制性惩罚。他在《功利主义》(Utilitarianism)(1861年)一书中提出了最大多数人的最大幸福原则。

穆勒《论妇女的从属地位》(the Subjection of Women)(1869年)一直被视为经典的女权主义著作。他最后的主要作品《宗教三篇论》(Three Essays on Religion)(1874年)表达了宗教的理性观点,既不是不可知论也不是无神论。穆勒推断,上帝可能存在,但是从人类所遭受的种种苦难看来,上帝对人类并非那么仁慈。

▶ 穆勒如何看待杰里米·边沁的"快乐原则"?

杰里米·边沁提出事物本身唯一的善就是快乐。直到穆勒伦理学发表,边沁的快乐原则才为人所周知。穆勒认可了快乐的价值,但对幸福更感兴趣。

▶ 穆勒是如何阐述高级乐趣和低级乐趣的区别的?

穆勒认为,简单的数量计算并不能用来衡量道德决策。他提出"低级乐趣"主要是和物质享乐相连的,而"高级乐趣"是需要通过培养、欣赏和教育才能体会,如那些在教养和艺术、文学、诗歌和友谊的愉悦中所发现的乐趣。这些是更优于低级乐趣的高级乐趣。穆勒经过体验证明,人们将不仅发现高级乐趣和低级乐趣的区别,而且将由衷地偏好高级乐趣。

▶ 穆勒是社会主义者还是资本主义者?

在功利原则下的政府和社会机构,穆勒认可自由市场的多产成果。但他认

 **穆勒成长过程中有机会沉溺于快乐吗？**

　　杰里米·边沁所构想的快乐原则显然并不适用于穆勒的年轻时代。尽管这可能有功利主义的更细分版本，区分了高级乐趣和低级乐趣。穆勒的父亲詹姆斯在边沁的帮助下，在家中教育年幼的穆勒。詹姆斯对小穆勒的亲自教育实际上是老穆勒在实践边沁的功利主义哲学，他是其父按照边沁的教育法培养出来的。穆勒在3岁时学了希腊语，5岁时学了拉丁语，12岁时学习了逻辑学，16岁时学习了经济学。穆勒也接受了社会使命教育，即通过进步的政治改革增强最大多数人的幸福。穆勒20岁曾一度精神失常，传记作家认为系统而严厉的童年教育是穆勒神经失衡的诱因。在对他的教育中忽视了人文因素，其与同龄人的社会交往也因学习而被限制。自那以后，穆勒开始学习文学以培养他的人文情感。他阅读浪漫主义诗歌和沃尔夫冈·冯·歌德（Wolfgang von Goethe）的作品，并且开始重新思考边沁的快乐计算法。穆勒对边沁不再盲从，他从自己的体验出发，给功利主义注入更人性化的内容，即提出了高级乐趣和低级乐趣的区别，也在《边沁》一文中对其进行了尖锐的评论。该文1838年首次刊登在《伦敦和威斯敏斯特评论》（*London and Westminster Review*），1859年在《论述和讨论》（*Dissertations and Discussion*）第一卷中略有修订。

为生产资料公有制会消除极端贫困，使绝大多数人受益。他支持民主政府，因为民主的政府会听取民意，而不是采取以情感为基础的简单的多数裁定原则。

▶ 为何穆勒不信任多数裁定原则？

　　穆勒在《论自由》中提出，整个社会可以被大多数人的意见和喜好所统治。因此，言论自由是基本的。即使那些试图镇压言论自由者的人是正确的，如果他们不愿意表达观点，其正确结论就很有可能被人当做纯粹的迷信。因此，穆勒认为言论自由的功用在于提升理性的公众认知或分享知识、构成理论。

他认为人们基于绝对意见建立的标准是很重要的。在穆勒看来,倘若存在言论自由和公众异议,获胜方就必须对其观点作出合理的解释。换言之,穆勒认为言论自由有利于真理的出现,由于人类难免犯错,自由讨论才最有可能发现新真理的途径,而对任何探究的封杀和排斥,都会对人类造成损失,因而都是不明智的。此外他还认为,只有通过争辩,才能让我们学会更好地表述和捍卫真理,并使真理保持旺盛的生命力。没有争辩,或者不允许争辩,只会让已经建立起来的真理变得不堪一击。

▶ 穆勒的功利主义框架是什么?

穆勒阐释了如何用功利原则来描述个人行为和集体价值。个人追求幸福的结果,也许会是以社会利益作为个人目标的。穆勒描述的诸如公正等社会价值作为纯粹的抽象概念不会益于社会,而只有当个人在其生活中实践这些价值时,才有意义。

▶ 穆勒对宗教信仰的最终评价是什么?

穆勒总结道,考虑到这个世界的诸多邪恶,存在万能的和爱戴人类的上帝是不可能的。但是可能存在一个并不万能但很仁慈的神。总而言之,穆勒认为通过教育和社会制度的完善,人们可以掌控自己在人世间的幸福。另外,他也指出宗教对某些人的功用,他们因笃信基督耶稣教义而完善自己的道德修养。

▶ 穆勒在《论妇女的从属地位》中提出了什么进步思想?

穆勒在《论妇女的从属地位》中开篇提到,驳斥基于非理性立场的观点远远难于驳斥那些基于理性的观点。笛卡儿在《沉思录》(Meditations)开篇也曾有相似叙述。凡持有非理性观点之人不会因理性论据的说服而改变,反而只会为自己观点寻找更"坚实"的基础,甚至声称那是本能的结果。

这就为穆勒的观点搭建了平台,穆勒指出,他所写的那时妇女的生存窘况是"强权即公理"的历史传统造成的,连同男人所享有的"只要生来是男性"的

权利,即男人有权发号施令,女人有义务服从。他将这种境况比喻为奴隶式的生活:妇女完全依附于男人生活,被剥夺了受教育的权利和工作的本领;在婚姻中妇女无法保护自己的身体和孩子;妇女缺少公民权,如选举权和财产权;妇女遭受家庭暴力和婚内强奸时缺少法律援助。

穆勒也提出,为了使妇女成为屈从于男人的理想附庸,她们被培养成如此性格:愚蠢、注重外貌及崇拜和依附男人。退一步说,男人想当然地认为女人就该是为人妻为人母,正是这种想法把女人从教育和职业中驱逐出来。但尽管婚姻看起来是一种契约关系,妇女也没有任何真正的自由,因为她们无法自己维持生计。

为了驳斥那些持有妇女与男人本不该平等观点的人,穆勒指出,妇女因婚姻中的境遇和缺乏教育已经到了如此受压迫的程度,而男人对她们的真实能力知之甚少。他提出"最高贵的男性和最高雅的女性"无疑是完全平等的。

▶ 穆勒如何看待婚姻?

穆勒认为双方平等基础上的友善是人性美德最为繁茂之处,而他的理想婚姻为"通过两性真正的融合,获得彼此的欣赏和能量"。作为功利主义者,穆勒解释了双方平等基础上的理想婚姻,认为婚姻将使人类种群的一半对文明生活作出贡献。他认为妇女已经显示出独特的道德力量和无私情怀,因此,她们在公民生活和职业中的参与将会在各个方面增进文明价值。

▶ 穆勒的妇女观有何重要影响?

穆勒表达的观点基于这样一个时期,一些受过教育的人对于妇女传统角色的感伤成了时髦。例如,在社会思想家和评论家约翰·拉斯金(John Ruskin)的作品《芝麻与百合》(*Sesame and Lilies*)书中和英国作家和评论家考文垂·巴特摩尔(Coventry Patmore)的《家中天使》(*The Angel in the House*)诗中都可发现诸如此类的感伤。许多宗教权威和政治家都对穆勒的观点表示震惊和愤怒。另外一方面,当时在英国和美国已开始进行妇女参政运动,一些著名哲学家和知名人士的支持对这项事业的帮助极大。

尽管如此,遗憾的是在《论妇女的从属地位》出版50年后,英美两国的妇女

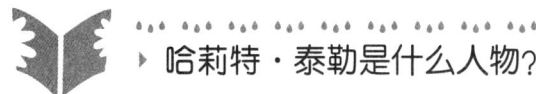

▶ 哈莉特·泰勒是什么人物?

　　哈莉特·泰勒(Harriet Taylor,1807—1858)是约翰·斯图亚特·穆勒的妻子。穆勒25岁时与她相识,那时他正处在精神失常的恢复阶段。哈莉特18岁时嫁给了约翰·泰勒(John Taylor),育有3子。穆勒和哈莉特之间一直维持着他们所形容的柏拉图式关系,直到哈莉特的丈夫去世,哈莉特结束了20年的婚姻关系,才最终和穆勒成为夫妻。泰勒一家曾一度分开过,哈莉特带着女儿生活,而泰勒则抚养他们的儿子。

　　一些女权作家认为哈莉特实际上是穆勒的《论妇女的从属地位》和其他作品的真正作者。穆勒也认为哈莉特在其撰写著作《论自由》上功不可没。哈莉特的同代人贬损她为"蠢女人",认为她只是穆勒的勾结者,总是重复穆勒的文字和观点。哈莉特很少以自己名字出版著述。她也是肯辛顿学会(Kensington Society)的建立者之一,该学会散发了第一份女权呼吁书。她还为一神教派的杂志《每月丛报》(Monthly Repository)撰写文章。毫无疑问,穆勒十分忠心于她。哈莉特去世后,穆勒曾写道:

　　假如我有能力向全世界解释,半数的伟大思想和高贵情感都埋于她的墓冢,而我尽吾之全力去发掘她无与伦比的智慧。人们认为我的著作比大多数同样善于大量概括的思想家的著作有较多的实用性,因而我常常受到称赞,其实我应得的称赞只有一部分。那些被称赞的有实用性的著作不是我一个人思考的产物,而是两人合作的结果,其中哈莉特对当前事物的判断和认识是非常切于实际的,对预测遥远未来是高瞻远瞩和大胆无畏的。

才获得选举权。尽管穆勒所倡导的女权在今天看来是女性理所应当拥有的权利,但一些女权主义者认为穆勒并没阐释出家庭内部的劳动分工,因此他的女性解放观点并不全面。正如他假设的那样,即便是摆脱束缚,绝大多数妇女仍会选择为人妻为人母。虽然穆勒强调妇女的个人发展,但他在妇女传统角色范围内

所作的研究要多于对妇女自治所作的研究。

▶ 何为穆勒的逻辑和科学方法论观点？

首先，穆勒认为演绎逻辑不能以直觉作为证明，而是依靠逻辑内部的一致性。所有科学的基本假设和公理都是以经验为基础的。自然是统一的，并且具有相似的法则，这是通过对简单确定事实的概括，即归纳，得出的普遍科学公理。更具体的因果解释仅仅是总结必要条件和充分条件：由结论能够推出条件，但由条件不能推出这个结论，这个条件就是必要条件；由条件能够推出结论，但由结论不能推出这个条件，这个条件就是充分条件。例如，多数情况下子弹射入头部是导致死亡的充分条件，但这不是必要条件，因为人会因其他原因死亡；再如，氧气是火灾的必要条件，但不是充分条件，因为导致火灾需要摩擦、易燃物和氧气，缺一不可。

穆勒也认为算术和几何学的基本原理可由归纳证明。他赞同奥古斯特·孔德关于社会科学的统一观点，借此原则使更多科学概论从已知的众多具体科学中衍生出来。例如，对个别的人类行为的观察研究可以形成心理学，对个体心理状态的观察研究可以形成社会学。值得注意的是，后来的许多数学和社会科学的理论研究都未能洞悉穆勒思想的益处。

奥古斯特·孔德

▶ 奥古斯特·孔德是什么人物？

奥古斯特·孔德是法国著名的哲学家、社会学和实证主义的创始人。在孔德所处的时代，他是著名的社会学家，"社会学"一词就是他提出的。他开创了社会学这一学科，是西方第一位社会学家，被尊称为"社会学之父"。他创立的实证主义学说是西方哲学由近代转入现代的重要标志之一。

孔德曾在巴黎综合理工学院（Ecole Polytechnique）教授数学，他自己也是在那里接受的教育。尽管孔德因精神错乱而不得不入院治疗，但情况很快得以好转，所以他的病情并没影响他主要著作的完成，期间孔德曾结婚，后又离婚。后来，他与一位他深爱的女士保持了一段柏拉图式的关系。在这位女士因病去世后，孔德系统地阐释了自己创建的一种全新的"人道教"。孔德在1830年—1832年间共出版了6卷《实证哲学教程》（ *The Course in Positive Philosophy* ）。

▶ 何为孔德的实证主义？

孔德提倡使用数学作为决策方式，该提法在统计学和商业模式中至今还有影响。他认为知识来源于观察到的事实，不观察就无法认识实体对象。孔德说，科学的目标是预测，解释和预测具有相同的结构。他的意思是由理论预测到的事情也可由其解释。例如，假如理论认为摩擦、氧和可燃物会产生火灾。由此我们可推断划火柴会产生火焰，我们也可解释为何划火柴会产生火焰。孔德还认为想象应控制在实证观察范围内。

▶ 孔德的社会学思想有哪些？

孔德认为，在整个世界发展中，科学经历了神学、形而上学、科学或实证3个阶段。神学阶段涵盖了宗教束缚和对超自然现象的膜拜。形而上学阶段涵盖的是对抽象法的合理解释。在科学阶段，人们会找到社会问题的解决之法。通过融合各阶段原则，孔德提出了一个"百科法则"，根据这一法则，所有科学都可以按一定等级排序，其中社会学最为重要，因其涵盖了其他所有学科。孔德写道："如果每一理论必须基于可观察到的事实，那么就是说如果没有特定理论的指导，事实也是无法观察的。"因此他提出了事实和理论相互联系的观点，至今仍被采用。

奥古斯特·孔德始创"社会学"一词。（图片来源：艺术文献库）

▶ 孔德支持利他主义吗？

支持。实际上，孔德首创了"利他主义"一词，意思是即使有损于自身利益，也会帮助和服务他人的一种责任。

直 觉 主 义

▶ 何为19世纪直觉主义？

从某种程度上说，在所有哲学体系中都有直觉主义的一席之地：未经推理或无法由较早推论证实，也无其他方法可释疑，在此情况下强调直觉或直观在认识中的作用，即为直接认知。穆勒认为威廉·惠威尔的科学哲学就是基于直觉的，尽管在某些地方也有极强的推理性。但惠威尔却有明确的直觉主义道德理论。其他值得关注的19世纪直觉主义者有威廉·汉密尔顿（William Hamilton）、F. H. 布莱德利（F.H. Bradley）、亨利·西奇威克（Henry Sidgwick）和詹姆斯·马丁纽（James Martineau）以及19世纪末20世纪初的亨利·柏格森（Henri Bergson）。

▶ 何为威廉·惠威尔的直觉主义道德哲学？

惠威尔认为良知使道德善恶的直接知觉得以实现。但是，他并没将良知描述为独立的道德职能，而是作为"理性在道德主体上的运用"。道德原则是理性的首要原则，由理性自身发现。他把它们看成是不证自明的必然真理。

▶ 什么是苏格兰常识哲学？

苏格兰常识哲学是一种由托马斯·里德（Thomas Reid, 1710—1796）提出的关于人类知识的现实主义观点，认为现实世界中我们所认知的是真实存在的实物，而不是大卫·休谟所说的观念是知识的唯一直接对象。

▶ 约翰·斯图亚特·穆勒是如何批判威廉·惠威尔道德直觉主义思想的？

穆勒对惠威尔的道德直觉主义的批判在于惠威尔认为道德不会进步，因为必然真理总是真实的。穆勒进一步指出惠威尔的必然道德真理只会维持现状，而且指责他支持奴隶制、未经女性认可的婚姻和虐待动物。然而穆勒所没看到的是，作为科学的基本理念，惠威尔认为我们无法探知道德的所有相关规律。因此，发现这些规律就是道德的进步。

▶ 威廉·汉密尔顿是什么人物？

威廉·汉密尔顿（William Hamilton，1788—1856）是苏格兰爱丁堡大学教授。他在苏格兰常识学派中以其提出的"条件限制下的哲学"而著称。他赞成伊曼纽尔·康德关于我们无法认识物自体的观点，也支持托马斯·里德的自然主义。里德认为我们可直接认知现实世界的事物，而康德认为我们无法认识事物本身。两者观点互为矛盾，汉密尔顿认为可通过直觉将两者不可思议地结合起来。

穆勒在《审视威廉·汉密尔顿爵士哲学》（*An Examination of Sir William Hamilton's Philosophy*）（1865 年）一文中强有力地抨击了汉密尔顿提出的关于科学原则的看法，即科学原则在直觉上是有效的，而不是像穆勒所认为的，因为人们能够提供因果关系的解释而有效。

▶ 何为威廉·汉密尔顿的"条件限制下的哲学"？

汉密尔顿所谓的"有条件"的事物指的是已描述和分类的事物，"无条件"的事物指的是尚未描述和分类的事物。他的哲学试图尝试在有条件和无条件之间建立一种平衡。他曾写道："思想中所有可想象的一切存在于两个极端，作为互为矛盾的双方，必有一方是真实的。心灵的法则，即可以想象的事物在每个相

联系的关系中受制于不可想象的事物,我称之为条件法则。"汉密尔顿支持上帝是不可知和不可臆想的神学信仰这一观点。

▶ 布莱德利是什么人物?

弗朗西斯·赫伯特·布莱德利(Francis Herbert Bradley, 1846—1924)是19世纪英国唯心主义的主要奠基者,也是有重要影响的直觉主义者。在他的主要著作《伦理学研究》(*Ethical Studies*, 1876年)中,他尝试解释了道德如何成为个人觉悟和社会制度的组成部分。他提出,有些人认为道德是一种内在价值,但道德基于这些人的社会地位,并且他们是在行为中自己发现了这种内在价值。善只有在恶被压制时才会实现。因此,善本身需要恶,并且只有当一个人臣服于基督教时,自身"已死",方可完全实现道德。

▶ 布莱德利是唯心主义者吗?

布莱德利是否是唯心主义者并不明确,但他确实认为我们对特定存在的直接经验就是我们所谓的实在。在其第二本主要著作《逻辑原理》(*The Principles of Logic*, 1883年)中,布莱德利尝试构建形而上学体系以解释其伦理学。他认为思想在判断中体现,结果只能是真理或谬误。观念是判断的内容,并表现实在。观念也表现各种事物,其中包含的是每一特定个体(从客体意义来说)。例如,你会具有宠物狗罗弗(Rover)的个体观念,而此观念只代表罗弗,但是你也具有能够代表所有狗的观念。

然而,所有判断都是以假设为前提,他认为在客观实在中存在普遍联系。例如,如果一个人作出狗是人类的好伙伴这样的判断,广而言之,这个人就认为所有的狗于他而言都是好伙伴,也就是说狗是人类的好伙伴。但是这只是一种假设,因为你可能会遇到不友善的狗,它不会成为你的好伙伴。

实在是现实世界的一切的总和;同样,就其本身而言,如贝克莱所说,实在是"实在的实在"。我们通过已有经验面对客观实在。也就是说,判断是抽象的,然而实在是具体的。因此,思想永远不能完全表现实在。换言之,真实世界无法被我们完全描述和分类。

最后,在他的《现象与实在》(*Appearance and Reality*, 1893年)一书中,布

 ▸ **从生活的角度来看,布莱德利是怎样的一个普通人?**

布莱德利1870年开始在牛津大学墨顿学院(Merton College)担任研究员。该职位是终身制,而且没有教学任务,但却不能结婚。布莱德利终身未婚,一直住在校园直至去世。1871年他不幸罹患肾炎后,开始意识到注意自己的身体。尽管他参与了默顿学院的管理,但却一直排斥其他的社交场合。例如,他曾拒绝了参与筹建英国人文和社会科学院(The British Academy)的机会。

布莱德利十分厌恶猫,他经常在晚间的校园中射杀它们。与他做了16年邻居的科林伍德(Collingwood)曾写道:"尽管我家离他家只有几百米,但据我回忆,我从没见过他。"

莱德利进一步解释了实在作为经验,是一个无所不包而又自我协调的整体。布莱德利认为,诸如"大""小""前"和"后"此类的联系都是表象,而非实在。联系是被思维抽象化了的直接经验,这种直接经验源于实在。简言之,由于实在是无所不包而又自我协调的整体,而思维的本性则在于分解,因此思维不能把握实在。既然如此,究竟怎样才能把握实在呢?布莱德利认为这有赖于直接经验,"直接经验就是实在"。总之,在布莱德利看来,终极的实在就是单一的、自我协调而又无所不包的经验整体。

▶ 亨利·西奇威克是什么人物?

与其说亨利·西奇威克(Henry Sidgwick,1838—1900)是一位直觉主义者,不如说他是第一位近代道德理论家,他将尝试和直觉知识结合起来,以此评估他所处时代的相互矛盾的道德理论。作为剑桥大学教授,他积极筹建剑桥大学第一所女子学院——纽纳姆学院(Newnham College)。他的妻子是埃莉诺·米尔德里德(Eleanor Mildred),她的弟弟亚瑟(Arthur),后来成为英国首相。埃

莉诺·米尔德里德在1892年当选为纽纳姆学院院长。西奇威克夫妇在许多改革和课题中有过出色的合作,例如对心灵学的调查研究。西奇威克主要著作有《伦理学方法》(*The Methods of Ethics*)(1874年)和《伦理学史纲》(*Outlines of the History of Ethics*)(1886年)。

▶ 西奇威克对超自然有什么兴趣?

1892年,在亨利·西奇威克的帮助下,灵学研究社(Society for Psychical Research)得以成立,他的妻子埃莉诺也是一位积极的参与者。西奇威克夫妇认为研究社的工作会帮助人们证实宗教的一些主张,如来世。他们认为来世是有必要存在的,因为可作为现世积德向善的推动剂。然而,他们的研究并没有结果,尽管埃莉诺认为西奇威克1900年去世后,还曾和她有交流。

▶ 什么是道德理论?

道德理论指的是不同道德或伦理体系之间的理智评测和比较。例如,倘若我们比较结果论和人道论,那我们就是在进行道德理论研究。在某种程度上,任何为自己道德体系辩护的人都或多或少地进行着道德理论的研究。例如,杰米里·边沁认为天赋权利则是"站在笔杆子顶上的不通谬论"(nonsense upon stilts),他想通过快乐计算法来取而代之。还有伊曼努尔·康德在假言判断和定言判断之间所作的区分都是在参与道德理论研究。

▶ 西奇威克对道德理论有哪些贡献?

首先,人们公认西奇威克对杰米里·边沁和约翰·斯图亚特·穆勒的古典功利主义做了最清晰的阐释,某种程度来说,他自身经常被看成是功利主义者。其次,他对利己主义、功利主义和直觉主义的比较评价是最有启发性的(利己主义指的是只考虑自己利益,以自我为中心的道德体系)。

西奇威克调查了常识道德原则和所有这3个体系的主要观点,他总结说这些观点没有一个是不证自明的或是根据直觉毫无疑问的。他认为当我们迷茫需要引导时,可利用功利主义,但功利主义的基本原则依赖于人们对直觉的接受。

利己主义看似是不证自明的,但其常常与功利主义冲突。西奇威克承认自己也不能解决这个矛盾。

▶ 詹姆斯·马丁纽是什么人物?

詹姆斯·马丁纽（James Martineau, 1805—1900）是英国著名的宗教直觉主义者,19世纪英国最著名的宗教哲学家之一。他的主要著作有《伦理学类型》(*Types of Ethical Theory*)（1885年）和《宗教研究》(*A Study of Religion*)（1888年）。他最杰出的贡献是对伊曼纽尔·康德的形而上学进行了独特的宗教阐释。

▶ 詹姆斯·马丁纽是如何使伊曼努尔·康德的形而上学宗教化的?

亨利·柏格森最为著名的观点是他提出客观的可测时间不同于真实时间。（图片来源：美国国会图书馆）

马丁纽依靠直觉理论断言现象世界反映本体世界（我们无法感知的世界）,本体世界的实物是有因果联系的。他认为这种实在是上帝意志的产物。关于伦理学,他主张我们是先有动机,然后才有行动。直觉告诉我们哪些是崇高的动机,并且最崇高的动机是敬畏。他意指敬畏会激励我们最善良的行为。

▶ 亨利·柏格森是什么人物?

亨利·柏格森（Henri Bergson, 1859—1941）是法国哲学作家,法兰西学院（College de France）哲学教授,1927年诺贝尔文学奖得主。他最著名的著作是《时间与自由意识》(*Time and Free Will*, 1889年）,在该书中他认为客观的可测的时间,可被分为均等的部分,但是不同于我们可直接体验的真实时间。在《物

 ▸ 亨利·柏格森是怎样看待笑和幽默感的?

柏格森1900年写了一篇论笑的分析报告,尽显其对幽默概念的兴趣。他认为幽默滑稽是生活的一部分,是不能被理性单独理解的。在柏格森看来,"冷漠是笑最普通的环境,因为笑最大的敌人是感情。滑稽需要情感的暂时麻醉。它诉诸理智,纯粹而简单。"

要想产生滑稽就必须存在某种机械刻板的东西,如扮鬼脸或机械式走路。这种机械刻板中的知觉被笑声所打破。柏格森用日常语言证明了这点,因为出现滑稽之事的时候,我们会"突然大笑起来"或"禁不住笑起来"。柏格森说:"凡使我们的注意力突然从心灵转到身体的事情,可称之为滑稽。例如,演讲者在演讲中出现打喷嚏的戏剧性时刻。"柏格森看到了滑稽的全部宗旨体现在机器时代,这是对生活的一种重新解读。

质与记忆》(*Matter and Memory*)(1896年)一书中,他提出一种身心理论,也就是他后来关于进化的研究。他认为物质和生命的进化应该被描述为一种"生命的冲力"(冲动的生命力),而不该是达尔文的物竞天择说。在《形而上学导论》(*An Introduction to Metaphysics*)(1903年)一书中,他进一步为其时间理论给出了论证和支持。在《创造的进化》(*Creative Evolution*)(1907年)一书中,他认为应该用生命力来解释进化。在《道德与宗教的两个起源》(*The Two Sources of Morality and Religion*)(1932年)一书中,他提出两种社会类型:一是自由并允许改革和创造的社会,一是固步自封、保守和压抑的社会。

⊙ 柏格森是如何将时间与自由意志联系在一起的?

在柏格森看来,真实时间不能被看作是空间中线性时间的点,就像科学的时钟时间。真实时间只能由直觉感知并存在记忆中,它是我们无意识的自由行为的基础。自由意志其实是无意识的自由行为,不可预见。直觉和分析平衡了这种区别。直觉可直接理解认识绵延，然而分析将绵延分解为恒常概念。

数学哲学和逻辑哲学

▶ 19世纪,哲学家为什么开始对数学、几何学和逻辑学感兴趣?

事实上,哲学家们一直对数学感兴趣,但在19世纪,科学和技术的飞速发展给人们带来了比以往更多的创新,因此引起了哲学家的更多的关注。世界的变革带来了高等教育的蓬勃发展,哲学家开始对科学和数学的新研究感兴趣。自亚里士多德以来,逻辑学也成为哲学研究的主题,因此新的逻辑形式不仅引起了逻辑学家的关注,也引发了许多哲学家的兴趣。

▶ 19世纪,数学哲学和逻辑哲学有哪些发展和进步?

19世纪,数学哲学和逻辑哲学取得了长足的发展和进步,包括提出逻辑概率论、发现非欧几里得几何学、质疑科学第一原则的客观性和必然真理、设计新的逻辑符号和提出把数学归为逻辑学的可能性。

▶ 皮埃尔-西蒙·拉普拉斯是什么人物?

皮埃尔-西蒙·拉普拉斯(Pierre-Simon Laplace, 1749—1827)是法国著名数学家和天文学家,天体力学的集大成者,他还阐释了何为古典概率论。他在法国巴黎多所学校任教,如法国圣西尔军校(Ecole Militaire)等。

▶ 何为皮埃尔-西蒙·拉普拉斯的概率论?

实际上,我们不知道是什么让我们形成了概率这一观念。因为我们认为世界在凡事皆有因的假设中,一切已被确定,每一事件的概率取决于已知和未知。拉普拉斯的概率论指的是,假如我们没有理由地认为n个事件中的一个会发生,

皮埃尔-西蒙·拉普拉斯，法国著名数学家和天文学家，以其概率论著称。（图片来源：艺术文献库）

拉普拉斯最著名的学生就是后来成为法国历史上最著名的独裁者——波拿巴·拿破仑（Napoleon Bonaparte），事实上，拉普拉斯最后的著作《分析概率论》（*Analytic Theory of Probabilities*）（1812年）是献给拿破仑的。

那么每个事件发生的概率就是 $\frac{1}{n}$。例如，随意选择一周的任何一天，其为周二或周四的概率是 $\frac{2}{7}$。

▶ 什么是非欧几里得几何？

欧几里得几何（Euclidian geometry）是依据一组公理而定的，其中最重要的是关于平行线的性质。非欧几何改变了欧式几何的公设。非欧几何在物理学领域有广泛应用，尤其是阿尔伯特·爱因斯坦的相对论，使"第四维空间"的概念成为可能。

卡尔·弗里德里希·高斯（Carl Friedrich Gauss, 1777—1855）是第一个发现非欧几何原则的德国数学家，但是因为他并没有将其公开发表，所以这一荣誉归于了独立开展研究的鲍耶·亚诺什（Bolyai Janos, 1802—1860）和俄国的尼科莱·罗巴切夫斯基（Nikolai Lobachevsky, 1792—1856）。他们不同意无法证实的欧式几何里假设"过直线外一点有且只有一条直线与已知直线平行"。在他们提出的体系中，认为"过直线外一点至少存在两条直线和已知直线平行"，而且还提出三角形的内角和可小于180°的观点。

到19世纪中期，波恩哈德·黎曼（Bernhard Riemann, 1826—1866）明确提出另一种几何学的存在，开创了几何学的一片新的广阔领域。黎曼几何中的一条基本规定是：在同一平面内任何两条直线都有公共点（交点）。在黎曼几何学中不承认平行线的存在，它的另一条公设讲：三角形内角和可大于180°。黎

曼还进一步区分了空间的无界性和无限性，认为在同一空间，直线和曲线是相关的。黎曼还解释了由鲍耶和罗巴切夫斯基提出的关于三角形学中距离的几个新看法。其主旨就是不考虑几何性质的情况下，在平面两点间最短距离是"弧长"。

1868年，意大利数学家贝尔特拉米（Eugenio Beltrami, 1835—1899）在平面圆内论证了鲍耶的二维空间，证明了非欧几何和欧几里得几何之间是相对相容的，消除了人们对非欧几何的怀疑态度。

▶ 非欧几何是如何影响其他领域的？

由于非欧几何，人们的观念中空间和几何的关系一直是变化的。由此衍生的问题是空间自身是否是曲线的。这就使整个几何学看似是假想的，导致一些人质疑先验知识的可能性。也就是说，如果在欧式几何中空间不是必须的，而且存在其他未知的空间几何。那么，所说的"空间的先验知识"意指什么呢？另外，空间曲率观点对爱因斯坦相对论的提出有一定作用。因此，非欧几何影响了物理学和我们的宇宙概念。

 **卡尔·弗里德里希·高斯的个性有何独特之处？**

高斯性格严谨保守，既不喜欢教学也不喜欢其他事情烦扰他的工作。他从不和年轻数学家合作，也不向他们提供帮助。他更不喜欢思考时被打断。据说有一次他在专注思考问题时，有人告知他的妻子去世了。他回答说："告诉她等一会儿，我还没思考完。"

▶ 何为维恩图解？

维恩图解指的是英国哲学家和逻辑学家约翰·维恩（John Venn, 1834—1923）发明的以他命名的逻辑符号系统，其中包括相互重叠的圆。维恩图解可被用来检测和论证推理的有效性。它是以圈状图形来描绘集合运算的表示法，有助于对集合运算的理解，被广泛地应用于逻辑理论中。

▶ 亨利·庞加莱是什么人物?

亨利·庞加莱（Jules Henry Poincare，1854—1912）是法国数学家、物理学家和科学哲学家。他对非欧几何的发现极为关注，并建议修改伊曼纽尔·康德的先天综合知识观点。他认为知识是先天的，而不是来自经验。

他的建议就是著名的"传统主义"，意思是物理学家会留存欧式几何，因其为物理学提供了最简易的几何法则，因此欧式几何比较适合他们。但这一提议是短命的，因为爱因斯坦在他的广义相对论中证实了空间曲率遵循非欧几何原则。然而，约定主义则因其更广泛的原则，即科学真理取决于特定规则的一致，

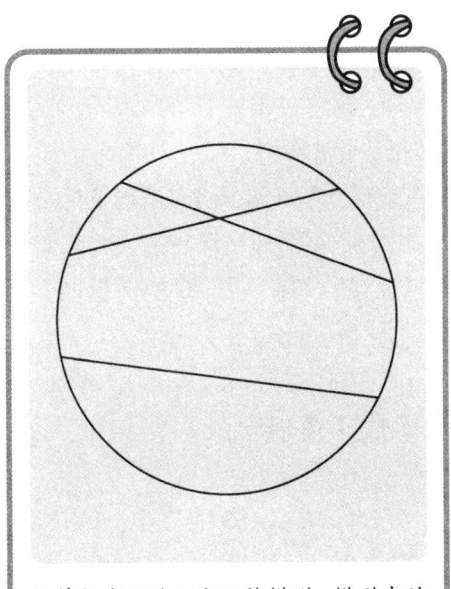

贝特拉米双曲几何N维模型：模型中的点是由N维单位球所表示（或是此视图的二维单位圆），直线是由弦或端点在球体边界的直线线段所表示（此处即二维圆的周长）。此图证明非欧几何可以在欧式几何空间的曲面（拟球曲面）上实现。

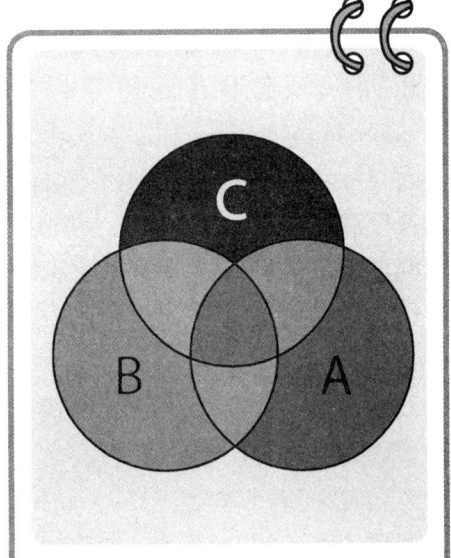

维恩图解包含集合A、集合B和集合C。当2个集合或2个以上集合重叠时，就会出现几个交集。如图所示，图中重叠部分出现了A、B、C共同的交集，A和B的交集，B和C的交集，以及A和C的交集。

在20世纪作为科学的真理观被广泛接受。

▶ 戈特洛布·弗雷格是什么人物？

戈特洛布·弗雷格（Gottlob Frege, 1848—1925）是德国耶拿大学（Jena University）的数学教授。他认为伊曼纽尔·康德提出的数学真理是先验的直觉和综合判断这一说法是错误的。他的任务在于证明数学概念是如何用逻辑学来单独定义的，这样数学定理就可以以逻辑真理的方式出现。倘若数学可以按此方式归为逻辑学，那就证明了数学仅仅是真理的定义，并无经验内容，也与世界本身无关。因此，数学是先天演绎推理的学科，而不是康德所坚持的先验直觉和综合的判断。

▶ 什么是戈特洛布·弗雷格主要的逻辑哲学创新？

弗雷格将谓语视为函项，主语视为主词。因此"苏格拉底会死"可转为"'死'的函项适用于主词'苏格拉底'"。 他于1879年出版的《概念文字》（Conceptual Notation）标志着逻辑学史的转折，弗雷格引入了一种简单的逻辑命题与量词，如全称量词"所有"（all）和存在量词"有"（there）。逻辑量化是一种符号系统，连接所涉及的每一个变量。例如，在"每个现在活着的人将来某一天都会死去"这个句子中，"现在活着的人"是命题，"每一个"是逻辑量词。弗雷格的这套方案现今仍在被采用。

▶ 戈特洛布·弗雷格是如何尝试将数学归于逻辑学的？

在他的《算术基础》（The Foundations of Arithmetic）（1884年）中，弗雷格提出逻辑或称之为思维法则，并不是思维方式的描述。他还指出一个词孤立地存在是没意义的，只有置于语境中才有意义。在他的两卷本的《算术的基本规律》（Basic Laws of Arithmetic）（1893年和1903年）一书中，弗雷格通过证明每个谓语都界定一个集合来真正开始他的课题。例如，"红"是谓语，那么"红"界定了红色事物的集合。

▶ 弗雷格对"意义"的精辟见解是什么?

　　弗雷格的语言理论是在以下3篇论文中提出的:《函项和概念》(*Function and Concept*)、《论概念和对象》(*On Concept and Object*)和《论意义和指称》(*Sense and Reference*)。他指出了一些同一陈述是真实的信息。例如,"火星是火星"这个句子并未传递任何信息,但"晨星是暮星"这个句子却是传递信息的;两者指称相同,尽管这与"火星是火星"的意思相同,因为火星既是晨星也是暮星。

　　这怎么可能呢? 弗雷格的解释是在"意义"和"指称"之间存有不同。指称在此情况下,指的是实际存在的行星,即火星。但在意义上指的是日出前在东方的天空出现的发光物体,即晨星。因此,晨星并不代表火星本身,而是此意义下火星的一种呈现方式。这就是为什么两个等值的句子却又不同。这就解释了为什么说"火星是火星"或"晨星是晨星"是不传递信息的,但是"火星是晨星"却是传递信息的。

▶ 戈特洛布·弗雷格成功地将数学归于逻辑学了吗?

　　遗憾的是,答案是否定的。弗雷格在他的关于集合的《算术的基本规律》完稿付印时,收到了来自英国哲学家、历史学家和数学家伯特兰·罗素关于他著名的悖论的信。罗素信中说道:"如果一个集合的元素不属于自身的那些集合,且所有不属于自身的集合都属于这个集合,那么这个集合是否属于自身呢?"这一问题是内在连贯的,并包含矛盾,所以是没有答案的。

　　弗雷格不得不承认他的推理失去了基础:"一个科学家所碰到的最倒霉的事,莫过于在他的工作即将完成时却发现所研究的工作的基础瓦解了。来自伯特兰·罗素先生的一封信在我的著作即将出版之时就将我置于此境地。"更加讽刺的是罗素自己开始了将数学纳入逻辑学的课题,但是也失败了。

德国唯心主义

▶ 什么是德国唯心主义？

德国唯心主义指的是19世纪发展起来的哲学观点，认为实在不是物理的，而是心理或精神的。其主要代表人物是格奥尔格·威廉·弗里德里希·黑格尔（Georg Wilhelm Friedrich Hegel，1770—1831），还有英国和美国的黑格尔派哲学家。

▶ 19世纪德国唯心主义者与柏拉图和乔治·贝克莱有何不同？

19世纪前，唯心主义倾向于以个别思想家提出一系列思想的形式出现，他们假定了不可见的实体的存在，并且认为相对物质世界的客观存在，还有范围更广的客观实在。除了罗马新柏拉图派哲学家普罗提诺和其他的新柏拉图主义者，唯心主义在19世纪以前都仅限于提出实体存在于独立的世界中，与人类可感知的存在无关。

相反，19世纪的唯心主义者提出了理念的存在，他们将理念存在的功能描述为直接影响和感知世界及其事件。借用医学术语来描述，19世纪前的唯心主义者像是哲学上的"解剖学家"，然而19世纪的唯心主义者更像是哲学上的"生理学家"。弗里德里希·黑格尔正如后者所描述的那样，是哲学上的"生理学家"，但是如果没有伊曼努尔·康德先前的研究和约翰·戈特利布·费希特（Johann Gottlieb Fichte，1762—1814）与弗里德里希·谢林（Friedrich Schelling，1775—1854）对康德理论的继承发展，黑格尔是无法构建自己的体系的。

▶ 约翰·戈特利布·费希特是什么人物？

约翰·戈特利布·费希特是德国哲学家，被认为是伊曼努尔·康德和弗里德里希·黑格尔之间的桥梁，也是19世纪德国唯心主义学派奠基者。

▶ 约翰·戈特利布·费希特的事业有何精彩之处？

作为德国莱比锡大学（Leipzig University）的学生，费希特在校期间研习了贝内迪特·德·斯宾诺莎哲学。开始研究伊曼纽尔·康德哲学后，他写了一篇研究康德批判哲学和神学领域之间联系的宗教长文《试评一切天启》（*An Attempt at a Critique of All Revelation*）（1792年），认为道德应属宗教的一部分。这篇文章受到了康德观点的启发，体现了要理解道德就要先理解宗教的思想。

▶ 约翰·戈特利布·费希特的事业中有哪些重要事件？

1794年，费希特成为耶拿大学（Jena University）教授，主持康德哲学讲座，并完善他的哲学体系。在此期间，他发展了康德哲学的义务观点，批判醉酒、色情和体罚学生。1795年他担任《哲学杂志》（*Philosophiches Journal*）责任编辑时，收到朋友的一篇宗教怀疑论的来稿，虽然费希特不赞同作者观点，但由于他

▶ 约翰·戈特利布·费希特是如何成名的？

1791年，他前往哥尼斯堡拜见康德。为了让康德了解他，他基于康德哲学写了一篇研究康德批判哲学和神学领域之间联系的宗教长文《试评一切天启》。在发表之前，费希特并未给康德看过，所以费希特采用了匿名发表的方式。人们以为是他们期待已久的康德本人对于宗教的批判之作。之后康德慷慨大方地澄清了事实并公开赞扬了这部著作，这个事件使得费希特在哲学界声名鹊起。有些赞扬甚至是很夸张的，有人曾这样写道："最令人震惊和震撼的消息，世间除了康德再无人可有此等华彩文章。在哲学的天空中，第三个红日冉冉升起，这太令我吃惊和慨叹！"

坚持出版自由,还是将此文发表,并在序言中指出上帝是宇宙的道德秩序。这篇文章的无神论观点给他带来了一片怨声,后来被别有用心的人利用,攻击费希特是无神论者,因此萨克森(Saxony)州政府和其他州政府查禁了《哲学杂志》,将费希特驱逐出耶拿(Jena)。

离开耶拿后,费希特给校方写信为自己辩护,并以辞职威胁。耶拿大学将其威胁理解为请辞,于是立即接受了。1810年3月,他开始担任柏林大学(University of Berlin)第一任哲学教授。

费希特的哲学体系在1794年《全部知识学的基础》(*Foundation of the Science of Knowledge*)中首次提出,在1800年《论人的使命》(*The Vocation of Man*)发表后开始普及。1796年他写了《自然法权基础》(*Foundations of Natural Right*),论述自己的自然法则观点。1808年在法国占领柏林期间,他做了一系列"对德意志民族的演讲"(*Addresses to the German Nation*),支持反抗法国独裁者波拿巴·拿破仑(Napoleon Bonaparte),倡导共同利益。

▶ 约翰·戈特利布·费希特的哲学中重要的新颖观点有哪些?

费希特反对他称之为"教条主义"的思想,即认为外部世界是独立于人本身和价值存在的思想。他认为无神论、唯物主义和决定论都是相信客观实在的结果,这是有损于道德的。即便是康德的哲学体系也存在教条主义的影子,如康德认为物自体不可知的问题。费希特以唯心主义作为这些教条主义问题的解决方法,即心灵创造一切。

▶ 约翰·戈特利布·费希特的唯心主义和自由是如何联系到一起的?

费希特认为自发性是可以通过反思我们自己作为积极的存在和行为而意识到的。这就使最高实在成为一种"先验自我"。为此,他提出绝对自我,这个绝对自我不是经验的自我,也不是先验的自我,而是所有自我意识中的先验要素。在康德之后,费希特进一步解释在人思考时意识到的自我背后,存在一个未被察觉的自我。费希特认为成熟是实现自我自由的必要条件。那些尚未成熟的人将会依靠教条主义。

▶ 何为约翰·戈特利布·费希特的政治哲学？

在《自然法权基础》(*Foundations of Natural Right*)中，他支持个人主义，但其观点随着时间推移而发生了改变。在其《对德意志民族的演讲》(*Addresses to the German Nation*)的系列演讲稿中，他提倡关心公共利益和谴责自私行为。他认为利己主义确实是站不住脚的，但是因为其民族固有的民族性格和语言的优越，德意志民族会上升到更高的层次。

弗里德里希·谢林

▶ 弗里德里希·谢林是什么人物？

在弗里德里希·威廉·约瑟夫·谢林(*Friedrich Wilhelm Joseph Schelling*，1776—1854)所处时代，浪漫主义文学和艺术盛行，这对其哲学产生了深远的影响。他早年就读于德国图宾根神学院(*Tubinger Stift*)，该学院是维滕堡基督教新教教会的神学院。谢林于1792年从图宾根神学院哲学院毕业。毕业后，他参与了莱比锡大学(*University of Leipzig*)的几项研究课题，在此期间，他做了几年贵族青年的私人教师。在他23岁时，他成为耶拿大学(*University of Jena*)史无前例的最年轻的编外教授。他先后被聘为维尔茨堡、埃兰根、慕尼黑等城市大学的教授，最后回到柏林任职。他哲学上的首要动因是以美学形式出现的，并以其在1800年《先验唯心论体系》(*System of Transcendental Idealism*)中阐述的"自然哲学"而著称。

▶ 弗里德里希·谢林的主要论点是什么？

谢林认为整个自然界，包括物质和精神，均是走向知觉之路的心灵。但是知觉或人类自身，是自然的创造者。生命是无法由机械论和惰性的术语解释的。

谢林使一种建立在"磁力"基础上的炼金术思想重新盛行起来，"磁力"被认为是特殊存在的一般形式，其要么呈现出轻或雄，要么呈现出重或雌。用日

常语言来说（尽管关于此类信念也无日常语言可形容），炼金术士认为所有存在之物都是由某种磁力组成的，它们是光和重力的统一体，或雌和雄的统一体。

他认为，大自然的全部——包括人的灵魂与物质世界——都是一个"绝对存在"（或世界精神）的表现。他认为在一种无意识的自由行为下，客观存在的实在是与绝对存在相分离的，其连同我们所知的世界一起创造了时间本身。换言之，在绝对实在内部爆发出的无意识自由导致了我们感知的实在和绝对实在的分离。另一结果就是时间现象，这也就是说，绝对存在超越时间而存在。

谢林在科学界以及艺术界有一批浪漫主义的追随者，因为在19世纪，浪漫主义用半神秘的方式解释世界。譬如，洛伦兹·奥肯（Lorenz Oken，1774—1851）认为在谢林看来，自然是无意识的心灵，生命的全部起源于"远古黏土"。奥肯和谢林思想的联系根本上不是清晰的，但却显示出异想天开的思想，足可鼓舞他人。

▶ 什么是弗里德里希·谢林的文化美学观？

谢林认为历史就如一幕戏剧，当绝对实在揭开面纱之时，真相自然就会揭晓。上帝是艺术家，宇宙是他的艺术作品。宗教的主要价值在于美善，而不在于道德。

弗里德里希·黑格尔

▶ 弗里德里希·黑格尔是什么人物？

从绝对的学术影响和能力来看，格奥尔格·威廉·弗里德里希·黑格尔（Georg Wilhelm Friedrich Hegel，1770—1830）或许是19世纪最辉煌灿烂的思想家。他是一位可以用逻辑综合和逻辑分析来思考整个世界的哲学家。他最为卓著的就是提出了"绝对观念"是宇宙之源，万物之本。"绝对观念"是一种非宗教的、新柏拉图主义和后启蒙运动时期的"太一"，它可在黑格尔著作里描述普通人的寻常现实中观察到，但却是以黑格尔自己的逻辑推演出抑或是领悟出的。

▶ 弗里德里希·黑格尔的成就中最突出的是什么？

黑格尔是家中长子，父亲是维滕堡公国（Duchy of Wittenberg）的下层官员，母亲在他11岁时就不幸去世了。他早年就读于图宾根大学（University of Tubingen）附属神学院。在图宾根大学，黑格尔的同窗之中人才济济，有伟大的德国浪漫主义诗人约翰·克里斯蒂安·弗里德里希·荷尔德林（Johann Christian Friedrich Holderlin, 1775—1854）和后来成为他的同事和学术"敌人"的哲学家弗里德里希·谢林。二人争论的焦点在于理性的重要性，黑格尔十分重视理性并引以为傲，而谢林却对此并无兴趣。黑格尔毕业之后，第一份工作是在伯尔尼一个贵族家中担任家庭教师，随后前往法兰克福。父亲的去世给他留

▶ 弗里德里希·谢林与奥古斯特·威廉海姆·冯·施莱格尔妻子的风流韵事丑闻背后有何故事？

在耶拿大学执教时，谢林与德国诗人奥古斯特·威廉海姆·冯·施莱格尔（August Wilhelm Schlegel）是至交。当时，施莱格尔深受其他德国浪漫主义作家尊敬，其中也包括后来成为他妻子的卡洛琳（Karoline）。关于谢林与施莱格尔女儿奥古斯特（Auguste）的婚姻曾有争议。不幸的是，奥古斯特1800年在谢林的照料下死于痢疾。起初，谢林备受责难，后来谢林得到很多传记作家的宽恕和理解，因为在那个时代奥古斯特的去世在医学上是不可避免的。

随后，谢林和卡洛琳意识到彼此的情感并相爱。无奈，施莱格尔只好离开耶拿前往柏林。后来，德国著名文学家约翰·沃尔夫冈·冯·歌德居中调停，帮助二人离了婚，才使谢林和卡洛琳得以成婚。二人婚后为了躲避流言蜚语，随即离开了耶拿。

弗里德里希·黑格尔是一位可以用逻辑综合思考整个世界的哲学家。（图片来源：美联社）

下不菲的遗产，使他可以专心于自己的学术工作，以期获得大学教师职位。黑格尔早期的兴趣在于协调理性的运动概念和非制度化基督教，使两者一致。

1805年，在谢林的帮助下，黑格尔得以进入耶拿大学，执教7年，终获耶拿大学教授职位。在此期间，正如他在早期文章中所表达的，黑格尔对启蒙运动倡导的自由心存疑虑。他钟情于古希腊的生活方式和思想，而且认为启蒙权利会导致新形式的压迫。对此担心的一个诱因可能和他在法国大革命时期的经历有关。从更深层次的哲学层面来看，他认为人类最崇高的事业需要社会和政府为其发展而存在。这一观点与将政府看成是自然人权敌人的个人权利学说相抵触。

在耶拿期间，黑格尔与谢林共同创办《哲学评论》（*Critical Journal of Philosophy*）杂志。该杂志致力于以戈特利布·费希特和谢林自己的观点研讨伊曼纽尔·康德的先验唯心主义的重要地位。1806年10月，在拿破仑·波拿巴胜利后，耶拿大学被迫关闭，黑格尔随即离开耶拿。在巴伐利亚（Bavaria）他主编了一份支持拿破仑的报纸，并于1808年在纽伦堡（Nuremberg）的一个中学担任校长。

1807年黑格尔的重要著作《精神现象学》（*Phenomenology of Spirit*）出版，随后出版的《逻辑学》（*Science of Logic*，1812年）使其获得了海德堡大学（Heidelberg）教授职位。1818年他开始了一生最后一次任职——柏林大学教授，教授历史哲学、哲学历史、美学和宗教哲学。他死后，学生们将他在柏林大学的讲稿整理并出版。他的《哲学基础：自然权利与政治科学》（*Foundations of the Philosophy of Right: Natural Right and Political Science in Outline*）在1821年出版。

▶ 弗里德里希·黑格尔的主要思想是什么？

黑格尔的哲学体系很难描述，因为其体系的各个部分都是内在相连的，因此想描述某一方面必然会涉及其他方面，正所谓牵一发而动全身。对于描述者来说，可谓无从下手。在黑格尔的研究进程中，其阐述的顺序并不是最佳指南，因为他为了让整个研究进程有意义，思想体系的结构是预设的。换言之，在黑格尔撰写哲学体系的不同部分时，整个体系已经在黑格尔思想中。也就是说，有几个重要原则可作为黑格尔的前提：

> 人类有历史，自然无历史。
> 所有人都不属于同一事实范畴。
> 人类思想发展进步。
> 哲学应对宗教进行理性描述。
> 法国大革命后社会稳定成为可能。
> 和谐统一社会中个人自治成为可能。
> 事物本质是体系，知识体系反映该体系。

▶ 什么是黑格尔体系？

在黑格尔看来，知识始于逻辑，其主题是纯粹的存在。尽管历史上逻辑总是"居中调停"，所以我们没有看见或体验到纯形式的逻辑，但是我们必须由事物之间的关系推断它。过往的哲学表现的是意识的不同形式，它们已经发展为绝对知识和哲学科学。意识进步是因为不同形式的意识是充满矛盾的，但其内部的辩证逻辑通过新意识形式解决了这种矛盾。这种意识之间的辩证逻辑并非是它们之间的对话，而是意识成为意识的内部发展。黑格尔能够记录意识的这种发展，从而接近绝对知识，在他的哲学研究中，绝对知识是被预设的。

▶ 获得绝对知识后会出现什么？

弗里德里希·黑格尔哲学的目的在于将伊曼努尔·康德的先验范畴体系和

亚里士多德关于实际知识的逻辑连接在一起。黑格尔将存在、本质和观念3个方面作为其论述的思想过程，每一方面又分为3个部分。每一自然范畴内的矛盾解决都会涉及可解决矛盾的范畴。

在黑格尔看来，自然本身以逻辑方式发展，带来了前所未有的抽象过程，这种抽象是以我们自然知识形式出现的。黑格尔并没对一般情况下的物自体、实在感知和物自体知识作出明确区分。对黑格尔而言，自然发展的复杂性和人类知识的发展是相一致的。

▶ 黑格尔的体系是完全抽象的吗？

理解黑格尔的哲学体系需要很强的抽象思维能力，但体系本身是黑格尔以平实的文字描述方式呈现的。范畴最初就体现在物质世界中，并由其表现。空间体现存在的低级范畴，然而生物体表达的是观念、意志和生命的高级范畴。因此，思想体系的发展在现实世界中是明显的，除了绝对存在，因为绝对存在是最终实现和规定一切存在的源泉。

▶ 人类心灵是如何与黑格尔唯心主义相符的？

在黑格尔看来，人类灵魂，或心灵，或精神是由来自实在的同一范畴组成的。这些范畴，如同观念，在个体生命和人类的整体中随着时间而发展。精神有3个阶段，第二阶段高于第一阶段，第三阶段高于第二阶段。第一阶段是主观精神，人类意识的活动，属于人类学和心理学研究的内容；第二阶段是客观精神，人把自己的思想和意识给以外化，体现为社会的道德、法律和政治，属于法哲学内容；第三阶段是绝对精神回归自身，绝对精神先是表现为艺术，其次是表现为宗教，最后表现为哲学。随着精神对自身的理解，它表现为自由和自我意识。精神对非精神既肯定又否定，既扬弃又保存。

▶ 弗里德里希·黑格尔认为精神的最高形式是什么？

在黑格尔所处的时代，他认为现代国家是"绝对精神"的缩影。这种国家形式是可以塑造其成员和允许其成员个人自由存在的。

▶ 黑格尔是政治上的激进分子还是浪漫主义者?

从弗里德里希·黑格尔成熟的作品中保存的观点看,他不是一个激进主义者。但在其青年时期,或许他是。他18岁开始在图宾根大学神学院学习,但他对学习和布道十分厌倦,而钟情于阅读亚里士多德、斯宾诺莎、伏尔泰和卢梭的书。即便如此,他还是一个很优秀的学生,20岁时就拿到了哲学博士学位和神学证书。与同龄人一起徒步旅行、畅饮和聚餐时,他的同龄人称他为"老伙计"。他们都被法国大革命所鼓舞。1792年黑格尔参加了一个旨在研究柏拉图、康德和雅克比(Jacobi)的学生俱乐部,他被称为"自由平等的最热情呐喊者"。

黑格尔的同窗之中人才济济,有伟大的德国浪漫主义诗人约翰·克里斯蒂安·弗里德里希·荷尔德林(Johann Christian Friedrich Holderlin,1775—1854)和哲学家弗里德里希·谢林(1775—1854)。从荷尔德林那里,他学会并更加喜爱古希腊语。他们都反对图宾根政府和教会对人的抑制。据说1792年4月,黑格尔、荷尔德林和谢林一起在图宾根神学院的草地上种植了一棵自由之树,但是并不是所有传记作家都认为这件事是真实的。

黑格尔实际上并不是浪漫主义哲学家,但是在其一生中,确实有许多浪漫之事。就在他即将完成《精神现象学》(*The Phenomenology of Spirit*)(1807年)时,克里斯蒂娜·伯克哈德(Christina Burkhard)却告诉他,她怀了他们的孩子。他的私生子路德维格(Ludwig)在1807年2月出生。1807年10月18日拿破仑·波拿巴夺取耶拿,就在同一天黑格尔完成了该书手稿。1811年,他41岁时娶了年仅20岁的玛丽·冯·图赫(Marie von Tucher)。尽管黑格尔有政府官员的朋友帮忙居中协商,玛丽的贵族家庭并不支持二人的结合。在他们热恋期间,黑格尔曾给她写过一首老套的浪漫诗,该诗描述了他想赢取她的心情就如耶稣升天般的无限喜悦。

▶ 左翼和右翼黑格尔哲学家是些什么人?

1843年黑格尔死后,人们对其思想的主动关注逐渐减少,但是尽管如此,其在20世纪的影响还在延续。他的思想很快被右翼黑格尔哲学家所解读,他们认为普鲁士王国(Prussian state)代表了哲学和基督教的最后统一;左翼哲学家,如路德维希·安德列斯·费尔巴哈(Ludwig Andreas von Feuerbach)和卡尔·马克思(Karl Marx)则认为黑格尔建立的辩证逻辑是革命性的未来。

亚瑟·叔本华

▶ 亚瑟·叔本华是什么人物?

亚瑟·叔本华(Arthur Schopenhauer, 1788—1860)受到了其他德国唯心主义者的很大影响,他鄙视那些人为乐观的傻子。与弗里德里希·黑格尔和其他左翼右翼黑格尔派不同,叔本华影响世界的思想是悲观主义。

▶ 亚瑟·叔本华一生中有哪些突出亮点?

叔本华于德国受教育,童年时期游历了法国、荷兰、瑞士、奥地利和英国。传记作家认为叔本华的父亲死于自杀。父亲去世后,母亲带着他搬到了德国魏玛(Weimar),在魏玛叔本华的母亲成为著名小说家。经母亲介绍,叔本华认识了约翰·沃尔夫冈·冯·歌德和奥古斯特·威廉海姆·施莱格尔以及格林兄弟。

叔本华先在哥廷根大学攻读医学,后来转变了兴趣,开始在柏林学习哲学,并在耶拿大学获得了博士学位。此后,他居住在法兰克福(Frankfurt)。他的博士论文《论充足理由律的四重根》(*On the Fourfold Root of the Principle of Sufficient Reason*)(1813年)形成了他的哲学基础,随后在其作重要的著作《作为意志和表象的世界》(*The World as Will and Representation*)(1818年)中,他将其哲学基础进行了系统论述。

▶ 叔本华的主要思想是什么？

叔本华基于超群的灵感对伊曼努尔·康德的形而上观点做了独创的阐释。他曾写道："我自身思想的最好发展都应归功于康德作品对我的影响和印度教及柏拉图的伟大作品。"在论文中他提出，康德的现象世界或经验世界，也就是被他称之为"表象的世界"，遵循了充足理由律。关于这一点，他这样陈述："每一可能之物都存在于和其他物之间的关系中，既限定又被限定。"也就是说，万事皆有因果，因果关系是必要的，即无逻辑矛盾，这些关系不能被否认。

相较其他德国唯心主义者，如弗里德里希·黑格尔，亚瑟·叔本华因其更具悲观主义色彩的思想而著称。（图片来源：iStock 图像）

康德的本体世界或"物自体"在叔本华看来是可知的。并认为它可以通过直观被认识，将其确定为意志。意志独立于时间、空间，所有理性、知识都从属于它。根据康德的观点，因为数学和算术是心灵的影射，故可以使我们体验现象，叔本华认为本体世界不存在数，它是"最终的现实"。这一观点如成立，其在经验范畴并无推论，因为这一观点试图描述的是经验的深层内涵。

▶ 亚瑟·叔本华认为我们如何才能最有效地认识本体意志？

我们可以通过审美体验，尤其是对自然和音乐的审美体验，去认识本体世界。叔本华修改了伊曼努尔·康德的崇高概念，形成了自己的自然鉴赏理论。叔本华认为，在美的体验中存在着宁静，而在崇高的体验中则需要积极地参与，如观察暴风雨。因此，在注视这种崇高客体时，观察者因为这种自由的刺激而使自己脱离了自身意志。音乐是绝对本体意志的纯粹表现。聆听音乐时，音乐表达一般意志，绕过我们的个人意志，我们变成了普遍主体。音乐同时具备超时间

和超空间的本质,它还更接近意志本身。对叔本华来说,音乐和表象世界几乎是并列的存在。但这种美都只能使人们从意志那里得到暂时的解脱。

 **叔本华的"WELT"是什么意思?**

叔本华认为意志的普遍存在是苦难永无止境的原因,他甚至为此创造了一个缩写词"WELT"。W代表悲痛,E代表不幸,L代表痛苦,T代表死亡。叔本华认为唯一摆脱这些的方式只有放弃意志,笃信佛教的真谛:众生皆苦;有求则苦,无欲则刚;有求皆苦,无求乃乐;清心寡欲,静心修身。

▶ 叔本华是个怎样的人?

叔本华是一个固执、孤僻和歧视女性的人。简言之,他不是很有"人缘"。在柏林大学执教时,他称约翰·费希特为"江湖骗子"。他后来曾写道:

在我看来,约翰·费希特和黑格尔并非哲学家,因为他们缺乏作为哲学家的必备条件,即调查研究的严肃性和诚实。他们不过是纯粹的诡辩家,而非真正意义上的哲学家。他们追寻的不是真理而是现实世界中自身的兴趣和功名。

在叔本华看来这些人不过如此。在他二十多岁时,叔本华曾暗恋过魏玛公爵(Duke of Weimar)的情妇。他和身为著名小说家的母亲曾因他对待访客的态度问题而争吵,在叔本华26岁以后就再没见过母亲。关于女性,总体说来,他认为:

在我童年时,女性确实是保姆和幼教的最佳人选,因为事实上她们自身就是孩子气的、肤浅的和目光短浅的;简言之,她们一生都是大孩子而已,一种矮小、窄肩、宽臀和短腿的人种。她们没有知识,更无天才。

据说叔本华曾虐待过不止一个女仆。在老年时,他孤独地生活,只有一只狮子狗陪伴着他。

▶ 何为叔本华的道德体系？

叔本华认为我们不可有害人之心，而应有助人之心。在表象层面，难的是我们与自己的个人意志直接接触。在本体领域，只存在唯一意志，我们都是其从属部分，因此害人即害己。

▶ 亚瑟·叔本华有何影响？

叔本华的哲学思想对弗里德里希·尼采产生了极大影响；叔本华的无意识意志理论对西格蒙德·弗洛伊德（1856—1939）心理学的形成提供了必要条件。叔本华对文学也有深远影响，他也是第一个真正意义上吸收东方思想的西方哲学家。

伯纳德·鲍桑葵

▶ 伯纳德·鲍桑葵是什么人物？

伯纳德·鲍桑葵（Bernard Bosanquet, 1848—1923）是英国新黑格尔主义代表人物，执教于牛津大学大学学院（University College）（1870—1881）和圣安德鲁斯大学（University of St. Andrews）（1903—1908）。他承袭了法国胡格诺贵族祖先的名字。1880年鲍桑葵的父亲去世，他因此得到一笔遗产能够赖以为生。所以第二年他就辞去教职离开牛津前往伦敦。到伦敦不久后鲍桑葵便积极投身于社会工作。1911年和1912年鲍桑葵在爱丁堡大学担任吉福德讲座（Gifford Lecturer）的讲座教授。为此准备的《个性与价值的原理》（*The Principle of Individuality and Value*）（1912年）和《个体的价值和命运》（*The Value and Destiny of the Individual*）（1913年）两份讲稿被认为是他的形而上学思想的最深刻也是最有系统的阐述。鲍桑葵以自己的逻辑学说体系解释了绝对存在的存在；他提倡社会价值，反对个人主义。同时，他也是其所处时代及以后时代的英国美学核心人物。

▶ 伯纳德·鲍桑葵是否实践了其所宣扬的社会价值？

是的。鲍桑葵为此积极服务了多年。在19世纪80年代、90年代以及20世纪的前20年，他积极参加一些协会，如伦敦伦理学会（the London Ethical Society）、慈善组织协会（Charity Organization Society）以及伦敦伦理学与社会哲学学院（London School of Ethics and Social Philosophy）。在此期间，他的《道德自我心理学》（*Psychology of the Moral Self*）及《关于国家的哲学理论》（*The Philosophical Theory of the State*）都是根据这时期的讲演而编著出版的。

1895年，鲍桑葵与海伦·丹迪（Helen Dendy）女士成婚。海伦·丹迪是皇家济贫法调查委员会（1905—1909）的领导人物，也是一位积极的社会工作者与改革者，二人可谓是志同道合。他们都认为取得社会改革最佳之法为通过教育提高个人素养。这一观点经常引起他们和当时的主流社会主义者的冲突。

◉ 什么是伯纳德·鲍桑葵的唯心主义学说？

鲍桑葵承认自己的学说在很大程度上受益于弗里德里希·黑格尔的绝对真理概念，他对自己对黑格尔哲学所作的贡献也甚为谦虚。在鲍桑葵看来，当人们对同一事实持相左意见时，矛盾就会发生。真理是由减少这样的矛盾和吸收更广泛的思维形象而获得的。人类经验的总额包含所有这类真理，也就是"绝对真理"。由此可看出，鲍桑葵对黑格尔进行了经验主义阐释，即矛盾本身存在观点。

鲍桑葵也认为绝对真理包括所有相互矛盾的需求，并满足这些需求。任何事物的价值在于其满足需求的能力，故绝对真理是众价值的标准。我们可以把特定形式的需求通过向绝对真理臣服，就可实现所有的需求。这种臣服就是宗教意识。

▶ 伯纳德·鲍桑葵的社会哲学主要思想是什么？

鲍桑葵认为，人类在社会内仅仅只能实现自己的个人目标。个人和集体都渴望在相互冲突的需求中寻求和谐。在社会层面，这就是公意。在公意规范下产生自由。公意是现代国家的基础，其目标是实现所有公民的最高自由。

▶ 何为伯纳德·鲍桑葵的美学理论？

伯纳德·鲍桑葵在他的《美学史》（ *A History of Aesthetic* ）（ 1892年 ）一书中，阐释了美的历史发展。在古代世界，美是模仿；然而在黑格尔客观唯心主义哲学下，美是存在本身。继承伊曼努尔·康德的观点，他认为我们为美而体验客观事物，因他们以可感知的形式体现了理性的结构和组织性质。

唯物主义、马克思主义和无政府主义

▶ 现代唯物主义、马克思主义和无政府主义的起源是什么？

从理性的角度，唯物主义、马克思主义和无政府主义都是与黑格尔哲学对立的。随着社会政治运动的发展，它们代表了法国大革命的自然的历史进程，抗拒欧洲工业革命和苏联保守主义思想。

▶ 什么是唯物主义？

从广义的哲学角度来说，唯物主义是一种学说，主张只有物质是真实的。从马克思主义政治角度来说，唯物主义这种学说认为经济状况及其发展决定了历史进程。

▶ 什么是马克思主义？

马克思主义的伟大缔造者是卡尔·马克思（ Karl Marx, 1818—1883 ）。马

克思主义认为人类社会被划分为不同的社会等级,各等级之间的物质和经济斗争是历史发展进程中最重要的事件。

▶ 什么是无政府主义?

无政府主义政治学说主张应该在没有强大的政治机构前提下满足人类的快乐和幸福。无政府主义者推崇权力分散。他们认为权力应该被分为小的单位,并由人民所掌控。

卡尔·马克思认为不同经济阶层之间不断的斗争是人类历史上有重要意义的事件。

路德维希·安德列斯·冯·费尔巴哈

▶ 路德维希·安德列斯·冯·费尔巴哈是什么人物?

路德维希·安德列斯·冯·费尔巴哈（Ludwig Andreas von Feuerbach, 1804—1872）批评德国的唯心主义神学和宗教。他批判了弗里德里希·黑格尔所提出的"实体"与"绝对"理论。黑格尔认为"实体"是"绝对"的影响和表现,而费尔巴哈认为"绝对"是"实体"的影响和表现。费尔巴哈的主要著作是《黑格尔哲学批判》（*Toward a Critique of Hegel's Philosophy*）（1839年）、《基督教的本质》（*The Essence of Christianity*）（1841年）、《未来哲学的原则》（*Principles of the Philosophy of the Future*）（1843年）以及《宗教的本质》（*The Essence of Religion*）（1846年）。他曾经与卡尔·马克思合作,活跃于19世纪40年代的革命中。但是后来淡出了人们的视线,去世时一贫如洗。

▶ 路德维希·费尔巴哈是哪种唯物主义者?

费尔巴哈是历史唯物主义者。他试图解释黑格尔的假说——"真理、事实和感性是相同的"。但是费尔巴哈是通过在"绝对"里寻求理智和意识来理解这个假说的。弗里德里希·黑格尔认为人的精神是独立于人体存在的。费尔巴哈宣称"有情感的人才是真实的、真正的人",人的思想是人的产物,反过来说是不正确的。神或者"绝对"只是人类自己本性的投影。从费尔巴哈的角度来说,哲学著作应该以人为本,人既不是纯粹物质的也不是只以精神存在的。

▶ **费尔巴哈的观点是如何被人们所接受的?**

在费尔巴哈出版了批评基督教的著作后,德国埃尔兰根大学(Erlangen University)就将他从教师的岗位上开除了。费尔巴哈曾经在该大学获得了哲学专业的博士学位,但在出版了唯物主义的著作后,就不能保住大学教师的工作了。他对于弗里德里希·黑格尔的批评不能够使他脱离困境。

 **▶ 路德维希·费尔巴哈对"人"有怎样的观点?**

在费尔巴哈《未来哲学的原则》一书中,他为素食主义者吹响了战斗口号:"吃什么就是什么。"他的这种想法其实并不仅仅限于食物。这句话之前的内容写于1850年,他说:

关于食物的学说有非常重要的道德和政治意义。食物变成了血液,血液转化成了心脏和大脑,思想和智力。人类的食物是人类文化和思想的基础。

你想使一个国家变得更好吗?不要让这个国家的人民理解关于罪恶的雄辩,给他们更好的食物就可以了。

费尔巴哈一直在思考"人类的食物"如何变成人类的思想。他的解决办法是将"宗教的本质转变为人的本质",但是马克思批评了费尔巴哈的这一观点,他认为费尔巴哈对于个体抽象性的定位是不正确的。马克思更倾向于将个人视为能将社会与经济关系相结合的纽带和链条。

▶ 路德维希·费尔巴哈有什么样的影响？

费尔巴哈直接影响了卡尔·马克思和许多人。他提出的存在着的"实体"观点早于存在主义。他提出的研究宗教的方法使人们从社会学、历史学和其他非宗教角度研究宗教成为可能。

马克思主义

▶ 卡尔·马克思

卡尔·马克思是德国革命者、科学社会主义创始人、经济学家、哲学家。人们广泛地认为马克思为共产主义和社会主义创立了政治运动和思想体系。他促进了现代工会运动。人们认为马克思早期的著作是乌托邦式的，他本人也没有将早期的著作出版。虽然马克思与弗里德里希·恩格斯（Friedrich Engels, 1820—1895）合著的《共产党宣言》更有现实意义，也容易被读者理解，但是马克思的巨著仍然是《资本论》（Capital, 1867、1885、1894年发行）。

弗里德里希·恩格斯与卡尔·马克思一起建立了共产主义的最终目标。（图片来源：艺术文献库）

在马克思与恩格斯合著《共产党宣言》时，下面的这些情况在工业化国家并不存在：最低工资法律、健康医疗保险、养老金计划、工作场所安全规章、禁用童工法律、换班以及工作周的特定工作小时数、工人子女普遍的义务教育。在当时，上述的一些情况在工业化国家并不普遍存在，在亚洲、非洲和南美洲的一些地区也不存在。现在，这些条件被视为基本人权。

▶ 弗里德里希·恩格斯

弗里德里希·恩格斯与卡尔·马克思共同建立了马克思主义。除了《共产党宣言》，他们还合著了《神圣家族》(*The Holy Family*)（1844年）、《德意志意识形态》(*The German Ideology*)（1845年）。恩格斯的著作《英国工人阶级状况》(*The Condition of the Working Class in England*)（1844年）描述了当时工人阶级的苦难生活。恩格斯还发表了《社会主义：乌托邦与科学》(*Socialism: Utopian and Scientific*)（1880年）和《反杜林论》(*Anti Düring*)（1878年）。在《自然辩证法》(*dialectics of Nature*)（1883年）一书里，恩格斯将历史唯物主义与自然科学相结合，并且认为自然和人类思想之间有普遍的规律。

恩格斯最大的贡献是用更易理解和更加普遍的形式和术语对马克思的思想进行了陈述。恩格斯的父亲拥有一家纺织厂。年少时的恩格斯在位于英国曼彻斯特的他父亲的纺织厂工作，最后，这家工厂归恩格斯拥有。在马克思的一生中，恩格斯一直在经济上资助马克思。马克思去世后，恩格斯继续资助马克思的子女，并且校对编辑了马克思的著作《资本论》(*Das Kapital*)。

▶ 卡尔·马克思和弗里德里希·恩格斯的哲学思想是什么？

马克思和恩格斯认为人类为了生存必须工作，历史是黑格尔哲学辩证的过程。在此过程中，人类社会形成了不同的劳动力分工，发展到19世纪时形成了资产阶级和工人阶级。资产阶级拥有社会资产，他们控制政府并剥削工人阶级。工人阶级则为资本家提供劳动力。在资本主义这种社会体系中，资本家通过扩大生产和市场来增加利润。资本家的利润是总资产减去设备和材料的花费（或者资本）以及工人的工资。

在生产体系内部，因为工人受到雇主的剥削，所以劳动力，即工人阶级付出的劳动，就形成了"剩余价值"。工人得到的薪水只能维持回到家里吃饭、睡觉、解决家务杂事和休息的生活。这些帮助工人阶级"再生产"他们的劳动力，以便他们可以继续为资本家服务。也就是说，工人阶级生活的各方面都被雇主"压榨"，以便雇主们可以追求最高利润。因此，工人，特别是19世纪工业社会的广大劳动人民，生活极为贫苦。

▶ 卡尔·马克思本人生活极为贫困吗？

答案是肯定的。在他出版了革命著作后，布鲁塞尔和巴黎将他驱逐。马克思和他的家人在英国伦敦找到了避难所。1850年因为交不上房租，房东将他们从英国伦敦西部街区切尔西（Chelsea）的二室公寓赶了出来。他们在伦敦中部的索霍区（Soho）找到了一个更便宜的住所，在那里生活了6年。为了资助马克思，让他有经济来源，恩格斯又回到德国为他的父亲工作。他们两人一直保持着联系，在接下来的20年里，他们每隔一天就给对方写一封信。在此期间，在不列颠博物馆的阅览室里，马克思通过阅读《经济学家》（*The Economist*）杂志以往的期刊和论文来试图理解资本主义。

马克思的第5个孩子弗兰齐斯卡（Franziska）出生在位于索霍区的公寓里，但是她1岁时就夭折了。埃莉诺（Eleanor）出生于1855年，但是同年埃德加（Edgar）就成为马克思第三个死去的孩子。这个家庭物资极度匮乏，马克思曾经一连数日都不能离开房间，因为他的妻子燕妮（Jenny）把他的裤子拿去典当，典当的钱用来购买食物。但是到了周日，他们一家人就会去汉普特斯西斯公园（Hampstead Heath）野餐。

后来马克思开始为《纽约论坛报》（*New York Daily Tribune*）撰写文章，他也因此有了收入。燕妮的母亲给她留下了少量的遗产。他们搬到了英国肯特郡（Kentish Town）。1856年，燕妮生下来一个死婴，之后她得了天花。尽管她幸存下来，但这场病让她失聪并留下了很严重的瘢痕。马克思也生病了，他在给恩格斯的信中写道："这种痛苦的生活不值得让人继续生活下去了。"但是当他在1863年得了疖病，他却自我安慰说疖病是"真正的无产阶级的疾病"。

工人阶级和资产阶级有他们自己的意识形态，而资产阶级的意识形态是顽固的旧思想。他们认为所拥有的优越的社会地位是正当的。例如，他们认为所有拥有大量财富的人都是通过艰苦的劳动赚得的财富。而政治上占统治地位的阶级应该是经济上支配主要生产资料的阶级。一般而言，任何社会阶级的意识形态都是由该阶级在社会中对生产资料的支配程度决定的。

工人和其他阶层的人们需要意识到，工人与其劳动是被分开考虑的两个因素。劳动只是一种商品，雇主从中获得利润。短期的解决办法是让工人们团结起来，向雇主要求更高的薪水和工作条件。而长期的解决办法则是一个历史过程，资本主义因为其内部矛盾而自我毁灭。处于工人阶级的人们真正成为社会的主人，去追求自我实现的意义，而不是仅仅为了生存每天劳苦奔波。

无政府主义

▶ 什么是无政府主义？

无政府主义是一种基于以自由和平等为目标的学说和政治运动。任何形式的统治、权威和服从都被认为是不公平、应该以武力形式将其推翻。国家政府、所有支持国家政府的机构以及所有国家政府支持的机构都是不被接受的。政府应该以小的、自治的团体重组。团体中的成员朝共同的目标努力共同谋生。英国记者和政治哲学家威廉·葛德文（William Godwin, 1756—1836）在18世纪发起了现代无政府主义。19世纪，皮埃尔-约瑟夫·普鲁东（Pierre-Joseph Proudhon, 1809—1865）、米克海尔·亚力山德罗维奇·巴枯宁（Mikhail Alexandrovich Bakunin, 1814—1876）以及彼得·阿列克塞维奇·克鲁泡特金（Pyotr Alexeyevich Kropotkin, 1842—1921）是无政府主义的领军人物。

▶ 皮埃尔-约瑟夫·普鲁东是什么人物？

皮埃尔-约瑟夫·普鲁东是法国社会理论家，他创造了"无政府主义"一词。在他的著作《什么是财产》（*What Is Property?*）（1840年）中，他宣称"财产就是

偷窃"。

▶ 皮埃尔-约瑟夫·普鲁东的思想有什么新颖之处?

让·雅克·卢梭所说的财产的私有与普鲁东所说的财产就是偷窃有相似之处。但是普鲁东的创新之处在于他认为是资产拥有者剥夺了工人的大部分劳动成果。因为工人有权利支配自己的劳动成果以及劳动本身,那么私有财产集中于个人或者少数人的手中这种状况就应该被限制。这需要在经济体制上进行改革,创建能够为穷人提供无息贷款的银行。国家政府应该被解散,取而代之的是世界范围的集体联合。

▶ 皮埃尔-约瑟夫·普鲁东永久的影响是什么?

尽管皮埃尔-约瑟夫·普鲁东与其他19世纪的无政府主义者的思想在第一次世界大战后被人们所忽略,但是普鲁东的一些社会观点对于当代经济组织仍然具有一定的影响。例如,大企业工人的管理方式、合作式住房单元以及食物的生产与购买项目。

▶ 为什么皮埃尔-约瑟夫·普鲁东反对女权?

普鲁东认为如果给予女性选举权以及和男性同样的法律平等权,那么长久来看,婚姻结构将没有意义。因为女性在经济上将不再依靠男性。普鲁东认为男性和女性独立的状态会造成更多人堕落。

▶ 皮埃尔-约瑟夫·普鲁东与卡尔·马克思是朋友吗?

两个人的友谊是短暂的。普鲁东出版了《什么是财产?》之后,马克思曾给他写信,两人成为朋友,当时马克思正过着流亡生活。但是在普鲁东出版了《贫困的哲学》(*The Philosophy of Poverty*)(1847年)一书后,马克思随即出版了《哲学的贫困》(*The Poverty of Philosophy*)(1880年)一书作为回应。两人的争论使得马克思主义国际工人协会开除了普鲁东这位无政府主义者。普鲁

1948年，一幅法国的漫画讽刺了皮埃尔-约瑟夫·普鲁东对于穷人的看法。漫画里描述了普鲁东问家里的仆人为什么开着门，他的仆人回答道："既然没有财产这回事了，开着门有什么关系呢？"（图片来源：艺术文献库）

▶ 米克海尔·亚力山德罗维奇·巴枯宁与卡尔·马克思相处融洽吗？

　　巴枯宁和马克思是劲敌。马克思曾经组织活动将巴枯宁从国际工人协会开除。马克思和巴枯宁之间的斗争是西方社会主义史的一部分。虽然同为国际工人协会成员，马克思认为巴枯宁是"缺乏所有理论知识的人"。而巴枯宁认为马克思是"从头到脚都是独裁主义者……他自身缺少自由的本能"。

东还与米克海尔·巴枯宁的追随者有过争论。普鲁东认为在和平的革命之后，可以开展工人合作社，农民也可以拥有土地和工厂，而巴枯宁的追随者反对他的观点。

▶ 米克海尔·巴枯宁是什么人物？

　　米克海尔·巴枯宁是俄国无政府主义者和革命家。1840年—1849年、1861年—1871年间他活跃于欧洲。1850年—1860年间，他被关押在欧洲和俄国的监狱里。他曾一度流亡到西伯利亚。人们认为他的观点是相互矛盾的，因为他既相信拥有"自由本能"的群众将带领大家走向革命，又相信革命是受过教育的精英计划的结果。

　　在第一阶段，在自由主义者计划用政治团体的方式缓和工人的要求时，巴枯宁批评了自由主义者的方法。他也谴责了教会和国家政府。第二阶段，他攻击了科学至上主义（科学至上主义认为科学方法优于公共政策），提倡"反抗科学的生活"。总体上说，巴枯宁和他的追随者反对马克思主义的发展。

▶ 彼得·克鲁泡特金是什么人物？

　　彼得·克鲁泡特金就是上文提到的彼里·阿列克塞维奇·克鲁泡特金。他也许是最温和的马克思主义者和无政府主义者。他主要通过研究地质学和查尔斯·达尔文（Charles Darwin）的进化论来为无政府共产主义提供科学根据。他是俄国王子，是留里克（Rurik）王室的后裔。据说留里克是俄国的创始人。（一些人说留里克并不是真正存在的历史人物，即使他真的是历史人物，人们也很难证明谁是他的后裔。）

克鲁泡特金在1911年出版的第11版著名的《大不列颠百科全书》（*Encyclopedia Britannica*）（1911年）里将"无政府主义"这

彼得·克鲁泡特金是一位俄国王子，因为他推崇科学和进化论，这使得他的共产主义观点显得不那么激进。（图片来源：艺术文献库）

一词条加了进去。这一版本的《大不列颠百科全书》主要由19世纪各个领域的专家编写的，现在仍然受到高度的关注（该版本所有卷册目前在网上都可以免费浏览）。

▶ 彼得·克鲁泡特金如何形成自己的生活哲学？

克鲁泡特金的父亲是一位将军，克鲁泡特金在佩齐军团里接受的教育，他成为沙皇亚历山大二世（Tsar Alexander Ⅱ）的随从。他被任命为阿穆尔河哥萨克骑兵队的要职并且去了西伯利亚，在那里他调查了刑罚制度。他所看到的现象使他反对强制独裁政府的存在。

在克鲁泡特金二十多岁时，他带领远征队来到西伯利亚未被允许进入的地区。这次远征使人们发现了冰河、东亚沙漠和山脉构造。

他阅读皮埃尔-约瑟夫·普鲁东的著作，这些著作影响他辞去了沙皇任命的要职。当时他正努力反对沙皇处死试图逃跑的波兰因犯。在完成了去芬兰探索蛇形丘之后，在1872年，他得到了俄国地质学协会秘书一职。但是他却去了瑞士与流亡的激进分子会面。

彼得·克鲁泡特金的无政府社会主义是怎样的学说?

克鲁泡特金的建议来自消费者的需要。他设想社会存在一个免费配给的仓库,而不是皮埃尔-约瑟夫·普鲁东所建议的集体主义合作社产品。社会主要的凝聚力基于社会关系,而不是生产目标。在他的著作《夺取面包》(*The Conquest of Bread*)中,他试图设计出无政府社会主义这一体系的细节。这些细节基于托马斯·莫尔(Thomas More)在1516年出版的著作《乌托邦》(*Utopia*)里曾经提到的观点。托马斯·莫尔在撰写《乌托邦》时,克鲁泡特金就从与他共同创办杂志《大革命》的弗朗索瓦·杜马斯瑞(Francois Dumartheray)那里了解到了书中的观点。

在克鲁泡特金与巴枯宁的追随者(一些钟表匠)交流后,他决定成为一名无政府主义者(钟表匠是尽职尽责的工匠,他们并不是工业革命的一部分,但是他们以组织严密的公社形式协作,这使得克鲁泡特金很受鼓舞)。他回到俄国后加入了地下组织,1874年他被关押在圣彼得堡。他逃了出来并去了欧洲,1879年他在欧洲创办了杂志《大革命》(*Le revolte*),并且参加了1881年举办的伦敦国际无政府主义者大会。1882年在法国里昂,因为他是国际工人协会成员,他被判以5年监禁,但是公众的呼声让他被提前释放。在此之后,他去了英国并生活在那里,直到1917年俄国革命之后才回到俄国。

在英国生活的期间,克鲁泡特金的主要工作就是做一名学者,管理科学期刊并让出版商印刷他的著作。他重要的著作有《革命者回忆录》(*Memoirs of a Revolutionist*)(1899年)、《互助论:进化的一种因素》(*Mutual Aid: A Factor in Evolution*)(1902年)、《现代科学和无政府主义》(*Modern Science and Anarchism*)(1912年)。克鲁泡特金于1921年在俄国去世,他最后的一部著作《伦理学史》出版于他去世后的1924年。他活着的最后几年一直处于失望当中,因为俄国革命公然反击了他的无政府主义理想。他公开抨击十月革命后布尔什维克的恐怖统治。

▶ 彼得·克鲁泡特金对达尔文进化论有怎样的观点？

克鲁泡特金认为在群居生活里（无论动物界还是人类世界），竞争并不是好的生存策略。在他的著作《互助论：进化的一种因素》（ *Mutual Aid: A Factor of Evolution* ）（1902年）里，他写道：

> 在动物世界里，我们看到了绝大多数动物都过着群居生活，它们发现了在群居生活里生存的最好武器——理解。当然，从达尔文广义的理解上来说，动物的生存不仅仅意味着动物能够生存下来，而且意味着动物能够克服所有对该物种不利的自然因素。从整个物种的生存和进化来说，单个动物的力量是微不足道的，动物之间的互助能让彼此得到最大限度的发展。因此，互助的方式是多样的、有利的，并且使物种有可能在未来发展下去。在这种情况下获得相互保护、自然变老的可能性，积累经验、向更高的智力发展以及延续群居的习惯，这些因素确保了该物种的生存、壮大以及进化。而相反的是，不喜好群居生活的物种注定要消亡。

然而，克鲁泡特金确实认为革命是人类进化的一部分，无政府主义重新回到了被现代压抑的机构所歪曲的状况。因为人生来是社会化的，因此政府的存在是没有必要的。

心理学和社会理论

▶ 19世纪的心理学和社会理论有什么哲学意义？

19世纪，人们为心理学和社会学奠定了基础。人们将这两门学科与哲学区

分开，成为独立的领域。将它们区分开的理由是它们的主题和方法论都是不同的。从方法论的角度，威廉·狄尔泰（Wilhelm Dilthey，1833—1911）认为，人类科学例如历史、心理学、语言学以及哲学的特点是需要被人们理解，而自然科学需要人们去寻求原因。

然而，在20世纪，寻求原因的定量方法论和实验是心理学和社会学非常重要的部分。量化和因果解释也是经济学的特点之一。直到20世纪，经济学才从政治哲学、社会学和哲学领域独立出来。但是在19世纪，心理学和社会学的建立并从认知论、伦理学、政治哲学以及革命批判领域独立出来，这是一个重大的成就。

弗朗兹·布伦塔诺

▶ 弗朗兹·布伦塔诺是什么人物？

弗朗兹·布伦塔诺（Franz Brentano，1837—1917）在德国乌兹堡以及奥地利维也纳大学教书。他影响了奥地利哲学家亚历克修斯·迈农（Alexius Meinong，1853—1920）、现象学的奠基人埃德蒙德·胡塞尔（Edmund Husserl，1859—1938）和心理分析之父西格蒙德·弗洛伊德（Sigmund Freud，1856—1939）。1864年，弗朗兹·布伦塔诺被任命为罗马天主教会神父，但是在他参加了关于罗马教皇永无谬误论的争论之后，放弃了神职工作。他也辞去了维也纳大学的教授职位。放弃神职工作后便可以结婚，但却不能重新从事神职工作。老年的弗朗兹·布伦塔诺双目失明，但是他仍然撰写哲学分支学科的书籍直至去世。布伦塔诺的著作有《从经验的观点看心理学》（*Psychology from an Empirical Point of View*）（1874年）以及《对错意识的起源》（*Our Knowledge of the Origin of Right and Wrong*）（1889年）。

▶ 弗朗兹·布伦塔诺在经验心理学方面的主要贡献是什么？

布伦塔诺对人类长久以来最大的贡献是他强调了意识状态和态度的"意图"。他指出思想、信念、希望、欲望和喜好等等[伯特兰·罗素（Bertrand

布伦塔诺认为，判断可以是正确或者错误的，爱和憎恨也是如此。如果一个事物是好的，那爱它不可能是错误的。爱和恨的正确性是客观的，不正确性也同样是客观的。布伦塔诺关于正确性的观点说明他是一个直觉主义者，他认为我们能够立即、直接地意识到情感和对象之间是否"适合"。

Russell，1872—1970）用术语"命题性态度"表达这些情感]是有特定对象的。例如，如果你正在想一个苹果，那么你的意图对象就是你想着的这个苹果。如果你想要一辆新车，那么你想要的这辆车就是你愿望的对象。

这种方法中的物质状态并不是有意图的，意图是能够区别精神与身体状况的基础。布伦塔诺区分了3种不同种类的意图：想法、判断以及爱和憎恨的现象。其中，爱和憎恨的现象被称为情感和意志，与道德有直接的联系。

尽管布伦塔诺学说早期的版本叫做"内在意图"，他当时认为人们意图里的对象是真实存在于人的思想里的。然而，他后来又解释即使人的意识里存在某个精神对象，这个对象却不一定真实存在。也就是说，人们能设想一些本来不存在的东西。客观存在的思想对象与其他存在的事物有"严格的联系"，而那些完全不存在的思想对象则缺少与存在的事物之间的"严格的联系"。

亚历克修斯·迈农

▶ 亚历克修斯·迈农是什么人物？

亚历克修斯·迈农（Alexius Meinong，1853—1920）出生于奥地利的利沃夫，在弗朗兹·布伦塔诺门下学习哲学。布伦塔诺让他阅读大卫·休谟的著作。

他阅读后开始撰写自己的两部著作。第一部关于抽象概念,第二部则关于联系。这两部著作的名字都是《对休谟著作的研究》(*Hume-Studien*),分别出版于1877年和1882年。与布伦塔诺相同,迈农也被人们认为是一名分析现象学家。在所谓的欧洲传统这一观点上,与其他现象学家不同的是,迈农应用了严格的逻辑进行内省。他在奥地利的格拉茨建立了心理学协会,他同时担任教授。迈农以其目标理论和价值理论闻名于世,他重要的著作有《假设论》(*On Assumptions*)(1902年)。

▶ 亚历克修斯·迈农提出了什么心理学理论?

迈农将人的精神经历分为行动、内容和对象。他将布伦塔诺的意图学说的基础进行了发展,并解释了为什么所有的精神状态都以某一对象为目的。精神行动,或者叫做"行动因素",是主体向对象努力的方式。具体的内容,或者叫做"内容因素",是主体的关注程度。例如,想一个苹果与渴望得到一个苹果是不同的行动。想一个苹果与想一辆汽车在内容上是不同的,两种想法的转变就是对事物关注度的改变。

迈农的对象理论超越了传统的存在论,因为对意图对象(根据弗朗兹·布伦塔诺的理论)来说,所有的物体都存在是不必要的。事实上,迈农对形而上学哲学观点中的"存在性"存在偏见,他将此称作"支持实际的偏见"。每个对象都具有特质,是通过该对象的核心特征体现出来的。因为真正地拥有这些特质,即便是对于原本不存在的物体的陈述也可以是正确的,因为物体的状况与它们的存在是相互独立的。比如,一个粉色的独角兽确实是粉色的,尽管独角兽并不真实存在。

▶ 亚历克修斯·迈农是非常认真地提出不存在的对象的观点吗?

答案是肯定的,亚历克修斯·迈农因为不存在的对象的观点在很大程度上影响了他的名誉。伯特兰·罗素曾经在他著名的文章《论指称》(*On Denoting*)(1905年)里嘲笑过迈农的这个观点。尽管如此,其他20世纪的哲学家,例如特伦斯·帕森斯(Terence Parsons, 1939—)和罗德里克·奇斯赫尔姆(Roderick Chisholm, 1916—1999)就为迈农的存在论的一致性和谈论不存在对象的有效性提出了辩护。迈农认为不存在的对象包括可能对象和不可能的对象。他认为存在是物体的一种特性，就像气味或者形状一样。因此，虚构的对象缺少该特性，而迈农自己头脑中形成了这种特性。

▷ 什么是亚历克修斯·迈农的价值理论？

在辨别价值时，我们的情感和愿望有感知的能力。这并不意味着我们的情感和愿望能够"思考"，而是由情感和愿望告诉我们关于世界的一些事情，这些事情比我们的意识发展得快。对象——我们意图里的事物——将它们自身以价值特征呈现出来。例如，苹果的味道吸引我们想去吃掉它——苹果具有好吃的价值。日落呈现出美丽的景色，日落的这种美丽的价值特征并没有因为光的折射或者空气中的污染而削减。有些价值是普遍存在的，例如优秀、美丽、愉快、悦人、不同类型的义务（我们常说的责任）。迈农区分了与优秀相关联的观念和与责任相关联的责任。

│西格蒙德·弗洛伊德│

▷ 心理学和哲学有怎样的关联？

19世纪，哲学和心理学之间还没有明确的区别。直到20世纪早期，心理学才真正地形成。心理学领域早期的重要历史人物，例如西格蒙德·弗洛伊德，引起了哲学家的关注，因为早期的心理学家关于人类思想的观点在某种程度上改变了人性的观点，这使得哲学家不得不引起重视。

▷ 西格蒙德·弗洛伊德是什么人物？

西格蒙德·弗洛伊德是心理分析理论和临床实践的奠基人。他认为童年的早期经历会对人们个性和性格的形成有着终身的影响。柏拉图（公元前428年—公元前348年）就强调了儿童教育的重要性，但是弗洛伊德是第一个强调童年情感经历的人。弗洛伊德还提出自我理解并不是立即、自动地发生，自我理

西格蒙德·弗洛伊德是心理分析和临床实践之父。(图片来源：艺术文献库)

解需要特殊的反省。这一观点被人们广泛地认可。古希腊的一句著名的格言是"认识你自己"，但是弗洛伊德在心理学领域特别的贡献是他提出了人需要了解具有不同层面的自我。

弗洛伊德的主要著作有《梦的解析》(*The Interpretation of Dreams*)(1900年)、《性欲三论》(*Three Essays on the Theory of Sexuality*)(1905年)、《文明及其不满》(*Civilization and Its Discontents*)(1930年)。弗洛伊德也特别地将自己的理论应用在对于日常生活健康的人的研究上，与此相关的著作为《日常生活中的心理病理学》(*Psychopathology of Everyday Life*)(1901年)。

▶ 西格蒙德·弗洛伊德的生活有哪些因素让其从事心理学的研究？

弗洛伊德出生在德国的弗赖堡，却在奥地利的维也纳长大。他在维也纳大学学习医学，主修神经学。1886年，弗洛伊德与马莎·伯莱斯（Martha Bernays）结婚。他们育有6个孩子，其中最小的女儿安娜（Anna）后来也成为著名的心理分析学者。最小的儿子恩斯特（Ernst）所生的儿子卢西恩·弗洛伊德（Lucien Freud）是20世纪著名的人像画家。弗洛伊德的传记作者们认为他有快乐、稳定的家庭生活。当人们对他令人震惊的、新颖的心理学理论展开争论时，他的家人一直给予他支持。

弗洛伊德的导师J. M. 沙可（J. M. Charcot）和约瑟夫·布洛伊尔（Josef Breuer）研究癔症患者，弗洛伊德开始对这种神经紊乱的心理方面感兴趣，因为癔症患者在没有发病时就会出现身体病症。弗洛伊德和沙可发表了他们的临床研究结论，谈话可以改变患者的想法，可以作为一种治疗方法。结论发表在《癔症研究》(*Studies in Hysteria*)(1895 年)。因为弗洛伊德还从性的角度去解析癔症的病因，布洛伊尔因此疏远了他。

▶ 西格蒙德·弗洛伊德是如何解释癔症的？

最初，弗洛伊德和布洛伊尔提出了假设，认为癔症患者曾经在记忆深处埋藏了痛苦。治疗的方法就是让癔症患者回忆起这些痛苦的经历并释放与这些经历相关的情感和影响。弗洛伊德认为这些癔症患者压抑的来源是受到了男性亲属的性骚扰。当他意识到如果癔症的唯一原因是被压抑的记忆，那么通过呈现出癔症的症状还不能解决问题是没有理由的。因此，他对这种"诱惑理论"进行了修改。通过研究弗朗兹·布伦塔诺和亚历克修斯·迈农的著作，他形成了自己的理论。他认为白日梦会展现出人们被压抑的愿望，这将是解决问题的关键。他对于白日梦的研究帮助他形成了恋母情结理论。

▶ 什么是西格蒙德·弗洛伊德的恋母情结理论？

恋母情结理论简称恋母情结，是以弗洛伊德的《本能理论》(*Pleasure Principle*)为基础。弗洛伊德在《本能理论》里阐述了人类精神固有持久的性欲望以及控制性欲望的力量。性欲望和控制力分别叫做"性欲"和"自我"，或者早期和中期的自我本能，性爱或者叫做生的欲望，对应"死的愿望"，即希望生命终结的愿望（有趣的是弗洛伊德认为人有死亡愿望是人们渴望回归到无机状态）。

恋母情结是指孩子依恋母亲并把母亲视为一生中照顾他们的人。男孩惧怕父亲，害怕父亲会以阉割的方式惩罚他们。而女孩将最初的恋母情结转变为对父亲的依恋，即"恋父情结"，这种情结也经常会伴随着"阴茎羡慕"情感。这种情感是在无意中形成的，是一种较为被动的本能，是孩子在成长过程中被区分为男女的主要特征。

因为人们倾向于将压抑的情感释放出来，所以弗洛伊德将"快乐原则"视为重要的解释方法。他应用这一原则解释了无意识内容的出现可以解释幽默，以及日常生活中记忆和功能的衰退。在心理分析过程中，梦境和自由的联想能被用来探索人的无意识的冲突和特别的恋母情结幻想。

弗洛伊德将孩子对于母亲的依恋叫做"俄狄浦斯情结"即"恋母情结"。弗洛伊德是以虚构的人物俄狄浦斯(Oedipus)命名的这种情感。俄狄浦斯是古希腊悲剧家索福克勒斯(Sophocles)创造出的悲剧人物,俄狄浦斯无意中爱上了自己的母亲。(图片来源:艺术文献库)

▶ 弗洛伊德分析自己吗?

是的,他分析自己。一些例子可以证明他分析自己并彻底揭发自己。他曾经在给一位朋友的信中提到过自己的恋母情结:

> 我发现在我自己的例子中也是如此,我爱上了我的母亲并且妒忌我的父亲。我现在认为恋母情结是发生在儿童期早期的普遍现象,即使不像癔症的孩子在童年期间表现出来的那么早。

弗洛伊德还愿意解释文学作品里的人物和作家,因此他也分析了莎士比亚

（Shakespeare）的哈姆雷特（Hamlet）：

> 在我头脑中迅速闪现的想法可能也深藏在哈姆雷特心底。我认为莎士比亚并不是有意这样安排，但是我相信，一定是某一个真实发生的事件促使这位诗人将其以作品的形式呈现出来。莎士比亚的无意识可以理解他所创造人物的无意识。

弗洛伊德还将自己失忆、失语和梦境收集起来作为分析的材料。在1936年发表的文章《雅典卫城遥远的记忆》（ *A Disturbance of Memory on the Acropolis* ）中，他解释了1904年他去希腊雅典卫城时怀疑和心神不安的原因：

> 在这漫长之旅到达终点时，我除了满足感之外还有一丝内疚：一些事情是错误的，从远古时代就被禁止的。这与孩子对父亲的批评有关，这种对父亲的低估取代了童年时期对父亲的高估。看起来人们成功的本质是要超过自己的父亲，尽管超过父亲仍然是被禁止的。

弗洛伊德的父亲没有钱去希腊旅游，也没有接受足够多的教育而对雅典卫城产生兴趣。

赫伯特·斯宾塞

▶ 赫伯特·斯宾塞是什么人物？

赫伯特·斯宾塞（ Herbert Spencer, 1820—1903 ）是哲学家、社会改革家和《经济学家》助理主编。他还为《威斯敏斯特评论》杂志撰写文章，该杂志的编辑为乔治·埃利奥特（George Eliot）。斯宾塞是一名无神论者，在人文学科上没

有经过任何训练，他认为只有科学才能创造出有用的知识。在他的道德规范里，他将杰里米·边沁的功利主义与约翰·斯图亚特·穆勒（John Stuart Mill，1806—1873）的快乐是真正的目标观点相结合，斯宾塞认为快乐和痛苦是幸福和不幸的证据。

斯宾塞因为在查尔斯·达尔文发表《物种起源》（*On the Origin of the Species by Means of Natural Selection*，1859年）之前就提出了进化论观点而闻名。斯宾塞主要的著作是他在19世纪50年代开展重要项目期间出版的《合成哲学系统》（*System of Synthetic Philosophy*）和1884年出版的《人与国家》（*The Man versus the State*）。

赫伯特·斯宾塞是一名无神论者，他相信科学才是展现真知的唯一方法。（图片来源：艺术文献库）

▶ 赫伯特·斯宾塞对于进化论持有怎样的观点？

斯宾塞认为根据进化规律，变化是一直发生着的。进化的顺序为简单、同质、一致，更具复杂性、异质以及变化。在每个阶段，所有改变的部分也是整体的一部分。斯宾塞从自然、生物、心理和社会科学领域引用了事实证据。社会本身从原始同质形式发展为复杂的高级形式。他还指出了变化的不同部分有着不同的作用。

斯宾塞认为变化遵循着自身的内在作用。他认为社会进步不是外部作用的结果，社会福利或者贸易规章都是外部作用。在教育方面，他认为应该教授孩子们技能以便使他们能够更好地与他人竞争。斯宾塞的观点被社会达尔文主义者所支持，他们认为"适者生存"这一原则同样适用于社会。一般情况下，他们反对社会改革，而特别支持资本主义竞争。

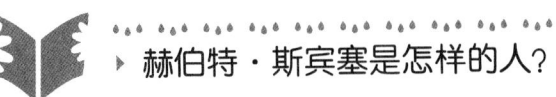

赫伯特·斯宾塞是怎样的人？

童年的斯宾塞体弱多病，他从父亲和叔叔那里接受家庭教育。他的叔叔是一位不信奉国教的严格的牧师。一次在社交活动中，有人问斯宾塞的叔叔为什么他的侄子不跳舞。他回答道："不允许斯宾塞在任何时候跳舞。"

玛丽·安·埃文斯（Mary Ann Evans）是一名小说家，她的笔名乔治·埃利奥特更为人们所熟悉。她与斯宾塞是很好的朋友。尽管斯宾塞不喜欢公共场所和娱乐，他却带着埃文斯去饭店以及歌剧院。传记作者认为如果斯宾塞向埃文斯求婚的话，埃文斯一定会嫁给他的。但是斯宾塞从未向她求过婚。埃文斯曾经说："这位哲学家的生活就像伟大的德国哲学家康德的生活一样，几乎没有给叙述者留下什么材料。"

在《新哲学体系的最初原则》（*First Principles of a New System of Philosophy*）（1880年）出版后，斯宾塞就得了失眠症，他将鸦片当做药物进行自我治疗。他变得深居简出，时不时地戴上耳塞，不去听别人讲了什么。尽管他提倡公共事业，例如他支持推行公制，反对布尔战争，但是他在晚年几乎不与人接触。

社会学和哲学

社会学与哲学有怎样的关联？

社会和政治哲学家讨论社会问题并且批评文化。社会学是为他们所探讨的问题提供事实信息的学科。

▶ 埃米尔·杜尔凯姆是什么人物？

埃米尔·杜尔凯姆（Emil Durkheim, 1858—1917）在法国波尔多和巴黎的大学里教书。他被公认为法国社会学学术领域的奠基人。他的目标是将社会学发展为有自己主题的进步的科学。他在社会学领域最大的贡献是坚持了自己的主张，即社会不能被归纳为自然和组成社会的人类单独的个体。他的重要著作有《社会分工论》（*The Division of Labor in Society*）（1893年）、《社会学方法的规则》（*The Rules of Sociological Method*）（1895年）、《自杀论》（*Suicide*）（1897年）以及《宗教生活的基本形式》（*The Elementary Forms of Religious Life*）（1912年）。

▶ 埃米尔·杜尔凯姆的主要观点是什么？

杜尔凯姆认为"游牧部落"，或者无组织的团体是社会最简单的形式。他分析了现存的部落社会，认为这些部落社会已经从近来的部落历史中发展了简单的社会组织形式。社会复杂性是一个进化的过程。杜尔凯姆指出了社会存在的问题，例如个人主义、被瓦解的旧有团结形式等等问题，加剧了他所生活的社会的复杂性。因为现代社会以社会分工为基础，那么解决这些问题的最好方法就是通过形成不同的职业和贸易组织。杜尔凯姆认为社会规范和传统塑造了人类生活，而宗教是一种尊敬社会规范和传统的方式。

▶ 埃米尔·杜尔凯姆对自杀研究有怎样的贡献？

首先，杜尔凯姆将自杀定义为："自杀这一术语可以被用来形容受害人自身积极或者消极的行为所产生的直接或者间接的死亡。而受害人本身知道他的行为会造成死亡这一结局。"第二，他系统地分析了现代社会的死亡率并将他的数据分为4种主要类型：利己型自杀、利他型自杀、失范型自杀和宿命型自杀。利己型自杀是由缺少社会关系造成的。利他型自杀是因为过多地卷入到了社会关系中。失范型自杀来源于现代社会生活复杂和长期的危险，特别是经济损失。宿命型自杀是发生在艰难生活条件下的异常状况，例如奴隶制度。

▶ 盖奥尔格·西美尔是什么人物?

盖奥尔格·西美尔(Georg Simmel, 1858—1918)是哲学家和早期的社会学家。他出生在德国柏林,一生中的大部分时间都是在柏林度过的。西美尔的著作涉及广泛的主题,包括道德规范、哲学、历史、教育、宗教、艺术和金钱。他的写作风格是对事物进行非密切的分析,即写作较为离题。不过当时的德国哲学确实都有这样的特点。

作为一名生活哲学家,西美尔将生活看作是超越生活本身的事物——换句话说,生活是超越了人体生物组织及其进展——因为生活更多产,特别是在文化创造力方面。也许西美尔最有特色的著作是《金钱的哲学》(*Philosophy of Money*)(1900年),几乎没有几个哲学家直接地阐述这一主题,无论是当时还是现在。他还撰写时尚方面的文章和著作。

▶ 盖奥尔格·西美尔对于时尚和金钱的观点是什么?

西美尔将个体的个人自我与社会自我进行了区分,社会自我是在复杂的社会中生存的必要条件。从社会自我的角度来说,时尚和金钱有一定的象征意义。西美尔认为时尚仅限于城市里的生活,他曾写道:"城市生活加强了社会关系的多样性,增加了社会流动性,使社会较低阶层的个体意识到上层社会的风格和时尚。"

他对金钱有相似的观点,认为金钱具有交换的客观形式和价值。金钱可以区分社会中较低阶层和统治阶层。与此同时,金钱使社会内部存在更多的自由。西美尔还意识到使用金钱的缺点,金钱给社会较低阶层带来了困苦和危险。

▶ 玛丽-路易斯·恩肯道夫是什么人物?

玛丽-路易斯·恩肯道夫(Marie-Luise Enckendorf)是盖奥尔格·西美尔的妻子葛楚·凯奈尔(Gertrud Kinel)的笔名。她使用这个笔名出版了自己的哲学著作。西美尔夫妇为知识分子创办了一个沙龙,他们却享受着保守的、中产阶级的家庭生活。西美尔夫妇有一个儿子。

◉ 马克斯·韦伯是什么人物？

尽管传记作者们认为马克斯·韦伯（Max Weber, 1864—1920）患有"神经疾病"，因此他没有将学术作为自己的职业生涯。即便如此，他仍然在德国弗赖堡、海德尔堡和慕尼黑的大学里拥有一席之地。他主要的研究领域是了解西部大开发时期现代生活的支配特点。他最知名的著作是《新教伦理与资本主义精神》（*The Protestant Ethic and the Spirit of Capitalism*）（1904年）。

◉ 马克斯·韦伯如何将新教与资本主义联系在一起的？

韦伯观察到资本主义需要投资，而

马克斯·韦伯非常有趣地将经济学观点与宗教相结合。（图片来源：艺术文献库）

 **▶ 马克斯·韦伯本人是禁欲主义者吗？**

是的。韦伯的父亲是快乐主义者和头脑简单的人。他的母亲非常有修养。韦伯在他的叔叔婶婶家接受了智力和道德教育。19世纪80年代，他开始研究农民工，一年之内写了900页书稿。当时他在柏林大学做讲师，同时还有一份全职的法律工作。他严格地安排自己的生活，将每天的时间划分为小时来安排工作和生活。1893年，他与玛丽安·施尼特格尔（Marianne Schnitger）结婚。玛丽安是他父亲这一方亲戚家的表妹。婚姻是以亲密的精神友谊为基础的，但是两人一直保持着无性婚姻。直到韦伯将近50岁才和妻子有了一次性生活。

投资额远远超过了资本主义存在所需要的钱数。他认为这种积累是新教教堂所鼓励的禁欲主义的一种形式——限定劳动的价格，减少享受劳动成果的乐趣。韦伯注意到在社会上受控制的宗教并不具有资本主义性质。

韦伯将这种使资本主义成为可能的精神过程叫做"合理化"，他分析了"合理化"在高效的、基于规章制度的西方政府以及经济事件中存在的原因。他认为自由的政治体系对于国家来说是一种优势——特别是德国——有助于国家在国际竞争中取胜。但是他也认为伴随着科学的世界观，人们忽视了风俗，这必将导致"世界的觉醒"。

韦伯认为要对官僚机构合理化进行修正，有可能的方法是大众民主主义。实施大众民主主义必将产生卓越的领导人。

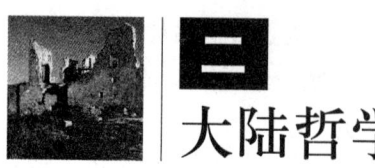

大陆哲学

什么是大陆哲学？

　　存在主义、现象学、批评论和构造主义都是现在被称作"大陆哲学"的代表。存在主义是一种世界哲学观，由某一人提出观点后，该观点可以应用在所有人身上。现象学是对个体知识和理解力过程更为抽象和系统的发展（存在主义者比现象学主义者更精通文学）。批评论是马克思主义理论方法论在20世纪的发展。构造主义是将许多欧洲大陆传统应用于社会批评中，以此分析社会构造。

　　存在主义、现象学、批评论和构造主义的共同特点是它们最初的基本观点都来自欧洲思想家。但是大陆哲学这个名字并不是指它与地理有关。人们经常把大陆哲学与英美的分析哲学相对比，自20世纪30年代哲学成为高等教育的职业以来，分析哲学便主宰了20世纪美国学院和大学的哲学系。需要注意的是，适用于美国纯理论哲学系的内容不一定适用于美国的英语系、法语系和德语系。这些语言院系在20世纪之后才将大陆哲学引入课程中。并且美国的职业哲学家对大陆哲学呈现出冷漠的态度，他们对于20世纪50年代后出现的美国哲学（也称作实用主义）也同样冷漠。

存 在 主 义

▷ **什么是存在主义?**

存在主义这种哲学体系始于个人存在于世界上这一具体的事实。人类在日常生活中的共性是成为知识的基础和事实的本性。存在主义从第一人称,即"我"的角度关注人的经历。

▷ **存在主义和现象学在历史上有什么关联?**

存在主义和现象学都是从第一人称的角度观察人类实在的事实("实在"这一哲学术语指绝对存在而非偶然存在的事物)。作为思想的特色惯例,这两者都根植于19世纪。存在主义的先驱是费奥多尔·陀思妥耶夫斯基(Fyodor Dostoyevsky, 1821—1881)、索伦·克尔凯郭尔(Soren Kierkegaard, 1813—1855)以及弗里德里希·尼采(Friedrich Nietzsche, 1844—1900)。现象学始于弗朗兹·布伦塔诺。严格地说,存在主义比现象学出现得早,尽管一些20世纪的存在主义者试图从同时代的现象学家那里研究基础,而不是参照19世纪存在主义者前辈的哲学思想。

索伦·克尔凯郭尔

▷ **索伦·克尔凯郭尔是什么人物?**

索伦·克尔凯郭尔(Soren Aaybe Kierkegaard, 1813—1855)是丹麦基督教存在主义者,他赞美宗教信仰,认为宗教信仰是理性和道理中个人的情感"飞跃"。他是遵循内心和自己生活的情感状况写作的。

▷ **索伦·克尔凯郭尔生活中的情感状况是怎样的?**

克尔凯郭尔的父亲迈克尔(Michael)是一个非常忧郁的人,他的第二任妻

子曾经是他家的女佣。迈克尔认为他生活在上帝的愤怒中，因为他的5个孩子都先他而去，所以他认为这是上帝对他的惩罚。克尔凯郭尔的父亲认为自己的罪行是让妻子未婚先孕，而且他10岁时做过牧羊人，在恶劣的天气下，他曾经诅咒过上帝。他后来成为一个羊毛批发商才富裕起来了。

克尔凯郭尔小时体弱多病，但他却可以讽刺嘲笑比他更大的孩子，把他们气哭。在丹麦哥本哈根大学，他觉得黑格尔哲学不适合他，因为黑格尔哲学没有强调事实。他说："事实，对我来说是正确的，事实可以让我找到生存和死亡的理由。"路德教也不能让他感兴趣，在一段时间之内他沉溺于昂贵的食物和饮料，穿时髦的衣服，因为他认为及时行乐才是最重要的。但是他父亲的忧郁性格一直困扰着他，因此，他也成为一个忧郁的人。

1841年克尔凯郭尔与雷吉娜·奥尔森（Rigene Olsen）订婚时想要成为一名牧师。两人相识时雷吉娜才14岁。4年之后，他们彼此深爱着对方。但是克尔凯郭尔取消了婚约，雷吉娜后来嫁给了她的老师弗雷德里克·施莱格尔（Frederick Schlegel，他后来成为丹麦西印度群岛的官员）。对于克尔凯郭尔来说，最初的生活模式已经成型了，他决定不和雷吉娜结婚的那一刻也决定了他不会成为路德教会的牧师。

克尔凯郭尔认为哲学不是关于建立制度也不是关于分析，哲学是对个人存在的表达。他并不尊敬教授，因为他认为这些教授们并不能理解他的主观想法。

克尔凯郭尔最重要的著作都写于19世纪40年代：《或此或彼：生活片段》（*Either/Or:A Fragment of Life*）（1843年）、《恐惧的概念》（*The Concept of Dread*）（1844年）、《哲学片段》（*Philosophical Fragments*）（1844年）、《非科学的最后附言》（*Concluding Unscientific Postscript*）（1846年）、《致死的痼疾》（*The Sickness unto Death*）（1849年）。他自传性的著作和日志在很大程度上体现出了他个人的思想和情感。虽然如此，他本意上并不想透露他自己的生活。因为他曾经写道：

> 我死后，没有人会在我的作品中发现我对生活的态度（这是我的安慰）；没有人能找到任何词语解释世界中什么琐事对我来说是极其重要的，而当我解开事物神秘的假象时，什么事情都不再重要了。

丹麦基督教存在主义者索伦·克尔凯郭尔将他的哲学建立在宗教信仰之上。(图片来源：艺术文献库)

▶ 索伦·克尔凯郭尔为什么认为弗里德里希·黑格尔没有给他写信?

首先,克尔凯郭尔没有认真对待弗里德里希·黑格尔的主张,即把所有事物的体系写出来。克尔凯郭尔认为上帝可以将任何事物看作是一个体系,但是人类的思想家本身是不完善的,不可能有这样完整的观察力。他还摒弃了黑格尔开始创建哲学体系时采用的建议这一传统(黑格尔因为怀疑而建立的这一传统)。克尔凯郭尔认为哲学的开始应该是惊奇。同时,他认为真正的怀疑是不能通过智力的方式解决的,而是需要人类的意志。最后,克尔凯郭尔认为上帝或者绝对真理不能立刻到来,因为上帝是最终的"他人",可以挑战理性的理解力。

克尔凯郭尔对黑格尔最大的抱怨是黑格尔就像一个建造了官殿却住在官殿外简陋的小屋里的人。他的意思是黑格尔创建了伟大的、精密的哲学体系,却忽略了自己作为真实的个体存在的事实。

当克尔凯郭尔德处于弥留之际时,他拒绝了牧师的圣礼,他说道:"牧师是皇室官员,皇室官员与基督教没有任何关系。"他的碑文上刻着他要求写的字:"那个人。"

▶ 索伦·克尔凯郭尔认为他生活里重要的使命是什么?

克尔凯郭尔认为他的重要使命是将"基督教引入基督教界"。对于他来说,基督教是一种存在方式。他认为还有人类生存在世界上,他们有着"内在真实性"。而上帝具有"外在真实性"。对上帝的信仰是人关于上帝的问题的内在飞跃性的回答。

▶ 克尔凯郭尔被"诅咒"了吗？

克尔凯郭尔不断地完善受诅咒的一生。不仅仅是与雷吉娜·奥尔森解除婚约的事件。在他解除婚约后，他一生都承受着失去她的痛苦。还有1845年—1846年的《海盗报》（*The Corsair*）事件，在一篇令人不悦的评论后，他在《文学警察行动的辩证结果》（*Dialectical Result of a Literary Police Action*）里写道：

像《海盗报》这样的报纸，到目前为止三教九流的人都阅读过。该报的特点是忽视和蔑视读者，从不解答读者的疑问。写作的目的是表达文学和道德规范——该报却扭曲了这一目的——该报竭尽全力地赞扬某人使得某人名垂千古，却用同样的气力将这个人贬低得一文不值……我个人请求《海盗报》在赞扬我之后对我进行嘲讽和贬低。

他确实受到了嘲讽和贬低，《海盗报》展开了全面的反击，刊登的多篇文章用刻薄的语言嘲讽克尔凯郭尔自身的弱点和过失——他身材矮小，体弱多病，天生驼背——他认为自己理解所接触到的任何人，"甚至是屠夫"。这绝不是妄想出来的片段。克尔凯郭尔确实经历了现代名人可能会经历的，无论他出现在丹麦哥本哈根的什么地方，大家都知道他是被黄色小报嘲讽的名人。这无疑对他来说是一场大灾难，因为散步并和各种阶层的人闲谈一直是他最喜欢的娱乐方式，被《海盗报》嘲讽后，他就再也不能悠闲地散步或者交谈了。

◉ 索伦·克尔凯郭尔急需解决的问题是什么？

对于克尔凯郭尔来说，最大的问题是上帝是否存在，人是否有来生。他认为这个问题不能通过事实和智力推理来解答。这虽然是一个理性问题，却是一个没有答案的问题。唯一可接受的答案是人自身信仰的真实飞跃。并且，一些事

实使得上帝以及人的来生存在的可能性变得非常荒谬，这种荒谬本身就是对信念的考验。事物越荒谬，相信这些事物的信念就越强。克尔凯郭尔认为伟大信仰的关键是成为基督徒。最后，克尔凯郭尔引用了亚伯拉罕（Abraham）和艾萨克（Isaac）的《圣经》故事。上帝命令亚伯拉罕将艾萨克带到山顶将他杀死作为供奉。这种行为在现实生活里是病态的，但是克尔凯郭尔认为，这一行为在宗教领域里就是信仰飞跃的典型事例。

▶ 索伦·克尔凯郭尔的"生活方式的阶段"指的是什么？

克尔凯郭尔宣称信仰的自我发展需要通过3个"生活方式阶段"作出选择。首先，存在于当下的美学生活使人的欲望得到满足，其优雅的形式是对艺术的欣赏。如果生活中缺少美学，那就是伦理生活的第二阶段，即承诺。人在第二阶段里寻求统一的自我。第三个阶段是宗教生活。

▶ 索伦·克尔凯郭尔只有一种宗教生活吗？

不是。克尔凯郭尔区分了两种宗教。第一，个体和上帝有一定的关联，用他对上帝的理解方式来解释罪行。第二，存在"伦理的目的终止"，正如亚伯拉罕和艾萨克的《圣经》故事所描述的。这个著名的伦理故事的含义是指真正的宗教要比社会所接受的善良仁慈重要和深刻。

费奥多尔·米凯洛维奇·陀思妥耶夫斯基

▶ 为什么存在主义哲学家认为陀思妥耶夫斯基和他们是一派的？

人们认为伟大的俄国小说家费奥多尔·米凯洛维奇·陀思妥耶夫斯基（Fyodor Mikhailovich Dostoyevsky, 1821—1881）给存在主义的现代哲学传统带来了灵感。因为他深刻地理解人类处境的艰难，也揭示了自己和他的小说人物所共同遭遇的问题。弗里德里希·尼采认为陀思妥耶夫斯基是"唯一能教授他一些东西的心理学家"。他赞扬了陀思妥耶夫斯基的著作《地下室手记》（*Notes from the Underground*)(1864年),因为该著作是"血液里呼喊出的真相"。

确实如此,在《地下室手记》一书中,陀思妥耶夫斯基描写了一个自我贬低的叙述者,他是存在主义者的代表。这位叙述者的第一句话是:"我是一个病人。"接下来,他反思、咆哮后意识到他的病主要是精神上的不安。这种病是有一定原因的。

尽管人们都知道陀思妥耶夫斯基有着非常简单的宗教信仰,他并不是非常容易推断出这个观点的,无论是在他的著作[例如《罪与罚》(*Crime and Punishment*)(1866年)]还是在他自己的生活中。在他的著作《卡拉马佐夫兄弟》(*The Brothers Karamazov*)(1881年)中,伊凡(Ivan)是一个无神论者,而他的兄弟阿廖沙(Alyosha)却刻苦学习想成为一名修道士。在这本小说里著名的"询问者"对话一章中,伊凡将自己的信仰强加给阿廖沙,他质问阿廖沙善良的上帝是如何允许无知的孩子受苦的。伊凡叙述了一个农民孩子的故事。上帝让一群狗撕咬这个孩子,就因为他向其中的一只狗扔了一块石头。陀思妥耶夫斯基以自己的好朋友弗拉迪米尔·谢尔盖耶维奇·索罗维约夫(Vladimir Sergeyevich Solovyov, 1853—1900)为原型创造了阿廖沙这一人物。索罗维约夫希望将罗马天主教和俄国东正教相结合。

▶ 陀思妥耶夫斯基生活的哪些方面影响了他,使他在研究人类困难上有浓厚的兴趣?

陀思妥耶夫斯基的父亲是有暴力倾向的酒鬼。他也是俄国莫斯科为穷人治病的马林斯基医院(Mariinsky Hospital)的医生。陀思妥耶夫斯基本人从9岁起就得了癫痫病。当他还是个孩子时,他常违反父母的命令并且在马林斯基医院里玩耍。他了解病人的痛苦并且被病人们所讲的故事所吸引。他的第一本书《穷人》(*Poor Folk*)(1846年)给穷苦人们带来了慈爱,在当时,穷人经常被受过教育的识字的阶层所忽略和抛弃。

1849年,陀思妥耶夫斯基因为参加知识分子组织的名为彼特舍夫斯基社团(Petrashevsky Circle)的自由团体而被捕。他被判决死刑。尽管俄国沙皇尼古拉斯二世(Czar Nicholas Ⅱ)并没有对他实施真正的刑罚,但是数小时站在寒风里等待行刑队到来的这种经历使陀思妥耶夫斯基非常恐惧。之后他流亡到西伯利亚开始了4年的苦役生活。对这一时期的生活他曾经写道:"夏天,无法

俄国陀思妥耶夫斯基通过《卡拉马佐夫兄弟》和《罪与罚》这类小说表达了他的信仰，他认为人类生存状况是极度困难的。

忍受的闷热；冬天，无法忍受的寒冷。地板都是腐烂的，上面的污垢有一寸厚，人都会滑倒……我们就像装在桶里面的青鱼……跳蚤、虱子和黑色的蟑螂成群。"

当陀思妥耶夫斯基的哥哥和妻子在同一年去世后，他陷入了极度的消沉中，成为一个赌徒。在1866年撰写《罪与罚》期间，因为他非常贫困，写作处于狂乱的匆忙中。1867年，在他以口述的形式撰写《赌徒》（Gambler）一书时，聘请了一位20岁的速记员，他和这位速记员结了婚，生活的道路逐渐平坦起来。该著作的主人公是一位上了年纪的女赌徒，她自我毁灭式的赌博方式让人们觉得这个主人公就是陀思妥耶夫斯基对自己的描述。

陀思妥耶夫斯基多年以来生活在俄国美丽的城市斯塔拉，直至肺气肿和癫痫病发作导致肺出血死亡。4万人参加了他的葬礼。

弗里德里希·尼采

▶ **弗里德里希·尼采是什么人物？**

弗里德里希·尼采（1844—1900）是一位伟大的攻击传统哲学观念的人。他直言不讳地批评了存在主义者的写作风格。实际上，他从更聪明、更有创造力的人的角度批评了中产阶级文化、基督教、经验主义推理和利他道德观。这些思想后来处于社会的主导地位。尼采比当时支持约定俗成的价值观的人要"忧郁"。当陀思妥耶夫斯基和其他人想要人们重新重视更为保守的宗教价值观时，他们批评了现代事物。但是尼采却期待下一代的年轻人能将科学作为削弱西方历史沉寂的工具。

▶ 弗里德里希·尼采的生活是如何预示他的哲学观的？

尼采一生最大的讽刺是他的生活与他著作中主人公的生活截然不同，既没有他所羡慕的贵族前辈，他所预测的知识和勇气的新时代也没有到来。他童年时期生活在普鲁士，过着被家人保护的生活。尼采的祖父和父亲都是路德教会的牧师。尼采的父亲在尼采4岁时死于医生所诊断的"脑软化"症。尼采的母亲弗朗西斯卡（Franziska）是一位路德教会牧师的女儿。尼采出生时她才18岁。尼采一直认为自己的祖先是波兰贵族，可是与他的想法截然相反，他的祖先中许多人都是屠夫。

尼采6岁时，他的弟弟夭折了。他的母亲、姐姐和他搬到了南姆堡（Naumburg）生活。尼采生活在一个由母亲、姐姐、奶奶和两个未婚的姑姑组成的大家庭里。传记作者曾经评论这种全女性的家庭环境对尼采成年以后的心理健康产生了负面的影响。他们认为这种环境是尼采一些作品中对女性怀有敌意的原因。例如，在《查拉图斯特拉如是说》（*Thus Spoke Zarathustra*）（1883—1885年）这本书中，他曾经写道："你接近女人时，一定要记得拿鞭子。"

弗里德里希·尼采比他同时代的人更具前卫思想，他抛弃了许多当时的价值观。
（图片来源：大图片文献库）

在寄宿学校，尼采得了偏头疼。他受到约翰·荷尔德林（Johann Holderlin）诗歌的鼓舞。但是约翰·荷尔德林后来成为精神病患者，所以尼采的老师认为这种影响不是"健康的"。

尼采在德国波恩大学学习神学和古典哲学,在德国莱比锡大学学习语言学。在1867年—1868年短暂的时间里他参了军,但是骑马时,马鞍的前鞍使他的胸部受伤,他不得不离开了军队。年仅24岁时,他的老师认为他前途无量,他被任命为瑞士巴塞尔大学的古典语言学副教授。尼采搬到了巴塞尔,成为瑞士居民并在1869年成为一名全职的教授。

1870年,他向学校请假,作为一名医学传令兵参加了佛朗哥—普鲁士之间的战争。他回到巴塞尔时,得了痢疾和白喉。1873年,尼采获得博士头衔,1879年由于健康问题向学校请辞离开了他的学术职位。在此之后的9年时间里,他继续写作和旅行。

▶ 尼采的主要著作有哪些?

尼采的主要著作有10本,这10本书被全世界人们视为重大的贡献。他最著名的著作包括《悲剧的诞生》(*The Birth of Tragedy*)(1872年)、《快乐的科学》(*The Gay Science*)(1882年)、《查拉图斯特拉如是说》(共4部,*Thus Spoke Zarathustra*)(1883—1885年)、《超越善恶》(*Beyond Good and Evil*)(1886年)、《道德的谱系》(*On the Genealogy of Morals*)(1887年)、《反基督》(*The Anti-Christ*)(1888年)以及《瞧! 这个人》(*Ecce Homo or Behold the Man*)(1888年)。尼采将《瞧! 这个人》这本书献给了伏尔泰,并且在这本书中写了自己喜欢的文章《为什么我写了如此好的著作》(*Why I Write Such Good Books*)(1888年)。

▶ 弗里德里希·尼采的著作《悲剧的诞生》指的是什么?

尼采受亚瑟·叔本华的影响。叔本华认为潜伏在日常事实下的真正的世界是人的意愿,人们在音乐中能最好地感觉到意愿。根据尼采所述,悲剧作为一种艺术形式,是苏格拉底(Socrates)之前的古希腊的发明。人们创造悲剧是为了解决生活中混乱和悲伤的本性,说到底,这就是生活本身。悲剧是理性的、美丽的戏剧结构,是由理智之神阿波罗(Apollo)创造的。这种悲剧结构可以让观众参与到潜在的、狂热的混乱事实中。这种潜在的混乱以及将所有事情融入痛苦的、可以表达出来的沉醉状态就是希腊生活中被尼采称作"狄俄尼索斯"元素的艺术形式。因此,阿波罗理智元素允许狄俄尼索斯混乱元素出现在悲剧的戏剧

▶ 尼采残疾的状况如何？

对于这个问题人们有不同的争议。有证据表明他在德国莱比锡治疗过梅毒，但是他本人并不知情。人们认为他去世时病情处于梅毒第三期。没有人知道尼采什么时候感染上了梅毒，因为他过着禁欲主义者的生活。也许是在他在求学期间去过一两次妓院染上的疾病。

一直以来尼采的健康状况非常糟糕。他的视力较弱，胃肠经常疼痛。他通过行走和服用大量的药片来缓解痛苦。1889年1月，尼采在意大利都灵的大街上崩溃了，他抱住了一匹被虐打的马的脖子。在接下来的几年里，他给他的朋友们写了一些精神错乱的信，信中说自己"长期以来被德国医生钉在十字架上"。他还命令德国皇帝向罗马报告将他射杀。他的朋友将他从意大利接了回来，他的母亲将他送到德国耶拿的一家医院。治疗虽然不成功，但是至少他的母亲把他带回了家。

1893年，尼采的妹妹从巴拉圭回到德国。她的丈夫在巴拉圭自杀身亡。尼采的妹妹负责编辑和出版尼采的手稿。她不让尼采接触他的朋友们。当他们的母亲在1897年去世后，尼采被妹妹带到德国魏玛。她允许人们来拜访尼采。尼采并不是喜欢交流的人，但是他的妹妹还是要求他穿戴整齐，这样她就可以将尼采展示出来。尼采在那时已经非常有名了。

形式中，而参与其中的观众也在悲剧中有所呈现。尼采所著的《悲剧的诞生》也是尼采的博士论文，在书中，他引用了伟大的悲剧作家索福克勒斯（Sophocles）的话：

有一个关于佛里吉亚国王迈达斯（Midas）在森林里追赶酒神狄俄尼索斯（Dionysus）的伙伴——聪明的森林之神赛利纳斯（Silenus）的故事。他追赶了很久也没有将赛利纳斯抓住。当赛利纳斯最后落到他手里后，国王迈达斯问他什么是人们想得到的最好的事物。半人半神的赛利纳斯被捆绑着不能动弹，他

一个字也没有回答。直到最后，在国王的逼迫下，他发出一声刺耳的笑声并说道："哦，可怜的短命鬼，机会和痛苦的孩子，你为什么要强迫我告诉你你最不想听到的事情呢？人们想得到的最好的事物并不是你能得到的：不出生于这个世界上，不生存在这个世界上，做一个一无所有的人。但是对你来说第二件好事情就是——你会很快死亡。"

▶ 弗里德里希·尼采的著作《快乐的科学》体现了什么观点？

尼采的一些格言体现出尼采将哲学视为生命的欢庆，这与一些德国知识分子的想法是不一样的。后者认为哲学是愚笨的。尼采在19世纪70年代的著作中，对德国的一些知识分子进行了批评，认为他们是没有教养的人。他将自己的科学理想与宇宙哲学和新柏拉图的学说结合在一起。柏拉图学说认为生命是一种循环，他将其称为"永恒的循环"。每个人的生命都可以无限地循环，人们经常检验生活，发现活着是值得的。这是因为每个时刻，人们都能够无限地回到未来生活的某个时刻，并且充满快乐地去做这件事。

尼采称赞了"精神高涨的、活跃的、被世界认可的人类的想法，人类不仅妥协并学着接受过去和现在的一些情况，还希望拥有过去和现在所拥有的东西，并将它们带到来世"。尽管他认为我们将永久地循环下去，一次又一次地对发生的事情作出选择，也拥有无限的机会（从形式上说，尼采的这种观点再次展现了著作《悲剧的诞生》的观点。高尚的精神和理智的力量可以断言最坏的事情已经发生、能够发生或者即将发生）。

先知查拉图斯特拉，创立了波斯索罗亚斯德教。他使尼采获得了灵感并创造了"超级人物"。（图片来源：艺术文献库）

▶ 在《查拉图斯特拉如是说》这部著作里，查拉图斯特拉说了什么？

在《查拉图斯特拉如是说》这部著作里，尼采创造了与他同样享誉盛名的主人公。这位主人公以波斯索罗亚斯德教创始人——先知查拉图斯特拉的名字命名。查拉图斯特拉的目标以一系列的格言呈现出来，是为"超级人物"的出现做好准备。当基督教的上帝死去和真正的人类英雄不存在时，"超级人物"就会填补这个空缺。人类的生活可以被创造正如艺术家可以创造著作一样。

▶ 弗里德里希·尼采所创造的"超人"有什么特点？

尼采将"超人"设定为一种新型人类，"超人"在基督教里不是现存的宗教人物。与理想的基督徒不同，"超人"对自己的力量不会觉得谦恭和羞耻。他将完全地热爱地球生活，没有必要相信天堂的存在。

▶ 弗里德里希·尼采对宗教有怎样的看法？

在《超越善恶》《道德的谱系》《反基督》3本著作里，尼采将基督教描述为弱者对强者怨恨的病态道德规范。他认为在基督教出现之前，"白肤金发碧眼的怪物"使用暴力奴役弱者，成为他们的主人。这些古代的统治阶级很自然地、残酷地对待弱者。他们把被统治的奴隶看作是"低贱的人"。统治阶级的人们骄傲、有勇气、尊重传统，并对彼此忠诚。这些特点组成了统治阶级的价值观。老式的贵族价值体系被牧师阶级的密谋毁坏了，这些牧师否认自己是统治阶级，他们将他们的残忍转移到内心，鼓励被压迫阶级将伤害他们的事物视为精神的邪恶——罪恶。

因此，尼采认为基督教是一种奴隶道德规范，崇拜死去的上帝，抛弃尘世间的生命期待天堂的快乐，这些都证明了基督教的无用。尼采认为对于那些没有力量的人们来说，基督教是没有意义的宗教。基督教就是为奴隶准备的带有奴隶道德的奴隶宗教。尼采也警告了统治阶级：

人不得不检验自己来确定自己是否注定独立并处于支配地位——并且应该在正确的时间做这件事。人不能躲避这种检验，尽管这样的检验也许是一个人玩的最危险的游戏，也许这个游戏没有任何观众或者裁判，只有我们自己。

 尼采能被认为是提倡压迫的人吗？

一些人将尼采看作是提倡压迫的人，因为尼采确实赞美强者胜过弱者。当德国纳粹掌权后，尼采的妹妹将尼采的著作交给纳粹，并从中获利。纳粹将尼采的著作当做适合第三帝国的哲学。这使得尼采的名誉受损。直到20世纪60年代，瓦尔特·考夫曼（Walter Kaufmann）翻译并编辑尼采的著作时，重新解释了尼采的思想。考夫曼认为尼采是崇尚个人自由的哲学家。大多数喜欢尼采的当代哲学家相信尼采认为每个人都有自由变得更加强大，从而使自己能从统治他的"兽群"脱离开。

弗里德里希·尼采认为的权利是什么？

在著作《权利意志》（*Will to Power*）（1901年）中，尼采更关心个人的权利和力量，而不是个人控制他人的权利和力量。尼采认为世界处在不断地变化中，人们享受生存的唯一方式不是对于理想和不变的实体的了解，而是要不断增加自己的力量。对于个体来说，生存的意志与获得权利的意志是一样的，因为生存是持续不断的奋斗。"超级人物"所带来的价值观的"转化"代表了崭新的、成功生活形式下权利意志的未来阶段。

让-保罗·萨特

让-保罗·萨特是什么人物？

让-保罗·查尔斯·艾马尔·萨特（Jean-Paul Charles Aymard Sartre，1905—1980）是20世纪存在主义哲学家的代表。他用黑色幽默对存在主义进行了通俗的解释：无神论、无政府主义、吸烟、酗酒、酷爱咖啡、法国知识分子、对一些观点进行争论以及崇尚"自由爱情"。萨特本人叼着烟斗，个子矮小，身体健壮，眼睛近视并且斜视。他参加了法国的反纳粹活动，而后信仰马克思主义并反对越南战争，这些做法使他为同时代的人所熟识。1964年，萨特拒绝接受诺贝尔文学奖，因为他认为是他在政治上反对中产阶级军国主义文化才得到了这个奖项。

让-保罗·萨特是20世纪存在主义哲学家的代表。（图片来源：艺术文献库）

萨特主要的存在主义哲学观作品包括了许多剧本和散文：小说《恶心》（*Nausea*）（1938年）、《自我的超越性》（*The Transcendence of the Ego*）（1937年）、《存在与虚无》（*Being and Nothingness*）（1943年）。他的马克思主义哲学观体现在未完成的三卷本著作《辩证理性的批判》（*The Critique of Dialectical Reason*）（1958—1959年）。

▶ 让-保罗·萨特是如何解释存在主义的？

萨特是一个无神论者，他理论的前提是人类独自生存在世界上，世界上没有更强的力量存在。人类的本性不是固定的，因为人发明了"本性"一词的意义，也就能够认为"人制造了自己"。这种制造自己的能力与责任感结合在一起就会造成一定的痛苦。因为人必须决定自己的本性。人类总是处在苦难程度不断变化的环境下无法逃离。

一个人的生活中也存在着其他人，当然了，他们也有着同样的自由，这使得维持合作的、长久的、关爱的人类关系异常困难。人永远不能真正地看清别人的本性，因为其他人也处在同样的状况下。这种关系网效应经常让人们心中产生这样的想法——"别人真该死"。萨特对于人们亲密关系的观点是凄凉的，渴望得到的人总是躲避你，不想成为被渴望的目标。渴望得到的人也不能完全变成一个目标，因为这个人有自己的自由。

为了真诚，接受一个人的自由和所处的状况（或者说是"真实性"）是有必要的。不真诚的人或者否认了自己的自由和责任，或者否认了他们生活状况的真实性。每件事情都是被选择的，甚至驱使一个人作出偏激行为甚至疯狂的情感。即使是没有被选择的、最艰难的状况也不会否定一个人的自由。因为是人定义了什么样的状况是艰难的状况。例如，一个人将手枪顶在头部时，他仍然有选择生存或者死亡的自由。

▶ 让-保罗·萨特自由理论的基础是什么？

让-保罗·萨特认为在人类意识结构中，自由是与生俱来的。存在意识就是自由的体现。意识没有优先动机，因为意识是自发形成的。意识本身并没有意义，意识是对其他事物产生的反应。意识是自由的。因此，意识的本质并不是一个事物。萨特将意识称为"自为"，而其他的事物是"自在"。乍一看，他将人类宇宙分为"自为"和"自在"，与勒内·笛卡儿（Rene Descartes, 1596—1650）的精神物质与自然物质学说相似。但是萨特在"精神物质"方面的观点已经超越了笛卡儿。

对于萨特来说，正如他的著作《恶心》里的主人公在一项研究中发现了即使是某人过去的功劳或者性格特征都存在着"自在"的状态。例如，不诚实这种形态体现在某人假装决定完成自己的职责（而实际并没有完成这一职责），因为他

▶ 让-保罗·萨特是犹太人吗？

萨特死后，他忠实的追随者对他是否是犹太人展开了激励的争论。这种争论并不是哲学问题，因为他们争论的目的是为了找出萨特死后的遗产继承人以及代言人。前毛泽东主义者班尼·利维（Benny Levy）做了几年萨特的秘书，他在《期待现在：1980年采访》（*Hope Now: The 1980 Interviews*）（1996年）一书中记录了40个小时的录音对话内容。在记录中萨特曾表达了期待弥赛亚（犹太人盼望的复国救主）的到来。

就是以不诚实的方式被抚养长大的。或者一个人如果懒惰,他就不可能完成自律性较强的工作。人们的生活背景、弱点或者优势都在激发人们行动的过程中起到了一定的作用。

▶ **让-保罗·萨特是怎样的马克思主义者?**

在《辩证理性的批判》一书的简介里,萨特宣称自己的存在主义哲学观点在历史进程中只是对马克思主义的一个补充。但是在他解释自己的意思时,他说马克思主义成功地解放了被压迫阶级,这对于他所描述的每个人可获得的自由是必要因素。换句话说,他将马克思主义的目标视为对他所描述的自由的实现。

在某一方面,这与他所描述的全人类的自由相矛盾。但是在另一方面,萨特认为被压迫的阶级以自身的自由为基础,完全有权利为了集体的解放结合与合作。因此,尽管他拥护马克思主义,但并不赞同马克思主义决定论的前提,即个人的意识是形成他社会阶层的政治和经济因素的结果。

▶ **西蒙娜·德·波伏娃是谁?**

西蒙娜·德·波伏娃(*Simone de Beauvoir*, 1908—1986)是当代著名的哲学家,她推动了西方女权运动的"第二波"。她8岁时开始写作,是一位小说家和政治作家。她协助一生的伴侣让-保罗·萨特共同创办《世界报》(*Le Monde*)。她的主要著作包括《女宾》(*She Came to Stay*)(1943年)、《他人的血》(*The Blood of Others*)(1945年)、《名士风流》(*The Mandarins*)(1954年)。她的哲学著作有《模棱两可的伦理学》(*The Ethics of Ambiguity*)(1947年)、《第二性》(*The Second Sex*)(1949年)以及《晚年》(*Old Age*)(1970年)。她还撰写回忆录式的自传著作,例如《一个循规蹈矩的少女回忆》(*Memoirs of a Dutiful Daughter*)(1958年)。德·波伏娃在《再见:告别萨特》(*Adieu: A Farewell to Sartre*)(1981年)一书中冷酷地描写了萨特生命将要终结时的生活。

波伏娃曾经与一位年轻的犹太阿尔及利亚学生阿尔莱特·艾凯姆(Arlette Elkaim)进行过激烈的争吵。艾凯姆在18岁时与萨特有过接触。萨特喜欢与

她探讨哲学并在她的公寓里写作，他为此摒弃了多年在咖啡馆里写作的习惯。之后，萨特收养了她，并在法国南部为她买了房子。这所房子成为他们暑假的度假屋。

波伏娃自己也收养了一个女儿，她的名字叫做西尔维·勒·邦·德·波伏娃（Sylvie Le Bon de Beauvoir）。波伏娃与西尔维是同性恋关系，尽管西尔维后来将其描述为"柏拉图"式的关系。西尔维在《面对面》（*Tête-à-Tête*）（2005年）中描写过波伏娃和萨特的生活。

自从波伏娃和萨特在信件中讨论女继承人的事情，波伏娃和萨特各自收养的女儿便开始争吵。2005年，当时两个女儿都已经六十多岁。她们不断争夺波伏娃和萨特的著作权。她们争论的复杂性是无从想象的。到2005年，西尔维是一位退休的哲学老师，而阿尔莱特被描述为过着"极度隐居的生活"。从她们所居住的地点来看，多年来她们两人都住在巴黎的公寓中，并且住得很近。

波伏娃一生对酒非常钟爱（她喜欢酒的"味道"），但是在她晚年时酗酒更为严重。她还对安非他明（解除忧郁、疲劳的药）上瘾。波伏娃于1986年去世，她被埋葬在萨特的坟墓里，留给后人的将永远是两个人在一起的情景。

▶ 西蒙娜·德·波伏娃的《模棱两可的伦理学》指的是什么？

第二次世界大战后，波伏娃表示自己对政治非常失望，她描述了大众行动的重要性，阐述了政党领导人和追随者以及同事之间的关系。她引用了让–保罗·萨特的存在主义政治哲学观，批评"严肃的精神"，谴责那些自由的个体对自己的政治行动不负责任的做法。尽管萨特从未写过有关道德规范主题的著作，波伏娃认为伦理立场和决断是由压迫的激情和环境决定的。对波伏娃的著作《模棱两可的伦理学》最好的解释，我们可以理解为这个名字并不是说伦理学自身是含糊其辞的，而是从一个存在主义者的观点来看，伦理学是有些模棱两可的。

▶ 作为女权主义者，西蒙娜·德·波伏娃有怎样的影响力？

波伏娃出版著作的年代，女性还没有参与公共生活（1944年，只有法国女性获得了投票权），她们也没有工作的机会。波伏娃对西方社会中女性的地位做了全面的记录和分析，她关注的重点是女性生活的不同阶段。她认为与男性不同，女性"由生物学决定了命运"。 总的说来，她并不十分同情处于社会底层的女性，因为男性更期待占据领导地位，发挥积极的作用，而女性则太容易接受自己所处的被动的二等角色。

波伏娃并没有明确告诫女性一些方法，让她们意识到自己拥有自由，改变自己的从属地位。或者说从本质上，女性应该不从属于男性生存下去，不从属于任何人生存下去。然而，波伏娃在社会和政治活动以及智力生活领域开创了一个趋势，即女性被认为是社会的"第二性"。

人们认为西蒙娜·德·波伏娃推动了女权运动的第二波。(图片来源：美联社)

其他存在主义者

▶ 宗教和人道存在主义者有哪些贡献？

宗教存在主义者将萨特的自由主义观点与犹太—基督教传统相融合。人道存在主义者将存在主义抽象的内容融入文学中，将这些内容向哲学的不同方向发展。

▶ 宗教存在主义者有哪些观点？

马丁·布伯（Martin Buber，1878—1965）将存在主义与犹太教相结合，强调

了虽然基督徒指引自己与上帝沟通，但是犹太人与上帝之间的关系是由团体中的成员决定的。马丁·布伯是耶路撒冷希伯来大学（Hebrew University）的教授，1938年离开维也纳后，他努力调和犹太人与阿拉伯人的关系。

布伯批评了将知识的主客观形式作为人类和宗教关系的主要模式这一做法。对于这个问题，他提倡可以认识到其他人主观性的"我—你关系"。他的主要著作是《我和你》（I and Thou）（1923年）。

卡尔·雅斯帕斯（Karl Jaspers，1883—1969）认为哲学应该帮助人们找到以存在为目标的自我发现之路，或者叫做真实的自我，这是基于对自己生活的理解之上的。尽管雅斯帕斯不是一个传统的神学者，他仍然强调了个人的精神向往。他的主要著作有《哲学》（Philosophy）（1932年）、《历史的起源和目标》（On the Origin and Goal of History）（1949年）和《智慧之路》（Way to Wisdom）（1950年）。

加布里埃尔·马赛尔（Gabriel Marcel，1889—1973）是哲学家和剧作家。他认为人类的存在形式是团体和人与人之间的关系。他强调应该使用"我们是……"而不是"我是……"。索伦·克尔凯郭尔和布伯也赞同这样的观点。在哲学领域，马赛尔是一位柏格森直觉主义者，他更多地依靠他的即时洞察力而非辩论得出观点。他的主要著作有《存在的神秘》（Mystery of Being）（1951年）和《人与社会》（Man against Mass Society）（1955年）。1961年和1962年，他在美国哈佛大学作的以威廉·詹姆斯（William James）为主题的演讲被出版，书名为《人类尊严的生存背景》（The Existential Background of Human Dignity）。

西蒙娜·韦伊（Simone Weil，1909—1943）出生于巴黎的犹太家庭，她最初将信仰转变为左翼工会组织主义。左翼工会组织是马克思主义政治运动组织，其目标是工业和政府应该由工会管理。西蒙娜·韦伊后来的宗教信仰结合了新柏拉图派哲学、基督教和犹太神秘教。在西班牙内战期间，她是代表由民主选举产生的政府的激进主义分子。第二次世界大战期间参加了法国抵抗运动。她批评了一些人把马克思主义当做宗教信仰，也谴责了资本主义丧失人性的本质。她认为社会改良有意义的任务是满足最基本的人类需要。她的主要著作是在她去世后出版的，分别为《庄重与优美》（Gravity and Grace）（1947年）和《压迫与自由》（Oppression and Liberty）（1955年）。

▶ 人文存在主义者有哪些观点?

汉斯·约纳斯（Hans Jonas，1903—1993）同时受到现象学与存在主义的影响，但是他早期的一些著作直接体现了他对环境的关注和对自然的想法。在著作《责任命令》（*The Imperative of Responsibility*）（1979年）中，他阐述了人类对地球有道德责任，他还在书中表达了自己对于技术入侵的反对态度。在著作《生命现象》（*The Phenomenon of Life*）（1966年）中，他反对标准的生物学探讨方法，该方法将生命体客观化，仅通过化学或者机械遗传力量解释生命体的行为。约纳斯积极的观点是他认为所有的生命形式，即使是单细胞生物，都会有某种意识去努力保持自己的物质性并对周围的世界产生感知。（细胞的意识并不意味着细胞有智力，而是生命体以一种增强生命的方式对外界作出反应。）

以马利·列维纳斯（Emmanuel Levinas，1905—1995）是来自立陶宛的法国犹太哲学家。一些哲学家认为事物不同于精神，事物是在人的头脑中呈现出来的"精神内容"。列维纳斯批评了这种哲学传统，他认为要想理解人的意识只能通过人与人之间面对面的交流。这种交流既是独特的也是难以描述的，其重要性同样是无法估计的。列维纳斯的主要著作是《整体与无限》（*Totality and Infinity*）（1964年）、《存在或者超越本质》（*Otherwise than Being or beyond Essence*）（1974年）、《差异与超越》（*Difference and Transcendence*）（1999年）和《我们之间》（*Between Us*）（1998年）。

艾伯特·加缪（Albert Camus，1913—1960）与索伦·克尔凯郭尔相同，他也想探讨一个核心问题。这个问题就是："为什么人不应该自杀？"他基于对人类状况的理解

艾伯特·加缪是一位有才华的作家，著有《反叛者》。加缪努力探究在没有上帝的世界里人类生活有何意义。（图片来源：艺术文献库）

而提出的这个问题有些荒谬。他不相信上帝,一直处在沮丧寻求意义的过程中。加缪是让-保罗·萨特的朋友,但是加缪在散文《反叛者》(The Rebel)(1951年)中批评共产主义暴政和支持革命斗争,这使得两个人的关系疏远。他的小说《鼠疫》(The Plague)(1947年)戏剧性地表现了人类生活中存在的死亡。在他的非小说散文《西西弗斯的神话》(The Myth of Sisyphus)(1942年)中,加缪声称通过证实和反抗荒谬的事情,人们可以找到存在的意义。例如,他设想了西西弗斯是快乐的。宙斯对西西弗斯的惩罚是将巨型岩石推上山顶,而当他将岩石推向山顶后,石头会再次滚落到山脚,他再次将石头推上山顶,周而复始。西西弗斯的罪行是将死神囚禁起来并且他本人也从死亡中逃离。加缪在1957年被授予诺贝尔文学奖。他死于车祸,这使得一些人怀疑他是否是自杀。

保罗·利科(Paul Ricoeur, 1913—2005)的著作涉及多个主题,包括存在主义、现象学、道德规范、心理学和语言理论。他所有的著作都与哲学历史的重要人物引发了交战。《自由与自然》(Freedom and Nature)(1950年)体现了利科反对萨特的自由理论。利科认为意愿存在偶然的成分,这些偶然成分可以成为内在的抵抗力。自愿包含动机、决心和赞同,这三者中的每一项都存在偶然的"时刻"。偶然的时刻包括出生、死亡、已经形成的性格、身体和无意识。(首先,人们不清楚萨特是否认为自由是意志的行为,因为自由出现在所有意识中。第二,萨特也许认为我们所接受或者认可的偶然事物需要人们对其意义作出自由的选择。)

现 象 学

埃德蒙德·胡塞尔

▶ 埃德蒙德·胡塞尔是什么人物?

埃德蒙德·胡塞尔(Edmund Husserl, 1859—1938)被认为是将现象学发展为系统的哲学方法的奠基人。他也在逻辑和数学领域创造了重要的新观点。将逻辑学和数学与经验主义心理学的"思维规则"区分开。胡塞尔主要的著作有《逻辑研究》（*Logical Investigations*）（1900年）、《现象学观念》（*The Idea of Phenomenology*）（1907年）和《关于纯粹现象学和现象学哲学的观念》（*Ideas Pertaining to a Pure Phenomenology and to a Phenomenological Philosophy*）（1913年）。

▶ 埃德蒙德·胡塞尔生活和职业中有哪些重要事件？

胡塞尔出生在摩拉维亚的普罗斯涅兹城（Prossnitz, Moravia）的一个犹太家庭。第一次世界大战后，该地区成为捷克斯洛伐克的一部分，现在属于捷克共和国。胡塞尔在德国莱比锡和柏林学习了数学，于1883年在维也纳取得了博士学位，同年撰写了《变分微积分论文集》（*Contributions to the Calculus of Variations*）。在接下来的两年时间里，他与弗朗兹·布伦塔诺一起学习心理学和哲学。之后他为了获得教师资格（为在大学教书做好准备）来到哈雷大学（the University of Halle），师从布伦塔诺的一个学生。他撰写了《数的概念》（*On the Concept of Number*），该书在4年后的1891年经过他的再次修改更名为《算术哲学》（*Philosophy of Arithmetic*）。

1886年，胡塞尔开始信仰基督教，将自己的名字改为"埃德蒙德·古斯塔夫·阿尔布雷特·胡塞尔（Edmund Gustav Albrecht Husserl）"。1887年，他与马尔薇娜·施泰尹施耐德（Malvine Steinschneider）结婚。他的妻子在婚后成为他工作和理想的重要信息来源，并成为他学院的同事。他们生养了一个女儿和两个儿子。1901年，胡塞尔来到德国哥廷根大学任教。1906年他被提升为副教授。1907年，他来到意大利拜访布伦塔诺。

当时胡塞尔与威廉·狄尔泰以及其他重要的数学家、哲学家保持通信联系，他们谈论彼此的著作。德国心理学家、哲学家卡尔·雅斯帕斯1913年拜访过胡塞尔。同年，《语言》（*Ideen*）出版。1917年，胡塞尔的儿子格哈德在第一次世界大战中受伤，之后得以康复。在去看望他期间，胡塞尔患上了尼古丁中毒症。

1916年，胡塞尔被任命为德国弗赖堡大学的教授。同年，沃尔夫冈（Wolfgang）阵亡。在接下来的两年里，伊迪斯·斯坦（Edith Stein）和哲学家马丁·海德格尔（Martin Heidegger, 1889—1976）成为他的助手。后者在胡塞尔的帮助下获得讲师职位并与1919年评为副教授。在接下来的10年间，胡塞尔与

海德格尔一直保持联系,交换观点和手稿。

因为胡塞尔是犹太人,1933年德国政府禁止他使用弗赖堡大学的图书馆,也不允许他接触德国的其他学术机构。在公众抗议后,德国政府一周后颁布法令取消了禁令。几个月后胡塞尔从德国学术团体辞职。他离开学术界不仅仅是因为弗赖堡犹太人面临的窘迫生活,对于当时德国所有犹太人来说,他们还面临着越来越多的危险。之后,胡塞尔收到了南加利福尼亚大学哲学院的邀请,但是他后来拒绝了。因为该学院没有邀请他的助手尤金·芬克(Eugen Fink)。1937年,胡塞尔被禁止参加巴黎哲学家会议。1938年,胡塞尔去世。在葬礼上,尤金·芬克高度赞扬了胡塞尔。10年里,芬克一直是胡塞尔的研究助手。在芬克自己的著作中,将自己的哲学观从胡塞尔转向了海德格尔。

胡塞尔在一生中只出版了6部著作,但是他保留了大量的论文和手稿。为了防止纳粹毁掉这些论文和手稿,比利时哲学家赫尔曼·利奥·凡·布瑞达(Herman Leo Van Breda, 1911—1974)将它们带出了德国。第二次世界大战后,这些材料成为比利时鲁汶(Louvain)胡塞尔档案的一部分。

▶ 伊迪斯·斯坦是什么人物?

1998年罗马教皇约翰·保罗二世(Pope John Paul Ⅱ)将伊迪斯·斯坦封为圣徒特雷莎·贝内迪特(Saint Theresa Benedicta)。她出生在西里西亚(Silesia)的中欧地区一户严守教规的犹太家庭,当时该地区属于德意志帝国。1932年,她向教皇皮乌斯十一世(Pope Pius Ⅺ)公开指责纳粹政体。她于1922年改信天主教并于1934年加入赤足加尔默罗会(the Discalced Carmelite Order)。在一次荷兰人对犹太人皈依者的报复行动中,加尔默罗会修道会将斯坦送到了一个安全的地方,之后她和姐姐罗莎(Rosa)被关到奥斯威辛集中营(Auschwitz concentration camp)并于1942年在该集中营里的毒气室身亡。

斯坦是埃德蒙德·胡塞尔的学生,先后在德国哥廷根大学和弗赖堡大学学习。在弗赖堡大学学习期间成为胡塞尔的助教。她的博士论文为《移情作用的问题》(*On the Problem of Empathy*)。她与马丁·海德格尔一起工作,整理胡塞尔的手稿并准备将其出版。此后成为弗赖贝格大学(Freiberg University)的一名教员。作为一名犹太女性,她被禁止在弗赖贝格大学以及其他德国大学进行深入的研究工作。她放弃了胡塞尔助教的工作，开始在天主教女子学校教书。期间大体学习了托马斯·阿奎那（Thomas Aquinas, 1225—1274）哲学和天主教哲学。她一度成为芒斯特省教育学院（the Institute for Pedagogy at Munster）的讲师，但是1933年反犹太人的法律出台后她不得不放弃了讲师工作。同年，她以前的同事，马丁·海德格尔成为弗莱堡大学的校长。

伊迪斯·斯坦是埃德蒙德·胡塞尔的学生。她曾经为服用扑热息痛过量的孩子祈祷，在这个孩子生存下来后，伊迪斯·斯坦被人们封为圣徒。（图片来源：美联社）

伊迪斯·斯坦的传奇是为一个服用扑热息痛过量的孩子祈祷，并且这个孩子生存了下来——但是也有一些犹太组织宣称这并不能清楚地表明斯坦是真正的受难者。她给人们留下了许多作品，其中一些在20世纪80年代至90年代之间被翻译为英语。她的作品包括《犹太家庭的生活：未完成的自传》（ Life in a Jewish Family: Her Unfinished Autobiographical Account ）（ 1986年）、《移情作用的问题》（ On the Problem of Empathy ）（ 1989年）、《女性散文》（ Essays on Women ）（ 1996年）、《隐藏的生活》（ The Hidden Life ）（ 1993年）。斯坦还著有《知识与信念》（ Knowledge and Faith ）、《有限及永恒的存在：增加存在意识的尝试》（ Finite and Eternal Being: An Attempt to an Ascent to the Meaning of Being ）、《心理哲学和人文哲学》（ Philosophy of Psychology and the Humanities ）、《信中的自画像》（ Self-Portrait in Letters ），这些著作目前还没有被翻译成英语，也没有被出版。

▶ 埃德蒙德·胡塞尔的意图学说指的是什么？

胡塞尔认为，数学符号所代表的各种其他目标的意图有同样的客观性。其

埃德蒙德·胡塞尔如何将数学、逻辑与心理学分开的?

　　首先,胡塞尔将人们计算实际物体的数字与符号数字区分开来。无疑地,人们大多数情况下利用数学解决符号数字问题。胡塞尔认为符号数字与命题和宇宙一样,不能被弱化到精神状态,该观点在《心理主义》一书中有所陈述。在弗朗兹·布伦塔诺的意图论中,作为意识的意图目标,这些逻辑和数学实体是客观的。

他目标包括感知目标和"绝对目标",例如因果联系、事态和关系。当我们描述一个物体时,我们对该物体有理性的直觉,或者说我们的意图是"圆满的",尽管有的时候我们不知道我们对于该物体的直觉是"空洞的"。

　　最初,胡塞尔认为我们意识中的物体并不是康德所说的"自在之物",但是他后来又声称在"多种外观"下,自在之物是可以呈现在人们意识中的,也就是说,自在之物是可以被人们所了解的。这种观点被批评为唯心主义,因为对于胡塞尔来说,所有的"物体"都是意识里的物体。后来胡塞尔阐明了意识中形成的自在之物只是意识中的完整物体,而非真正完整的实体,胡塞尔通过对自在之物的重新解释确立了自己在哲学领域的地位。

　　大体来说,胡塞尔认为我们所知的任何事物,即使是我们所确认的事物,也是头脑中的观念(例如,在我写这段文字时,我的猫正躺在我的电脑上。这是一个事实。正如我主观地意识到这只猫的同时,它也是我头脑中存在的事物)。

▶ 埃德蒙德·胡塞尔的现象学方法是什么?

　　胡塞尔认为哲学家的任务是通过不借助于精神内容而描述出头脑中的事物,将意识里的意图目标进行经验主义的"缩影"。也就是说,胡塞尔认为我们应该描述出事物真实展现出的状态。例如,我的猫正躺在我的电脑上,但是胡塞尔坚持认为是"我形成了猫躺在我电脑上这一印象或者这一图像"。

普通人和一些科学家都认为世界上存在着真实的事物,因此胡塞尔的观点是一个特别的观点。对于胡塞尔来说,梦想或者幻想是意识的内容,而意识的内容与现实世界里存在的真实物体没有哲学上的区别。各种不同事物的"缩影"是意识中物体的真实状态,它们是可以等同的。这种事实或真实情况的等同关系不需要拿其他事物进行参照。胡塞尔希望我描述猫躺在电脑上以及我对此事的感觉,但是我可以突然停止谈论猫躺在我电脑上这一事实。

胡塞尔认为头脑中的缩影是物体本身在人的意识中的反映,这一观点也具有一定的影响力。头脑中的直觉是物体本质在意识里的反映。

因此,意识对感知进行分析,从而形成缩影,这一过程是形成直觉的一个例子。这与让-保罗·萨特的哲学观有明显的区别。让-保罗·萨特将意识与我们所能感知或者意识到的物体区分开来。

▶ 埃德蒙·胡塞尔如何区分两种不同的自我?

首先,胡塞尔解释"心理学的自我"或者"自我"产生有目的的意识行为。存在心理学自我是因为人可以意识到自我的存在。超验主体也同样存在,它与事实有一定的关联。超验主体意指世界。心理学的自我存在和存在的形式是由超验主体决定的。

马丁·海德格尔

▶ 马丁·海德格尔是什么人物?

马丁·海德格尔(Martin Heidegger, 1889—1976)是现象学存在主义者,他是将存在主义与现象学结合起来的第一人。之后他发现自己真正关注的是存在论。他被认为是西方哲学的巨人。在整个20世纪,与其他思想家相比,海德格尔对欧洲哲学的影响更为直接和持久。

海德格尔著有多部哲学历史领域的书籍,发展了自己的现象学分析。他主要的著作包括博士论文《心理学主义判断学说》(*The Doctrine of Judgement in Psychologism*)(1914年),他为了在欧洲获得博士学位而写的两篇论文《司各特

马丁·海德格尔是一位现象学存在主义者,他将存在主义与现象学结合在一起。
(图片来源: 美联社)

的重要性和范畴学说》(*The Doctrine of Categories and Signification in Duns Scotus*)(1914年)和著名的《存在与时间》(*Being and Time*)(第一篇使他获得了学者身份,而第二篇使他获得了大学任教资格)。其他著作还有《形而上学绪论》(*Introduction to Metaphysics*)(1953年)、《什么是思考?》(*What Is Called Thinking*)、《哲学是什么?》(*What Is Philosophy?*)(1956年)、《通向语言的道路》(*On the Way to Language*)(1959年)、《尼采一世和二世》(*Nietzsche I and II*)(1961年)、《现象学和神学》(*Phenomenology and Theology*)(1970年)。部分海德格尔授课的手稿出版于1975年(他完整的著作多于100册)。海德格尔还以撰写艺术领域的文章、诗歌和散文《关于科技的问题》(*The Question Concerning Technology*)而著名。

▶ 海德格尔的"存在论"是什么观点?

"存在论"这一术语大体上是指对于存在的研究。这一研究与所有的思想者和理论家有关。比如说,经验主义者存在论的观点是他们相信一些实体是客观存在的。海德格尔认为存在论是哲学的第一个也是最后一个问题,是对存在的研究(存在一词的英文为Being,其首字母为"B")。存在是指存在本身,包括所有存在的东西,但是人类意识是自身存在的首要条件。

读者可能会对此产生困惑,君特·格拉斯(Gunter Grass)在其1963年出版的小说《狗年月》(*Dog Years*)中,对海德格尔的术语进行了滑稽的解释,他用文字描述了一只狗在纳粹年代流浪。而更学术化的解释体现在阿多诺·特奥多尔的著作《真实的术语》(*The Jargon of Authenticity*)(1973年)中。

▶ 马丁·海德格尔是如何使海德格尔派学者尴尬的?

当纳粹掌权后,海德格尔的政治信仰和行为变得具有争议性。下文有记载的一些事实会证明这一点。

1933年—1945年间,海德格尔缴纳会费,成为国家社会主义德国工人党(NSDAP)即纳粹党的成员。1933年5月,在希特勒掌权3个月后,他被任命为弗赖堡大学校长,在就职演说中,他号召学生和全体教职员服务于新政体,他说道:"我们的人民正朝着未来的历史前进","保存的力量,以最深刻的方式,根植于土壤和血液中。"1933年6月,他告诉海德尔堡的学生联盟"大学必须统一到人民公社中,必须与国家结合在一起"。1933年8月,他制定规章,大学校长不再由全体教职员选举产生,而由纳粹教育部长任命。1933年10月,他自己被任命为教育部长。1933年11月,他根据纳粹的法律对弗赖贝格的学生进行种族主义清除,对北欧学生提供财政援助,犹太人和马克思主义者不是被援助的对象。

海德格尔还秘密地向纳粹政府提交了一份名单,名单上涉及的教授是犹太人或者政治嫌疑犯。海德格尔对他们进行了公然的谴责。其中包括1953年获得诺贝尔化学奖的赫尔曼·斯托丁格(Hermann Staudinger)和在德国哥廷根教书的实用主义哲学家爱德华·鲍姆加腾(Eduard Baumgarten)。海德格尔将学生领袖天主教知识分子麦克斯·缪勒(Max Müller)开除,并且阻止他获得讲师职位。尽管海德格尔以前的老师埃德蒙德·胡塞尔改信路德教,海德格尔还是

▶ 马丁·海德格尔提出的哲学观点应该归功于 伊曼纽尔·康德吗?

海德格尔的许多观点是基于康德的理论的,特别是他对空间和时间的唯象分析(Phenomendogical analysis)。与康德相同,海德格尔认为空间和时间都是体验的必要前提。但是与康德不同,海德格尔并不认为空间和时间是意识的必要范畴,它们是人类存在的实体结构。而人类存在是最明显、最具体的存在形式。

禁止他使用弗赖堡大学图书馆,因为胡塞尔是犹太人(2004年由大卫·巴瑞森(David Barrison)和丹尼尔·罗斯(Daniel Ross)导演的电影《伊斯特河》(*The Ister*)中,对海德格尔和胡塞尔之间的关系进行了分析)。

尽管海德格尔在1934年辞去了校长一职,第二年他又提到了"德国国家社会主义(纳粹主义)的内在事实和伟大"。直到19世纪60年代,海德格尔与柏林的种族卫生学院院长尤金·费雪(Eugen Fisher)保持着友好的联系。尤金·费雪雇用了声名狼藉的医生约瑟夫·门格尔(Joseph Mengele)作为研究员。第二次世界大战后,海德格尔从未批判过纳粹主义。1949年,他做了一个关于科技的演讲,当他提到农业装置时说道:"农业是机械化的食品产业——从本质上来说,与毒气室里制造尸体和根除集中营是一样的,与乡下人被封锁和饿死是一样的,与制造氢弹是一样的。"

海德格尔将谋杀犹太人与农业产品相比较,这种言论激怒了许多人。在海德格尔去世前的最后一次采访中,他描述了人们思想的主要任务是要获得让科技满意的关系。他说德国国家社会主义(纳粹主义)有这样的目标,但是"那些人的思想太受限制,他们想要获得如今正在发生的事情的确切关系,却用了3个世纪起步"。换句话说,海德格尔对纳粹最大的失望是他们没有专注技术问题!

▶ 马丁·海德格尔的一些重要生活事实?

1889年,海德格尔出生在德国梅斯基尔希镇黑森林地区,他与这个地区一生都保持着密切的联系。1906年,他进入了弗赖贝格的一个高级中学,在那里,他阅读了弗朗兹·布伦塔诺的著作《基于亚里士多德理论对存在的多种解释》(*On the Manifold Meaning of Being According to Aristotle*)(1862年)。他想成为一名耶稣会的牧师,但是遭到了拒绝。所以他来到弗赖贝格的路德维格大学为获得天主教牧师资格做准备。他在那里阅读了埃德蒙德·胡塞尔的著作,在他的老师的力劝下,他放弃了神学专业改学哲学和数学。

1917年3月,海德格尔与艾弗里德·派依(Elfride Petri)结婚后加入了德国军队,很快晋升为下士,后来因为健康原因而退伍。作为胡塞尔的助手和卡尔·雅斯帕斯的同事,海德格尔在哲学领域是非常成功的,他成为马尔堡大学的副教授。为了保住这个职位,他在几个月的时间里完成了《存在与时间》

（1927年）。在撰写了这部著作后，他用较长的时间思考和创作了《形而上学绪论》。

　　海德格尔的学生赫伯特·马尔库塞（Herbert Marcuse，1898—1979）后来成为哲学家和政治理论家。另一个学生，哲学家汉娜·阿伦特（Hannah Arendt，1906—1975）成为海德格尔的爱人，但是后来她不得不离开了德国。（作为一名犹太知识分子，在被纳粹秘密警察、盖世太保审问后，她无疑身处险境。）在此期间，海德格尔受到老子冥想法的影响，他对存在产生了自己的理解。

　　海德格尔在1933年成为弗赖堡大学的校长，成为国家社会主义德国工人党，即纳粹党的成员。1945年，法国军事管制政府取消了他的教授职务。在他同意不再继续教书的条件下，允许他名誉退休。其他存在主义者错误地认为海德格尔的存在主义观点与让-保罗·萨特的观点一样具有人道主义特点，为了澄清他与萨特有不同的观点，1946年，海德格尔在精神失常的情况下撰写了《关于人道主义的通信》（Letter on Humanism）。1950年，他的教授一职得以恢复，1951年，他被允许以教授身份名誉退休。确切地说，他最初被给予名誉退休资格时并没有被恢复教授身份。他继续自己的研究工作直至1976年去世。

▶ 什么是"存在"？

　　马丁·海德格尔用"存在"这一术语指"人类"。"存在"的字面意思是"在此"。海德格尔想用这个术语表达人类是复杂的、独立的生物存在，但是人类总是关心超越他们物质自我的事物，这些事情包括世界上的其他事物、其他人以及未来。

▶ 为什么一些人认为马丁·海德格尔是存在主义者？

　　在《存在与时间》一书中，海德格尔分析了人类的存在，德语中"存在"一词的意思是"在此"。海德格尔认为"存在"不应该被理解为生物学的物体，因为生物体所关心的目标，即"存在"的基本结构，总是除了"存在"本身之外的其他事物。尽管"存在"是指物体自身的存在（即我们通常所理解的"生命"），是"在世界之中存在"。此外，"存在"并不能真正地被理解，因为最普遍的存在形

式下人们所接受的解释是由"他们"形成的，"他们"即为大众。"他们"经常错误地理解死亡的本性。

▶ "他们"指的是什么？

马丁·海德格尔的"他们"指的是过着日常生活的、并没有从哲学角度意识到他们存在的普通人。

▶ 马丁·海德格尔对死亡有怎样的观点？

海德格尔认为个体的死亡不得不从"他们"那里夺取过来。"他们"认为死亡是普遍的、冷漠的，但是死亡不是特别发生在某人身上的。海德格尔认为死亡是"自己的事"，真实的存在需要对某人的死亡作出坚决的预期。这完全是一种"关心需求"的意识，是让人关注自己的死亡。

问题是"存在"不能被完成直到"存在"不复存在。当"存在"终结时，存在就不属于具体的个体，而且，个体的死亡就没有意义了。海德格尔用这一观点来解释被我们经常称为"不存在"一词的意思。"不存在"是"存在"的本质，海德格尔用术语"一直凸显"来表示这一本质。人们一直会对"存在"产生原始焦虑。

海德格尔的意思是我们未来会死亡的事实总会让我们非常焦虑。当然，如果我们的死亡出现了，我们就不会存在了。所以人类不得不接受我们会死亡这一事实，正如我们不得不接受我们能够意识到我们活着这一事实。

▶ 什么是马丁·海德格尔的空间理论？

"存在"为世界上的物体创造了距离有远有近的空间。这种方式下存在的空间并不一定是抽象的面积和距离。例如，对于戴着眼镜的人来说，人鼻子上的眼镜比起这个人通过眼镜看到的挂到墙上的图片要远。

空间的物体需要具备一个特点，即"方便使用"——这些物体被我们使用和操纵。这种便利，字面意思为空间，在长期以来的人类行为中有了自己真正的意思。例如，如果你拿起一把锤子想在几分钟后做一件事，你这么做是为了实现一个目标,例如在墙上挂一幅画。

▶ 什么是马丁·海德格尔的时间理论?

海德格尔认为时间和空间是"存在"关注自我的产物。因为存在的本质具有目的性,因此暂时的存在甚至产生了抽象或者时钟时间。"尚未出现"的事物是未来的事物。而"已经完成"指的是过去,"存在"观点中涉及的"立即"是指未来。作为人类存在的结构来说,"暂时"是将时间加以限定。这是海德格尔的术语,他的意思是当你想到未来时,你想到的是"现在"在未来会成为你的记忆。人们有意地拍照,就是想把"现在"定格,为将来"制造回忆"。

▶ 马丁·海德格尔为什么宣称存在主义不是一种人文主义?

当解释前苏格拉底哲学观点时,海德格尔总结道,人们最初所关心的是"存在"(这一主题将当代德国人与古代希腊人连接在一起)。海德格尔相信前苏格拉底人只是开始构想了一些关于"存在"的初级问题。当苏格拉底提出了对象—目标的形而上学哲学思想时,就已经将"存在"的一些原始问题排除在外了。海德格尔非常清晰地向读者阐明了他并不知道有关存在的原始问题是什么。事实上,他将自己的哲学工作投入到了重建存在的原始问题中。海德格尔没有给出确定的答案,他却邀请读者与他一同思考这个问题。海德格尔还向一些愿意花时间来了解他的读者们介绍了冥想法。

 ▸ 为什么马丁·海德格尔拒绝将他的德语
著作翻译成其他语言?

海德格尔对德语有强烈的偏爱,他认为德语是思想的语言。他认为不会说德语的人是不可能理解他的哲学思想的,所以他不允许别人将他的著作翻译成其他语言。

海德格尔写了许多关于"存在"原始问题的著作,他的观点基于"语言就是人的生命活动"这种现象学直觉。他这句话的意思并不是说语言是"他们",他甚至还提到了法国的存在主义者,例如让-保罗·萨特,并没有对"存在"给予足够的关注。海德格尔认为直到人们能够明确地阐明"存在"问题,人们才有可能将存在主义的人文特性恰当地总结出来。

▶ 关于科技,马丁·海德格尔提出了什么问题?

海德格尔提出的关于科技的问题与我们的顾虑是一样的:科技会毁坏我们所知的世界吗?但是海德格尔对于科技的理解与环境保护主义者不同。后者将人造物体与自然界进行了区分。海德格尔认为科技是"世俗世界"的一部分,是源于"存在"的一个过程,尽管人类没有全面了解人和"存在"之间的关系,但是人类仍然是自身"存在"的管理者。

海德格尔认为科技是生活与存在关系中的"框架"力量和过程:所有生命体都按照所呈现出来的统一类型进行编组。人类活动和自然美景在"存在"中以使用或者消费的形式呈现出来。在海德格尔的解释里,一个特别悲痛的例子就是人们对莱茵河进行改道,将其变为游览胜地。

海德格尔对于科技历史影响力的解释来源于人们对于"存在"的不同理解。海德格尔坚持认为科技不是科学的效果,两者的关系正相反,科学应该是科技的效果。科学和科学研究只是科技力量的结果。

莫里斯·梅洛-庞蒂

▶ 莫里斯·梅洛-庞蒂是什么人物?

莫里斯·梅洛-庞蒂(Maurice Merleau-Ponty, 1908—1961)是一位反经验主义者,他试图在人类感知的现象学基础上重建世界。他受到了埃德蒙德·胡塞尔的影响,曾一度与让-保罗·萨特结为好友,现代现象学意志哲学家仍然对他怀有极大的兴趣。他主要的著作为《知觉现象学》(*The Phenomenology of Perception*)(1945年)。他还著有许多散文以及未完成的著作《可见与不可见》。

 **莫里斯·梅洛-庞蒂最后的讲座为什么具有讽刺意味?**

梅洛-庞蒂打算做一个关于勒内·笛卡儿的演讲,在他准备演讲的过程中,突然死于中风。他经常谈到笛卡儿的肉体与意识分离的观点,与自己的哲学观进行对比。他没有接受笛卡儿的观点,而是认为意识与肉体是统一的整体。梅洛—庞蒂认为一个人的身体,即肉体,应该是个体的、单独的、有生命的实体。属于科学范畴。肉体将意识物质化。他写道:"因为我有手、脚和身体,所以我才能将我的意识维系在我周围,这些意识不依赖我自己的决定,并且以我不能选择影响我周围环境的方式。"

很明显,梅洛-庞蒂死于中风就证明了有些事情确实是他不能选择的,但是,确切地说,他不能选择的事情不仅仅决定了他周围的环境,还决定了他是否能够拥有周围环境的可能性。讽刺的是,他以自己死于中风来证明了这一观点,与其他学者用哲学争论的方式阐明自己观点的做法完全不同。

莫里斯·梅洛-庞蒂有怎样的生活和事业?

莫里斯·梅洛-庞蒂的父亲在一战中去世。1930年梅洛-庞蒂在巴黎高等师范学校(Ecole Normale Superieure)完成了自己的哲学研究,之后他开始在法国各地的中学教书。他写了两篇博士论文,在1949年,索邦神学院(Sorbonne)授予他儿童心理学教授职位。1952年,他获得了法兰西学院(College de France)哲学教授职位。他与让-保罗·萨特共同创建了期刊《现代》(Les Temps Moderne)。但是他后来又辞去了编辑一职,部分原因是他反对萨特的主客二分法。梅洛-庞蒂在著作《辩证法的探险》(Adventures of the Dialectic)(1955年)中写到了两人的争论。总体来说,梅洛-庞蒂反对二元论,他也批评"自我-对应-世界"的观点。他认为自我是肉体与精神的结合体,并且我们的肉体总是存在于世界上的。

▶ 莫里斯·梅洛-庞蒂的"感知现象学"指的是什么?

梅洛-庞蒂既反对普遍的经验主义又反对否认直接经验和物质实体存在的理想主义,他认为两者的性质都是抽象的。他宣称"感知是具体化的意识",它"存在"于身体里,与肉体共存。感知不仅仅是精神过程,它是包括了眼睛、耳朵、鼻子和手共同作用的身体过程。他将人的身体视为世界上感知和生命的一部分,这是在哲学领域中经常被其他哲学家忽略的一个视角。

根据梅洛-庞蒂的观点,感知既不是抽象的,也不是科学的。但是,所有的感知都是有生命的,是生活在这个世界上的人类的经历。如果使用较新的"使肉体化"这一术语,那么意识便被"肉体化",并参与了人对世界的感知过程。人类经历的"现象学"是指人所感知的事物不能与被感知的方式和被描述的方式相分离。在与费迪南·德·索绪尔(Ferdinand de Saussure, 1857—1913)的对话后,梅洛-庞蒂撰写了《世界散文》(*The Prose of the World*)(1969年),宣称意图不是由历史决定的,而是由某一主体在世界上的真实经历决定的。语言的不断变化正是这种经历的结果。在《可见与不可见》一书中,梅洛-庞蒂有意地展现了交流和思想是如何超越理解的,但是这部著作没有完成,他就突然去世了。

批评理论和构造主义

▶ 批评理论和构造主义有哪些区别?

到目前为止,批评理论和构造主义这两个思想学派学者没有接受任何一种解释两者区别的说法。许多构造主义者否认自己是构造主义者,而一些批评理论家不知道"批评理论"这一术语。但是对于读者来说,应该记住构造主义和批评理论都对社会进行了分析,而这种分析并不需要被分析的社会中社会成员所接受。"批评理论"这一术语与法兰克福学派(Frankfurt School)有一定的关联,该学派在20世纪将学院派马克思主义进行了发展。"构造主义"这一术语是指对社会心理结构的研究。为了使社会目标进一步发展和平等化,批评理论试图提供恰当的分析。而构造主义同样使用批评理论。

尽管法兰克福学派成员及其追随者不仅仅限于政治家,但是他们留下来的著作和其他资料却表明了他们有特定的政治方向。构造主义者也许和马克思主义批评理论家有同样的目标。他们的目标是建立除政府之外的社会公共机构。他们还推崇弗洛伊德的心理学,将语言和符号归类为重要的哲学问题,为人们开始关注语言和符号打下了坚实的基础。在该学派的一些群体中,对于一些构造主义的后继者来说,语言和"符号顺序"成为他们唯一的目标。也就是说,构造主义者为理性的后现代主义(也称作"后构造主义")铺平了道路。

批评理论家

▶ 什么是法兰克福学派?

法兰克福学派是德国法兰克福大学社会研究所(Institute for Social Research in Frankfurt am Main)的一些知识分子组成的活动团体。1923年,在第一个马克思主义周后,费里克斯·韦尔(Felix Weil)(1898—1975)在法兰克福大学成立"社会研究所",成立后立即受到了知识分子的欢迎。法兰克福大学为该研究所提供资金。在纳粹统治期间(1933—1944),马克斯·霍克海默(Max Horkmeier, 1895—1973)和西奥多·阿多诺(Theodore Adorno, 1903—1969)得到了哥伦比亚大学的保护和支持,他们在纽约市建立了国际社会研究所(The International Institute of Social Research)。

1945年第二次世界大战结束后,位于法兰克福的研究所得以重建。瓦尔特·本雅明(Walter Benjamin, 1892—1940)、赫伯特·马尔库塞(Herbert Marcuse, 1898—1979)以及埃里希·弗洛姆(Erich Fromm, 1900—1980)属于第一批成员。尤尔根·哈贝马斯(Jürgen Habermas, 1923—)仍然是该研究所当代著名的成员。尽管汉娜·阿伦特离开德国后成为美国哲学家,但是与其他任何运动相比,汉娜·阿伦特的政治兴趣表明她与德国法兰克福研究所有更多的共同之处。尽管马克思主义理论家安东尼奥·葛兰西(Antonio Gramsci, 1891—1937)在1926年被意大利法西斯政府关押起来,没有成为法兰克福学派的成员,但是他仍然值得我们在这里详细地介绍。

意大利总统参观安东尼奥·葛兰西博物馆（Antonio Gramsci museum）。葛兰西（照片在图片右面的背景上）提出社会的统治阶级决定了该社会中各种阶级的意识形态。（图片来源：美联社）

▶ 安东尼奥·葛兰西是什么人物？

　　安东尼奥·葛兰西在监狱里记录了他对马克思主义的理解，他主要反对卡尔·马克思的历史决定论。葛兰西的《狱中札记》（ *Prison Notebooks* ）（他去世后自1971年开始编辑）由帕尔米罗·陶里亚蒂（Palmiro Togliatti）编辑出版。陶里亚蒂是继葛兰西之后意大利共产主义者的领导人。陶里亚蒂认为通向无阶级社会改革的必经之路是教育和说服，而不是布尔什维克主义或者直接的政治革命。

　　葛兰西最有影响力的观点是陶里亚蒂为其命名的葛兰西的"霸权理论"，即社会中的统治阶级不仅仅创造了自己的意识形态，而且还创造了被统治阶级的意识形态——所有的阶级共同分享统治阶级的意识形态。因此，想要改变社会大众的意识，教育和说服是非常重要的。教育和说服才能使政治变化得以发展。从这个意义上来说，葛兰西在精神上不仅仅是法兰克福学派的一员，他还是一名构造主义者。

▶ 马克斯·霍克海默和西奥多·阿多诺是什么人物?

马克斯·霍克海默和西奥多·阿多诺是法兰克福学派的创始人,也是被放逐的领导者。霍克海默是一名文化批评家和社会哲学家。阿多诺是一名文化批评家和社会学家。霍克海默的理想是对社会上人们的处境有整体的了解。传统的马克思主义者从最下层阶级的立场观察社会,与此相反,霍克海默却认为从社会的世界观来看,当时没有任何一个社会阶级能够摆脱被曲解的命运。阿多诺认为奥地利作曲家阿诺尔德·勋伯格(Arnold Shonberg)的无调音乐支持了人类自治或者自由。相反,他强烈地遣责了一种作为"大众音乐"的爵士乐。

在某种程度上,考虑到霍克海默和阿多诺都认为在文化上,马克思主义不应该以最下层阶级为核心,他们二人共同合著了《启蒙的辩证法》(*Dialectic of Enlightenment*)一书就不足为奇了。他们认为在启蒙运动中不可能找到进步,启蒙运动的结果不是消费者经济大规模的资本主义粗俗化,就是残忍的极权主义。

▶ 瓦尔特·本雅明是什么人物?

瓦尔特·本雅明将犹太宗教信仰与马克思主义相结合,这种做法使他受到了人们的广泛关注。他和一群知识分子为了躲避纳粹流亡到了法国和西班牙边界,却因为食用了吗啡药片而死亡。关于他的死亡有不同的解释:一种说法是他为了避免盖世太保折磨他和他的同事而选择了自杀;另一种说法是他被斯大林主义者杀害。本杰明与汉娜·阿伦特的第一任丈夫是堂兄弟。在他去世前,他将《历史观》(*The Concept of History*)(1939年)的手稿交给了汉娜·阿伦特。后者将该手稿交给了西奥多·阿多诺。西奥多将其在美国出版。

在瓦尔特·本雅明的著作《机械生产时代下的艺术品》(*The Work of Art in the Age of Mechanical Reproduction*)(1936年)中,他将犹太玄学与马克思主义相结合。本杰明认为逻辑作为一种哲学工具是有限的,因为在现代社会,人们是通过文学和音乐来接触哲学的。人们主要研究他的音乐学理论。直到20世纪末期,人们才认识到他的著作与后现代主义有密切的关联。

▶ 汉娜·阿伦特是什么人物？

汉娜·阿伦特是德裔美国社会和政治哲学家。第二次世界大战后，她在美国纽约州的新学院（The New School）教书。她进入马尔堡大学，并与马丁·海德格尔开始了一段恋情，这一段感情持续了一生的时间。他们多次分手和复合。在海德尔堡大学期间，阿伦特与卡尔·雅斯贝斯共同完成了关于圣奥古斯丁（Saint Augustine）的论文。1929年，她嫁给了哲学家葛芬瑟·安德斯（Gfinther Anders, 1902—1992），但1937年两人离婚。因为她是一名犹太人，所以她失去了大学任教资格。在反犹太主义的调查中，她被盖世太保审问。之后她去了法国，与沃尔特·本杰明一起帮助犹太难民。她曾经被关押在格斯营地（Camp Gurs），后来成功逃亡。

1940年，阿伦特嫁给了诗人、哲学家和前共产主义者亨利克·布鲁彻（Heinrich Blücher, 1899—1970）。阿伦特与母亲以及布鲁彻用伪造的签证从法国维希市逃亡到了美国［在美国外交官海勒姆·宾汉姆（Hiram Bingham Ⅳ）的帮助下］。第二次世界大战后，阿伦特在一次消灭纳粹化的听证会上为海德格尔作证。在海德格尔80岁生日庆典上，阿伦特写了一篇散文赞扬海德格尔在哲学上所作的贡献。

阿伦特是欧洲犹太人文化重建委员会（the Commission of European Jewish Cultural Reconstruction）的研究理事，因此在1944年后，她因工作需要经常回到德国。在美国，她在加州伯克利市的加利福尼亚大学、普林斯顿大学、西北大学和纽约州的新学院教书。在美国社会活动中，她并不算一名积极的改革论者。在公民权利运动早期，她支持过种族隔离。在女性解放运动期间，她拒绝被人们当做女权主义者。她的主要著作有《极权主义的起源》（*The Origins of Totalitarianism*）（1951年）、《人类处境》（*The Human Condition*）（1958年）、《关于革命》（*On Revolution*）（1963年）、《关于暴力》（*On Violence*）（1970年）、《艾希曼在耶路撒冷》（*Eichmann in Jerusalem*）（1963年）以及《精神生活》（*The Life of the Mind*）（1978年）。

▶ 什么是汉娜·阿伦特的政治哲学？

总体说来，阿伦特作为一名批评家，她强烈反对极权主义并提倡个人自由，她提出了自己独特的见解。她相信在现代生活中，在缺少真正的政治共同体情况下，人们必然会幻想出法西斯主义和共产主义。她认为自己不是一名存在主义者，因为她认为"我们是"与"我是"相比，是更为重要的哲学出发点。她认为积极的社会模式是公民积极参与社会活动，社会和私人利益不再受到市民身份的限制。

阿伦特将对纳粹分子阿道夫·艾希曼（Adolf Eichmann）的审讯进行了分析，她在分析中引入了"平庸的罪恶"这一概念。阿伦特谴责了人们在以色列审讯艾希曼的方式，她还批评了在德国独裁

德裔美国人、社会和政治哲学家汉娜·阿伦特是一名批评家，她强烈反对各种形式的极权主义。（图片来源：美联社）

者阿道夫·希特勒统治下犹太领导者的行为。阿伦特对这两件事的谴责和批评引起了争议。阿伦特最后的著作对政治背景下的实用性判断进行了检验，她借助于苏格拉底（Socrates）来假定内心对话的存在。她认为人的良心帮助人们和自己做朋友。

▶ 赫伯特·马尔库塞是什么人物？

1933年，赫伯特·马尔库塞被德国放逐，之后他鼓励了美国的左翼思潮。他是非裔美国人、政治活动家安吉拉·戴维斯（Angela Davis）的论文指导教师。另一个左翼激进的创始人艾比·霍夫曼也师从于马尔库塞。

马尔库塞的主要观点是在与政治压迫作斗争的过程中，哲学是必要的。他引用弗里德里希·尼采和西格蒙德·弗洛伊德的观点来批评马克思主义，认为马克思主义对人的信念存在潜在的教化作用。他认为西方的民主政治和共产主义政体运用科学的方法开展大众教育，并将文化平凡化后融入娱乐中。人们的自由正是以这种方式被无形地剥夺的。他的主要哲学观点是人的精神

性欲压抑反映了政治压抑。他的主要著作包括《理性与革命》(*Reason and Revolution*)(1941年)、《爱欲与文明》(*Eros and Civilization*)(1955年)、《单向度的人》(*One-Dimensional Man*)(1964年)和《纯粹宽容批判》(*Critique of Pure Tolerance*)(1969年)。

▶ 安吉拉·戴维斯是什么人物?

非裔美国人、社会批评家和政治活动家安吉拉·戴维斯自从20世纪70年代就活跃在美国社会中,她的文章批评了美国文化中的种族和性别歧视。(图片来源:美联社)

非裔美国人安吉拉·戴维斯(Angela Davis,1944—　)是世界著名的批评家和政治活动家。1970年,她成为美国洛杉矶加州大学哲学系的助理教授。她加入了美国共产党,还曾经与美国黑豹党有一定的联系。1970年,戴维斯因为帮助黑豹党成员乔治·杰克逊(George Jackson)从加州的马林县(Marin County)的法庭上逃跑而被起诉。杰克逊使用的枪支是以安吉拉·戴维斯的名字注册的。在戴维斯逃跑后,她曾经一度是美国联邦调查局通缉犯名单上的要犯。最后,戴维斯被宣布无罪并免于刑事起诉。她重新被学校聘用。

戴维斯说她未能完成她的学位论文,因为美国联邦调查局没收了她的文件,她的论文也因此"丢"了。从此,她在当代美国文化中开始了自己杰出的批评家职业生涯。她在文章中批评了当代美国文化下的种族歧视、性别歧视和"工业化体系下的监狱"。

戴维斯的主要著作包括《如果他们在早上到来:反抗的声音》(*If They Come in the Morning: Voices of Resistance*)(1971年)、《阴谋:开放的辩护陈词》(*Frame Up: The Opening Defense Statement Made*)(1972年)、《安吉拉·戴维斯:自传》(*Angela Davis: An Autobiography*)(1974年)、《女性、种族和阶级》

（ *Women, Race and Class* ）（1981年）、《对女性的暴力行为和对种族主义的持续挑战》（ *Violence against Women and the Ongoing Challenge to Racism* ）（1985年）、《女性、文化和政治》（ *Women, Culture and Politics* ）（1989年）、《布鲁斯遗产和黑人女性主义：格特鲁德·"玛"·雷尼、贝茜·史密斯和比利·霍里戴》（ *Blues Legacies and Black Feminism: Gertrude "Ma" Rainey, Bessie Smith, and Billie Holiday* ）（1999年）、《监狱过时了吗？》（ *Are Prisons Obsolete?* ）（2003年）以及《废除民主制度：超越监狱、折磨和帝权》（ *Abolition Democracy: Beyond Prisons, Torture, and Empire* ）（2005年）。

▶ 埃里希·弗洛姆是什么人物？

埃里希·弗洛姆以其谴责独裁社会的著作《逃避自由》（ *Escape from Freedom* ）（1941年）确立了自己在政治心理学领域的地位。1956年，他的著作《爱的艺术》（ *Art of Loving* ）成为国际畅销书。他对不同种类的爱进行了区别，对许多西方读者来说是一种启示。弗洛姆借助于犹太法典赞美人的个性，批评极权主义。他将马克思主义与尊重个性的心理分析方法相结合，许多读者深受他作品的鼓舞。

构造主义者

▶ 费迪南·德·索绪尔是什么人物？

费迪南·德·索绪尔是瑞士构造主义者，他去世后，学生将他的讲稿出版，书名为《普通语言学教程》（ *Course in General Linguistics* ）（1916年）。1996年，人们在他的房间里发现了著作手稿并将其出版，书名为《普通语言学》（ *Writings in GeneralLinguistics* ）（2002年）。除了语言的产生和理解之外，索绪尔最有影响力的观点是，人们可以将语言视为一个正式的体系。因此，除了参考语言之外的因素，语言的某些成分从体系中的其他成分那里获得意义。他意识到了语言的独立性和其他符号系统，这种意识后来发展为"语言学转向"，并成为许多学科的基础（其中包括哲学）。

▶ 语言学转向指的是什么?

在20世纪后半期,在不同人文主义学科发展的不同阶段,学者们从谈论世界上的人和事转向谈论语言、符号、人和事物在通俗文化中被描述的方式以及各种学科。语言成为跨学科的新的主科。

▶ 雅克·拉康是什么人物?

雅克·拉康(Jacques Lacan, 1901—1981)是一位心理分析学家,因为他独特的观点而被国际心理分析协会除名。尽管如此,拉康在心理分析领域仍然具有相当大的影响。他的主要著作有《选集》(*Ecrits*)(1966年)、《自我的语言》(*The Language of the Self*)(1978年)以及他出版的研讨会论文。

拉康将索绪尔的语言顺序概念应用在弗洛伊德的心理学中。他认为隐喻和转喻(因为属性相似,用一个物体指代另一个物体)是重要的意识机制,而精神疗法就是一种讲话方式,在与患有神经症的病人谈话过程中,通过插话来修正病人原本表达模糊不清的言语,以此来实现治疗的目的。拉康认为自我是在个体想象中对个体自身的认定,他的这一想法使他闻名于世。他认为人在想象中,在特定年龄为自己设定了特定的性格特征,然后按照设定的特征成长。言语创造了社会联系,但是语言是一种正式的体系,在该体系下,一个词从其他词那里获得意义。

▶ 克洛德·列维-斯特劳斯是什么人物?

克洛德·列维-斯特劳斯(Claude Lévi-Strauss, 1908—2009)是一位法国社会人类学家,他以著作《亲属关系的基本结构》(*The Elementary Structures of Kinship*)(1949年)和《原始思维》(*The Savage Mind*)(1962年)而闻名。他将索绪尔的语言系统观点运用在社会结构中,分析了人物关系和交流体系,特别分析了亲属关系。

▶ 路易·阿尔都塞是什么人物?

哲学家路易·阿尔都塞(Louis Althusser, 1918—1990)是法国共产党成员。他以如下著作闻名:《马克思》(*Marx*)(1965年)、《读资本论》(*Reading Capital*)(1968年)和《列宁和哲学以及其他论文》(*Lenin and Philosophy and Other Essays*)(1978年)。特别是《列宁和哲学以及其他论文》使他受到了广泛的关注。他将卡尔·马克思的著作作为科学体系进行研究和总结。他认为科学受到不断提出问题、证据和重要性的观念体系或者"疑问"的控制。阿尔都塞认为正如马克思所述,表达意识形态的结构能使自身永远存在下去,不会受变化的历史力量影响。1980年,阿尔都塞杀死了

克洛德·列维-斯特劳斯将语言体系理论应用在人物相互关系的研究中。(图片来源:美联社)

他的妻子并被送进了精神病院,他的学术生涯因此而终结。

▶ 米歇尔·福柯是什么人物?

米歇尔·福柯(Michel Foucault, 1926—1984)是一位被人们称赞的法国哲学家,他在心理学和精神病理学领域都获得了法国的从业执照。他的父亲、祖父和外公都是内科医生。福柯通过考古学观点分析欧洲文化,这种方法在很大程度上受医学上的诊断分析法的影响。福柯通过考古学研究文化的方法一直都被人们所批评。

他的主要著作是他出版的论文《疯狂与非理性:古典时代疯狂的历史》(*Madness and Unreason: A History of Madness in the Classical Age*)(1961年)、《门诊的诞生》(*The Birth of the Clinic*)(1963年)、《事物的秩序》(*The Order of Things*)(1966年)、《知识考古学》(*The Archaeology of Knowledge*)(1969年)、《纪律与惩罚:监狱的起源》(*Discipline and Punish: The Birth of the Prison*)(1975年)以及多卷的《性史》(*The History of Sexuality*)(1974年)。《事物的秩

序》在法国是一本畅销书,正是该书使米歇尔·福柯闻名世界。在该书中,福柯阐述了科学作为事实的来源并不是突然出现的,而是基于对人性和事实预先了解的基础上被人们接受并支持为科学。

▶ 米歇尔·福柯形成文化批评的方法是什么?

米歇尔·福柯通过了解以往历史来了解一些机构和观点。这一过程可以被称为人类学的"考古学"。他经常能够正确地指出人类话语和人类特性出现的新形式。例如,在性欲这一事例中,福柯认为新形式的能量会产生新形式的性欲。因此,观察以及医学诊断也会出现新的方法。

福柯对人类最大的贡献是他证明了虽然一些人类特征和惯例看似非常自然,但却是社会和政治机构对人类个体的影响,这种影响是未经估量的。同时,个体又与社会和政治机构串通一气,将自己改造成符合制度期望的状态。关于性别的最主要的一个例子就是女性的运动能力。在20世纪后半期,人们认为女性因为"自然的"限制不能参加或者擅长体育运动。

福柯因为颠覆了柏拉图的思想而闻名于世。柏拉图认为人的心灵禁锢在身体里,我们的身体需求和欲望压抑着更高层次的精神自我。而福柯认为"心灵是身体的监狱",我们的思想塑造了我们身体的存在形式。

▶ 米歇尔·福柯的哲学是如何发展的?

福柯借助勒内·笛卡儿的思想,阐明了精神错乱的认定是某一时代的产物。该时代以特定的形式尊重推理。他认为普遍的医学惯例是在发现具体的病理之前需要进行特定的观察。在《事物的秩序》一书中,他阐述了18世纪和19世纪经济、科学和语言学的发展导致了将"人类"作为"普遍主体"这一想法的产生(人类这一普遍主体,应该总是保持一致和理性)。

在《知识考古学》一书中,福柯阐述了科学自身是如何被"话语"构成的,还介绍了知识的形成和传达的基本方式。如果没有将科学知识作为知识接受的预先标准,科学发现就没有重要意义了。例如,如果我们听说科学家发现了一种使人们易患癌症的基因,我们就认为这件事情是真实的,因为我们接受了科学的权威性。《纪律与惩罚:监狱的起源》一书标志着福柯对权力进行调查的开始。他

▶ 尼科斯·普兰查斯是什么人物？

尼科斯·普兰查斯（Nicos Poulantzas, 1936—1979）运用马克思主义原理对资本主义制度晚期的社会阶级进行了分析。基于安东尼奥·葛兰西（Antonio Gramsci, 1891—1937）的研究结果，他认为统治阶级与被压迫阶级结成了战略联盟，因此成功地保证了他们的统治地位。例如美国总统富兰克林·罗斯福（Franklin Roosevelt）推行的美国新政。普兰查斯主要的著作包括《政治权力与社会阶级》（*Political Power and Social Classes*）（1968年）、《当代资本主义中的阶级》（*Classes in Contemporary Capitalism*）（1973年）以及《国家、权力和社会主义》（*State, Power, Socialism*）（1978年）。

认为诸如监狱、军队、工厂和学校这样的公共机构通过特殊的方法实施权力。这种特殊的方法可以使压迫与典型的民主政治结构共存。

▶ 米歇尔·福柯是存在主义者吗？

福柯的哲学主要是社会批评而不是与存在主义相关的自我创造理论。然而，在生活中，福柯的非传统和没有约束的行为方式使得公众将他与存在主义联系在了一起。在他生命的最后几年，福柯在政治生活和个人生活里的活跃程度使得人们大为震惊。在之后的采访中，他说道："你们是不是认为我工作了这么多年说着同样的内容，从未被改变过？"

20世纪70年代，福柯首次访问美国并在布法罗大学和纽约州立大学作了演讲。之后拜访了位于伯克利的加州大学。他在死亡谷国家公园的扎布里斯基角服用了迷幻药，当提到这段经历时，他认为自己的生活朝着积极的方向转变。20世纪50年代末期，他去了伊朗。在伊朗革命后，他支持新的政府。他关于伊朗的文章在意大利报纸《意大利晚邮报》（*Corriere della Sera*）上发表。

当这些文章在1994年和2005年分别翻译成法语和英语发表后激起了人们的论战。

　　福柯与他曾经的学生丹尼尔·德菲（Daniel Defert）有长达25年的同性恋关系。他将这段感情描述为"激情状态"，并说："在某些时刻，这种激情形成了爱。"有很多的文章和言论曾经提到福柯经常光顾旧金山卡斯特罗区（Castro district）的同性恋酒吧和性俱乐部。他因感染艾滋病而去世，尽管《世界报》宣布他的死讯时并没有确认他的死因。在福柯去世之前，他撕毁了大量未发表的文章和手稿。

三 美国哲学

▶ 什么是美国哲学？

"美国哲学"这一术语主要指的是始于19世纪末期的实用主义学派。实用主义被普遍认为是一种独特的哲学形式。它不仅是美国哲学家创造的理论主张，也是对美国文化的一种反映。当然，在实用主义出现前，美国有许多的知识分子。他们的一些著作非常新颖，并与独特的文化相关联，其中包括17世纪、18世纪和19世纪的政治理论家、奴隶制度废除论者、妇女政权论者、进化论者、美国本土思想家、美国黑格尔派学家和新英格兰先验论者。

实用主义者之后的许多美国哲学家的研究领域涉及分析哲学、经验主义、欧洲大陆哲学、后现代传统和实用主义的后期形式。从广义上来讲，人们认为美国哲学是一种文化的智力观点，它应该包括上述的所有领域。然而，美国哲学作为一种系统哲学，在人们的理解上缩小了它的主题范围。

早期的美国哲学体系

▶ 最具影响力的早期美国哲学体系是什么？

美国原住民演说家、圣路易斯黑格尔学派哲学家、新英格兰

先验论者和进化论作家的思想都直接或者间接地影响了实用主义哲学。他们强调的内容成为美国社会生活持久的主题，深受实用主义者和其他人的喜爱。

美国原住民部落努力保持他们丰富的艺术和精神财富。近年来，美国原住民哲学已经成为大学感兴趣的主题。

▶ 美国原住民的哲学传统是什么？

美国有许多独特的民族和部落，因此美国有许多原住民哲学体系。在这些民族和部落的历史中，他们的哲学体系是以口述的形式代代相传。由于战争的爆发和祖先土地的流失，美国本土文化和部落受到了破坏。大部分流传下来的哲学体系也失传了。一些早期的人类学家记录下来的内容歪曲了事实。当代人努力重建美国原住民传统的口述知识，以此来批评西方的哲学、宗教、技术和经济。这些批评形成了美国原住民或者美国本土研究的内容。也成为20世纪末期美国原住民哲学的分支。

然而，18世纪和19世纪美国原住民首领的演讲帮助重建了早期的美国哲学。这些演讲内容涉及反对美国政府将原住民从保留地驱逐，保护生命、文化和原住民的土地。值得我们关注的是原住民首领缇彦斯桑（Teedyuscung），他在宾夕法尼亚州的条约会议上说道："去哦，请求将我刚说过的话……能被正确地记录下来。"缇彦斯桑、腾思科瓦塔瓦（Tenskwatawa）和撒库瓦萨（Sagoewatha）的说话方式很像美国人。

▶ 腾思科瓦塔瓦是什么人物？

腾思科瓦塔瓦（Tenskwatawa）是一位先知[他也被叫做腾思卡塔

瓦（Tenskatawa）、腾思坤塔瓦（Tensquatawa）或者他的本名莱拉维斯卡（Lalawethika，1775—1834）]。他是肖尼族首领泰康莫（Tecumseh）的哥哥。腾思科瓦塔瓦是一位有影响力的演说家，他宣扬重建美国原住民传统，以此作为对所遭受的痛苦和破坏的反抗。1810年，在对地方长官威廉·亨利·哈里斯（William Henry Harrison）做的演讲中，他所表达的思想后来成为被人们普遍接受的美国自我创造力的独特形式，演讲中也结合了敏锐的才智：

> 我是一个肖尼族人，这是一个事实。我的祖先是勇士。他们的儿子也是勇士。我的祖先使得我的出生和存在成为可能。我没有从我的部落索取任何东西。我是自己命运的主人。噢！我可以主宰自己的命运。噢！我可以主宰我红色皮肤的部落人们的命运。可以主宰我们国家的命运。当我想到控制整个宇宙的神灵，我就觉得我意识中的观念也同样的伟大。我不会去找地方长官威廉·亨利·哈里斯，请求他撕毁条约，去除地界标。但是我将对他说："先生，你有自由回到你自己的国家。"

▶ 撒库瓦萨是什么人物？

撒库瓦萨，或者叫做红夹克首领（Chief Red Jacket，1757—1839）。他认为不同外貌特征和宗教信仰的人共同分享一个国家会出现一些问题。他做了许多关于这一主题的演讲。在一定程度上，他预见了20世纪的美国对于种族差异和移民问题的担忧。

▶ 美国原住民对美国哲学最突出的贡献是什么？

人们逐渐认识到美国原住民思想对18、19世纪欧洲-美国人的观念以及历史有一定的影响。在当代多元社会，人们对共同幸福有所担忧，当代实用主义学家将这种担忧追溯回美国早期原住民试图与欧洲-美国人的谈判。还有一些人发现美国原住民对于美国的主流文化的形成有一定的贡献。

《禅与摩托车维修的艺术》（*Zen and the Art of Motorcycle Maintenance*）（1974年）的作者罗伯特·波西格（Robert Pirsig）在他的第二本著作《莱拉》

（*Lila*）（1991年）中，对将要成为简单的、直接的美国风格的演讲（如果不总是文字）和美国原住民大平原首领的英语演讲进行了对比。波西格引用了腾·拜尔斯（Ten Bears）1867年给美国原住民和华盛顿代表做的演讲：

> 我出生在大草原，那里风自由地飞翔。没有任何东西可以阻挡阳光。我出生在没有围栏，任何人都可以自由地深呼吸的地方。我想在那里死去，那里没有围墙的束缚……。我像我的父亲和祖先那样生活，我生活得很幸福。

而实用主义者，例如约翰·杜威（John Dewey，1859—1952）的话语是冗长的，尽管他们的作品主题明确，不像欧洲著作那么抽象并有多余的修饰。他们的想法总是比较复杂。新英格兰先验论者的著作也有同样的问题。但也许圣路易斯黑格尔学派是更加理想主义的实用主义者。例如，查尔斯·桑德斯·皮尔士（Charles Sanders Peirce，1839—1914）、约西亚·罗伊斯（Josiah Royce，1855—1916）、过程哲学家阿尔弗雷德·诺思·怀特黑德（Alfred North Whitehead，1861—1947）和他的追随者查尔斯·哈特肖恩（Charles Hartshorne，1897—2000）。

▶ 圣路易斯黑格尔学派指的是什么人？

圣路易斯黑格尔学派是一群哲学家和教师在1866年建立的圣路易斯哲学协会，并于1866年开始出版《思辨哲学杂志》（*The Journal of Speculative Philosophy*）。该协会的创始成员有亨利·C.布罗克迈耶（Henry C. Brokmeyer，1826—1906）、威廉·T.哈里斯（William T. Harris，1835—1909）和登顿·雅克·斯奈德（Denton Jacques Snider，1841—1925）。布罗克迈耶是一个普鲁士移民，他在1844年来到美国，进入了布朗大学（Brown University）。他从事了几个不同的行业，住在小棚屋里［就像亨利·大卫·梭罗（Henry David Thoreau，1817—1862）一样］。哈里斯是一位耶鲁大学的退学生，他来到圣路易斯教皮特曼（Pittman）做速记。布罗克迈耶和哈里斯承担了将黑格尔所著的《科学的逻辑》（*Science of Logic*）一书翻译成英语的工作。斯奈德毕业于奥柏林大学，

1865年他来到圣路易斯在教会男子大学（Christian Brothers College）教书。

▶ 圣路易斯黑格尔学派是如何应用他们的哲学的?

圣路易斯黑格尔学派设法将他们的哲学直接应用在当前的事件中。与美国城市芝加哥相比，他们为圣路易斯市而自豪。1870年人口普查中出现了一个错误，圣路易斯黑格尔学派哲学家以及圣路易斯市的其他市民都震惊于政府的统计数字，统计结果体现的是圣路易斯市的人口比芝加哥市的人口多很多。1871年10月8日，芝加哥发生了火灾（据说火灾是由于在极度干燥和易燃的环境里，奥利里夫人的牛踢翻了酒精灯引发的）。斯奈德询问布罗克迈耶对于这场灾难的想法。根据斯奈德的记录，布罗克迈耶（注意：斯奈德将布罗克迈耶的名字拼写为"Brockmeyer"，"Brock"的意思为"坏蛋"）的回答是：

> 芝加哥是西部以及我们这个时代里完全消极的城市，现在它把这种否定的原则应用在更加广泛的领域并得到了最后的结果，芝加哥将自己也否定了。这种消极态度的正面结果将要显现出来，但是这一正面结果没有出现在芝加哥，而是在此得以显现，在我们所生活的圣路易斯市得到了最后的彰显。

但是遗憾的是，1880年的人口普查结束后，芝加哥的人口又超过了圣路易斯市的人口。圣路易斯黑格尔学派哲学家从华盛顿大学（Washington University）雇用了一位数学家来检查人口普查的统计数字。这位数学家告诉这些哲学家，圣路易斯市的人口确实是35万人，而芝加哥的人口为50.3万人，1870年的统计是有误的。

▶ 东部哲学家与圣路易斯黑格尔学派哲学家经常交流吗?

尽管圣路易斯黑格尔学派不是理论哲学家，但是他们经常与东部的先验论思想家对话。例如由威廉·哈里斯和先验论者阿莫斯·布朗森·奥尔科特

> 除了圣路易斯黑格尔学派，圣路易斯市还有其他的哲学团体吗？

圣路易斯市与圣路易斯黑格尔学派同时代的哲学团体还有康德协会、亚里士多德协会、柏拉图协会和后来知名的阿卡德摩学园（Akademe）。

（Amos Bronson Alcott, 1799—1888）组织成立的哲学康科德学派。1879年—1887年的夏天，康科德学派召开会议。在此期间，奥尔科特第一次拜访了圣路易斯市的哈里斯。他遭到了亨利·C.布罗克迈耶的谩骂。黑格尔学派的围观者将这次争吵称为"东部和西部的第一回合较量"。较量的结果是西部获胜，黑格尔学派还因此庆祝了一番。另一个著名的东部哲学家拉尔夫·沃尔多·爱默生（Ralph Waldo Emerson, 1803—1882）也拜访过圣路易斯黑格尔学派。

圣路易斯黑格尔学派共同的目标是什么？

尽管亨利·C. 布罗克迈耶选择弗里德里希·黑格尔作为黑格尔学派的引导者，但是与抽象理论相比，他们的兴趣更多地集中在理解自己的生活和时代上，特别是美国内战。根据登顿·雅克·斯奈德所述，他们的目标是"将实际生活哲学化"，将他们的使命进行理性的描述，达到自我实现。他们还想对未来的伟大社会作出贡献。对于他们来说，与其说哲学是一种理论，还不如说哲学是一种宗教。

圣路易斯哲学团体的创始人发生了什么事情？

他们都从事了与众不同的职业。亨利·C. 布罗克迈耶成立了一个律师事务所并被选举为美国密苏里州的参议员。1875年，他编写了密苏里州宪法。后来成为副州长，在1876年—1877年间，成为代理州长。后来他搬到了西部居住，与克里克印第安人生活在一起。他试图出版他所翻译的弗里德里希·黑格尔的著作《科学的逻辑》。但是最后未能如愿。他砍伐木头制作牙签，并在圣路易斯市出售。

威廉·哈里斯成为记者和讲师，康科德学院的校长，密苏里州第一任教育委员。登顿·雅克·斯奈德著有六十余部著作，其中包括圣路易斯黑格尔学派的知识史。他在芝加哥社区大学教授从幼儿园至大学水平的课程。将撰写10卷"斯奈德哲学"列进了日程。他最著名的作品是《圣路易斯的哲学、文学、教育和心理学运动》(*The St. Louis Movement in Philosophy, Literature, Education, Psychology*)（1920年）。

托马斯·戴维斯（Thomas Davidson, 1840—1900）是圣路易斯哲学协会的另一个早期成员。他在纽约市创办了技术学院，后来他在纽约生活，并在那里创办了暑期班。

▶ 登顿·雅克·斯奈德是如何解释弗里德里希·黑格尔观点的？

登顿·雅克·斯奈德认为在《哲学史讲座》一书中（1820年黑格尔在柏林讲座时的讲稿，于1858年出版，书名为《历史哲学》），弗里德里希·黑格尔未能形成完整的思想体系，但是黑格尔的"进化原则"预示着未来哲学的发展。斯奈德还阅读了黑格尔的《精神现象学》(*Phenomenology of Mind*)（1910年版，该书在1817年第一次出版，但当时的书名为《心灵哲学》(*Philosophy of Spirit*)。斯奈德将这本书视为一本哲学向导书。人们可以通过分析自己的经历来获得完整的自我理解，这就好比人们正在照一面自己所生活年代的镜子。

所以圣路易斯黑格尔学派试图分析他们所处的时代，并将他们所处的时代视为"绝对"的一种表达方式。因此他们比较了黑格尔在分析拿破仑·波拿巴的事件中所运用的绝对论、斯奈德对美国内战的理解以及伟大的圣路易斯幻想的终结（当圣路易斯市民意识到芝加哥的人口超过了圣路易斯市时，他们的幻想破灭了）。斯奈德认为黑格尔的《精神现象学》是一本用浪漫风格撰写的对浪漫主义有破坏作用的书。一些评论者认为斯奈德的这种理解是敏锐和老练的。他通过这种理解来证明黑格尔有伟大的计划，但是对于人类历史和绝对本身不再有乐观的态度了。

新英格兰先验论者

▶ 新英格兰先验论者是哪些人？

与欧洲浪漫主义者同时期出现的美国浪漫主义者被称作新英格兰先验论者。他们认为情感比理智重要，强调个人渴望的重要性。美国浪漫主义的特殊形式强调了大自然里个人的孤独、勇敢的生活环境。赫尔曼·梅尔维尔（Herman Melville，1819—1891）的小说、拉尔夫·沃尔多·爱默生（Ralph Waldo Emerson，1803—1882）的散文、沃尔特·惠特曼（Walt Whitman，1819—1892）的诗歌以及亨利·大卫·梭罗的散文（Henry David Thoreau，1817—1862）都体现了浪漫主义的特殊形式。当时也有一些哲学先验论者，例如，阿莫斯·布朗森·奥尔科特。

▶ 阿莫斯·布朗森·奥尔科特是什么人物？

阿莫斯·布朗森·奥尔科特（Amos Bronson Alcott）是作家路易莎·梅·奥尔科特（Louisa May Alcott）的父亲。他创办了一所学校并创立了一个名为"果园"的乌托邦团体。作为一名先验论者，他将柏拉图哲学、德国神秘主义和美国浪漫主义相结合。他主要遵循了著名的一神论牧师威廉·埃勒里·钱宁（William Ellery Channing）的教义。与加尔文教派不同的是，乾宁宣扬宗教信仰和实践的温和形式。奥尔科特的作品包括《新康涅狄格州，纪念碑》（1868年）、《康科德时光》（Concord Days）（1872年）以及《十四行诗和短歌》（Sonnets and Canzonets）（1882年）。除了收录在《日晷》（The Dial）一书中体现先验主义思想、令人费解的《俄耳普斯谚语》（Orphic Sayings）之外，他还有许多未被出版的作品。

▶ 亨利·大卫·梭罗在哲学领域的贡献是什么？

亨利·大卫·梭罗是一位自然主义者、作家、学校教师和铅笔制造者（他发明了一端带有橡皮的铅笔）。他出生在马萨诸塞州的康科德城。他从美国哈

梭罗

美国　　　　　5美分

一张画有自然主义哲学家亨利·大卫·梭罗的邮票。

佛大学毕业后又回到了康科德城。他虽然不是一位政治改革家，但却因为拒付人头税的不合作主义（他认为这项税收支持了奴隶制和墨西哥和美国之间的战争。他反对奴隶制和战争）以及帮助逃脱奴隶主的奴隶逃亡而著名。

人们都知道梭罗在瓦尔登湖建造了小木屋并在那里生活了两年。他在著作《瓦尔登湖》里描述了这段经历。他在瓦尔登湖边的生活方式和抵制被物质驱使的"安静绝望"的生活是一种美学的理想主义。美国接下来的几代知识分子都受到他的影响纷纷前来参观梭罗在瓦尔登湖边建造的小木屋。梭罗对自然的热爱和追求朴素的理想本身就是对工业化生活的反抗，是对后工业化生活的理性的反抗。

然而，梭罗杰出的理性贡献并不是在自然中"简单生活"的理想，因为他在瓦尔登湖生活的那段时间里，他文学领域的朋友经常来小木屋拜访他，并且他自己也经常步行回到城镇，因此他并没有真正地脱离社会生活。事实上，他在瓦尔登湖生活所忍受的苦难是没法与西部更远地区的拓荒者和自耕农相比的。他们才是真正过着乡下的穷苦生活，并且他们必须过这种生活，而不是一种选择。

相比之下，梭罗成为美国另一类奋斗者的典范。他将朴素的自然美学与文化批评以及理性创造力相结合。这种在刻板的社会阶级与区域中提倡"树林里的精神生活"与20世纪早期几个实用主义者所提倡的真正贫瘠的生活背景是有区别的。此外，20世纪早期几个实用主义者还试图通过写作和公共演讲建立更广泛的社区，并支持民主的社会交流。但是梭罗对自然独特的爱和实用主义者更平易近人的特性，代表了一种文化的变迁。人们讨论问题的场所是在沙龙、画室和与欧洲相似的、教堂一样的正式建筑中。

▶ 拉尔夫·沃尔多·爱默生是什么人物？

拉尔夫·沃尔多·爱默生是19世纪美国著名的先验论者。他的散文和实践主义不仅使得他确立了知识分子地位，而且为之后的美国知识分子，特别是实用主义者树立了典范。

如今还被人们广泛阅读的，可以在网上免费下载的爱默生主要的著作包括他的第一本书《自然》（*Nature*）（1836年）。该书包括的散文有《自然》（*Nature*）、《日用品》（*Commodity*）、《美》（*Beauty*）、《语言》（*Language*）、《纪律》

▶ 亨利·大卫·梭罗的小木屋近况如何？

现在人们可以拜访梭罗小木屋的复制品。这个复制的小木屋在马萨诸塞州康科德城的瓦尔登湖附近。参观者还可以在瓦尔登湖周围的4.8公里（3英里）范围内散步，梭罗曾经写道，他喜欢在瓦尔登湖附近和他的客人进行"重要的谈话"。但是这并没有真正发生过。

在梭罗离开他的小木屋搬到拉尔夫·沃尔多·爱默生的房子后，他的小木屋就被搬到了布鲁克斯·克拉克农场用来储藏玉米。为了纪念梭罗，人们将小木屋转移到了农场的西北方的牧场并一直保存到1867年，尽管当时小木屋的窗户被拿掉了。1868年，小木屋的屋顶被拆下来装在了猪圈上。1885年，小木屋的地板和其他木头被拆掉用来盖了谷仓的棚。小木屋剩余的部分被用来替换原有谷仓上的支架。有些人说这些木板被用来改造农舍。

（ *Discipline* ）、《理想主义》（ *Idealism* ）、《灵魂》（ *Spirit* ）、《景色》（ *Prospects* ）、《美国学者》（ *The American Scholar* ）、《神学院演讲》（ *Divinity School Address* ）、《文学道德》（ *Literary Ethic* s ）、《自然方法》（ *The Method of Nature* ）、《操纵改革家》（ *Man the Reformer* ）、《关于时代的介绍性演讲》（ *Introductory Lecture on the Times* ）、《保守派》（ The *Conservative* ）、《先验论者》（ *The Transcendentalist* ）、《年轻的美国人》（ *The Young American* ）。散文集《第一卷》（ *First Series* ）（ 1841年 ），包括散文《历史》（ *History* ）、《自立》（ *Self-Reliance* ）、《补偿》（ *Compensation* ）、《精神法律》（ *Spiritual Laws* ）、《爱》（ *Love* ）、《友谊》（ *Friendship* ）、《谨慎》（ *Prudence* ）、《英雄品质》（ *Heroism* ）、《超灵》（ *The Over-Soul* ）、《循环》（ *Circles* ）、《智力》（ *Intellect* ）和《艺术》（ *Art* ）。散文集《第二卷》（ *Second Series* ）（ 1844年 ），包括散文《诗人》（ *The Poet* ）、《经验》（ *Experience* ）、《性格》（ *Character* ）、《礼貌》（ *Manners* ）、《礼物》（ *Gifts* ）、《自然》（ *Nature* ）、《政治》（ *Politics* ）、《名义主义者和现实主义者》（ *Nominalist and Realist* ）以及《新英格兰改革家》（ *New England*

Reformers）。其他著作包括《诗集》（*Poems*）（1847年）、《杂记》（*Miscellanies*）、《拥抱自然，演讲和讲座》（*Embracing Nature, Addresses, and Lectures*）（1849年）。散文集《典型的人》（*Representative Men*）（1850年）包括爱默生写的关于柏拉图和约翰·沃尔夫冈·冯·歌德的散文。爱默生在《英国人的特性》（*English Traits*）（1856年）一书中描述了自己的旅行。《生活准则》（*The Conduct of Life*）（1860年）、诗集《五朔节和其他诗歌》（*May-Day and Other Pieces*）（1867年）、《社会与孤独》（*Society and Solitude*）（1870年）。爱默生最后一系列的散文是1871年在哈佛大学的讲稿，他去世后出版，书名为《智力的自然历史》（*Natural History of Intellect*）（1904年）。还有《托马斯·卡莱尔和拉尔夫·沃尔多·爱默生通信集》（*Correspondence of Thomas Carlyle and. W. Emerson*）（1883年）。

▶ 拉尔夫·沃尔多·爱默生是如何定义先验论的？

他认为先验论是一种哲学理想主义，最高实在是精神的而非物质的。他认为在理解事物或者评价事物时，人的经验是有限的。爱默生还提到了康德对"思想和命令形式"的理解，认为思想和命令使经历成为可能。他还将伊曼纽尔·康德的思想归为"先验主义"，是意识和精神的本体。

▶ 拉尔夫·沃尔多·爱默生过着怎样的生活？

拉尔夫·沃尔多·爱默生8岁时他的父亲就去世了。第二年，他被送到了波士顿拉丁学校（Boston Latin School）。他14岁进入了哈佛大学。为了支付自己的学费，他在哈佛大学的餐厅当过服务员，也做过家庭教师。爱默生的妈妈在家里办了一个学校，专门教授年轻的女士。毕业后，他帮助哥哥在这所学校里教书。1829年，爱默生从哈佛神学院毕业，并做了一名一神教的牧师。但是他与教堂的代管牧师意见不合，于是在1832年辞去了这一神职。1829年，他与埃伦·路易莎·塔克（Ellen Louisa Tucker）结婚，但是两年后，埃伦在年仅20岁时死于肺结核。爱默生深深地缅怀埃伦，但他也曾经写到自己在哈佛时被一个年轻的男人"奇怪地吸引"。人们相信他后来也迷恋过其他的一些年轻男人，这其中就包括作家纳撒尼尔·霍桑（Nathaniel Hawthorne）。

爱默生的妻子去世后，他去欧洲旅行。他见到了作家威廉·华兹华斯（William Wordsworth）、塞缪尔·泰勒·柯尔律治（Samuel Taylor Coleridge）和托马斯·卡莱尔（Thomas Carlyle）（爱默生与卡莱尔一直保持通信，直到1881年爱默生去世）。他还见到了哲学家约翰·斯图亚特·密尔（John Stuart Mill, 1806—1873）。1835年，爱默生在马萨诸塞州康科德城买了房子并与莉迪亚·杰克逊（Lydia Jackson）结婚。他们后来生养了4个孩子。他们的生活还是富裕的（其中的部分原因是爱默生赢得了诉讼案，确保他获得第一任妻子遗产的权利）。他用其中一部分钱帮助了他的邻居埃莫斯·布朗森·奥尔科特。许多人认为爱默生是当时最伟大的演说家。

拉尔夫·沃尔多·爱默生是19世纪美国先验论者的领军人物。（图片来源：艺术文献库）

▶ 拉尔夫·沃尔多·爱默生的"超灵"指的是什么？

爱默生在阅读《博伽梵歌》（*Bhagavad Gita*）和该书的注释时产生了关于灵魂的想法。虽然如此，他的想法却与欧洲柏拉图哲学思想有着惊人的相似。爱默生写道：

可以批评过去和现在所有错误的至高无上的批评家，知道事物真相的唯一的先知，就是我们赖以生存的大自然。因为地球依偎在大气温暖的臂膀中。统一，即超灵，包含每个人特别的存在，并使得个体与其他人共存。真诚的对话体现出的共同的情感是崇拜，所有正确的行为是服从，强大的"实在"驳斥我们的诡计和天赋，强迫所有人看待真实的自己，以他自己的性格为基础来谈话，而不是以他的舌头为基础，真正进入我们思维并被我们控制的是智慧、美德、力量和美。我们人类以连续、分裂、部分、粒子的形式存在。与此同时，人类的灵魂存在

于人体的躯壳内。而永恒的"超灵"具有明智的沉默、普遍的美丽，它使得人身体的每个部分和粒子都平等地相互关联。

▶ 拉尔夫·沃尔多·爱默生认为学者必须达到什么条件？

爱默生认为人们可以从普通的经历中学到很多东西，灵性与熟悉或者"普通的"事情相互关联、不可分割。他对于美国理论哲学家没有太高的评价，他认为他们的思想是"派生出来的"，但是他也为学者列出了必要的条件。这些条件是：接近并且体验自然，掌握历史，行为能够最为准确地表达思想。爱默生认为思想是人的"局部行为"，而生活是人的"完整行为"。

▶ 拉尔夫·沃尔多·爱默生是废奴主义者吗？

答案是肯定的。但是爱默生用了一段时间来确定自己在废奴主义运动中的位置。从童年时起，他就认为奴隶制是邪恶的。但是直到1837年，他才将一直使用的说服的方法转变为公开彻底的反对。当时，废奴主义者、出版商以利亚·P. 洛夫乔伊（Elijah P. Lovejoy）被谋杀，这件事使爱默生大为震惊。1844年，他提到废奴主义者时说："我们感激这场运动，也感谢这场运动的后续者们，对实际的道德规范的细节进行了广泛的讨论。"此后，他被认为是废奴主义中一个强有力的声音。杂志《大西洋》（Atlantic）曾经发表了非裔美国知识分子弗雷德里克·道格拉斯（Frederick Douglass）的散文。他的散文中曾经引用过1862年爱默生对美国拥护奴隶制和废除奴隶制的州的评论：

> 我们试图融合两种文明：劳动、拥有土地和投票权都是民主的文明，这是较高层次的文明；而武力占有犯人或则奴隶，少数人拥有权力和土地，寡头统治政府，这是较低层次的文明……但是社会的早期和粗鲁阶段并不能与之后形成的社会阶段很好地融合。它多年以来毒害了共和政体的政治、公共道德和社会交往。

 拉尔夫·沃尔多·爱默生声名狼藉的"神学院讲座"指的是什么？

1838年，爱默生应邀为哈佛大学神学院毕业生做毕业演讲。他讲到当耶稣还是一个伟大的人时，他并不是上帝。这种言论激怒了新教徒。新教徒们认为爱默生是无神论者，他的思想会腐蚀年轻人的思想。在接下来的30年里，哈佛大学没有再邀请他。然而，在19世纪末期，耶稣不是上帝的观点被一神论者接受（至今，一神论者仍然拒绝接受三位一体的观点，正是三位一体的观点使大家相信耶稣是上帝）。一神论者认为耶稣是一个非凡的人类，也许耶稣是一个神奇人物。

玛格丽特·富勒是什么人物？

玛格丽特·富勒（Margaret Fuller, 1810—1850）在波士顿组织了每周六的女性对话活动，在教育上为她们提供帮助，还与她们探讨女性的社会地位。1840年，她与拉尔夫·沃尔多·爱默生共同创办了《日晷》，在4年时间里，《日晷》一直是先验论者的官方出版物。1842年，富勒离开了《日晷》杂志社开始为《纽约论坛》（New York Tribune）撰写文章。

1846年，富勒为《论坛》撰写介绍知识分子的文章。她在英国和意大利采访了一些知识分子，其中包括乔治·桑德（George Sand）、托马斯·卡莱尔（Thomas Carlyle）和意大利革命家乔万尼·奥苏里（Giovanni Ossoli）。富勒与奥苏里相爱、结婚并育有一子。一家人想要乘船返回美国，但是船只在离开火岛（Fire Island）100码之后撞击沙洲失事，3人全部遇难。

富勒的主要作品有《19世纪的女性》（Woman in the Nineteenth Century）（1845年），在该书中，富勒赞成女性独立和性别平等。她的侄孙是20世纪圆顶建筑结构建筑师巴克敏斯特·富勒（Buckminster Fuller）。

▶ 《日晷》是什么杂志?

该出版物被命名为《日晷》是阿莫斯·布朗森·奥尔科特和拉尔夫·沃尔多·爱默生的提议。在该杂志出版的第一期中,日晷这一名字的比喻意义是这么解释的:

> 我们用勤劳和善意推出我们的杂志《日晷》。我们希望它能像给人带来快乐的一种仪器,一种不是测量时间而是测量阳光的仪器,让它成为在悲伤的抱怨和喋喋不休的辩论中一种快乐的理性声音。坚持我们选择的这种比喻,就是这种日晷,不是死气沉沉的码头。不仅指花园里的日晷指时针,我们指的是有日晷的花园本身,突然沉睡的人醒来注意到的不是没有生命的时间,而是花园里的叶子和花朵,他体会到的是生命的状态和已经到来以及即将到来的成长。

《日晷》在1844年停刊,但是在1860年再次出版了一年。1880年它作为一本政治杂志重新出版。1920年,它成为一本文艺杂志,刊登散文、诗歌、艺术评论。该杂志一直出版到1929年。

▶ 弗雷德里克·道格拉斯是什么人物?

许多同时代的学者将弗雷德里克·道格拉斯[出生时的名字是弗雷德里克·奥古斯塔斯·华盛顿·贝利(Frederick Augustus Washington Bailey,1818—1895)]称为第一位获得自由的非裔美国知识分子。维多利亚·伍德胡尔(Victoria Woodhull)是第一位竞选美国总统的女性。1873年,在维多利亚·伍德胡尔竞选时,道格拉斯是副总统候选人。

道格拉斯原本是一个奴隶,但是在他12岁时,他主人的嫂子教他阅读。他学会之后再教别的奴隶。他曾试图逃跑但是没有成功。在几次失败之后他最后获得了自由,并成为马萨诸塞州反对奴隶运动的活跃分子。23岁时,他开始了公共演讲这一著名而鼓舞人心的职业。他出席了1848年的赛尼卡福尔斯会议（Seneca Falls convention），正是这次会议开启了美国的妇女参政运动。

道格拉斯在19世纪40年代中期去爱尔兰和英格兰游历。1856年他的支持者筹钱从法律意义上赎回了他的自由。回到美国后，他出版了几份报纸，其中最著名的是《北极星》（*The North Star*）。该报纸的座右铭是"权利不分性别——事实不分肤色——上帝是所有人的父亲，我们是同胞"。

19世纪50年代道格拉斯在纽约倡导废止学校的种族歧视政策。在美国内战期间，他为黑人争取权利，并号召他们为联邦政府而战。1862年《解放黑奴宣言》公布后，道格拉斯写道："我们一直等待着，一直倾听着，就好像天空的闪电……我们注意着……在星星微弱的光亮下预示着崭新一天的破晓……我们这些苦难的祈祷者几个世纪以来的祈祷渴望一个回答。"

许多人认为著名的废奴主义者、妇女政权论者、演说家以及政治家弗雷德里克·道格拉斯是第一个获得自由的非裔美国知识分子。（图片来源：艺术文献库）

1884年，道格拉斯第一任妻子去世后，他与来自纽约的白人妇女政权论者海伦·皮特斯（Helen Pitts）结婚。皮特斯在华盛顿特区生活时，曾经在19世纪激进女性出版物《阿尔法》（*Alpha*）任职。

道格拉斯主要的作品包括《一个美国奴隶，弗雷德里克·道格拉斯的生平》（*A Narrative of the Life of Frederick Douglass, an American Slave*）（1845年）、《英雄的奴隶：自由手稿》（*The Heroic Slave: Autographs for Freedom*）（1853年）、《我的束缚和我的自由》（*My Bondage and My Freedom*）（1855年）、《弗雷德里克·道格拉斯的生活和时代》（*Life and Times of Frederick Douglass*）（1881年；1892年出版修订版）。1847年至1851年间是《北极星》的编辑。《北极星》后来成为弗雷德里克·道格拉斯的报纸。

社会达尔文主义

🔊 19世纪美国有怎样的进化论思想？

在知识分子群体中，人们广泛地认为查尔斯·达尔文的进化论是人类的准确历史。当时，自然神论或者上帝存在于自然的观点是普遍存在的看法。创造的宗教描述和进化之间并没有明显的冲突。讨论更多地集中于进化的社会形式是冷酷的还是合作的这一问题上。19世纪的欧洲人认为这一问题有两个观点：一个观点是，社会生活与自然界一样，是"血腥爪牙"和"适者生存"的方法。而另一个观点是社会生活与自然界一样，是通过合作进化的。毫无疑问，先验论者赞同合作的观点。

🔊 社会达尔文主义指的是什么？

社会达尔文主义将达尔文的"适者生存"的观点运用在19世纪的社会生活中。社会达尔文主义者认为社会生活的不平等和机遇也符合"适者生存"的规律。在19世纪，尽管有进取心、有胆量的人不得不与其他资本家竞争，但是他们会在短时期内聚集大量的财富。而那些出卖体力的人经常处于不健康、疲惫不堪的状况下，几乎不能使自己温饱。为了得到工作，他们还要与其他体力劳动者竞争。

社会达尔文主义者将查尔斯·达尔文的进化论观点进行了修改。（图片来源：艺术文献库）

社会达尔文主义者撰写了一些受欢迎的著作，这些作品在今天看来带有种族主义者思想和阶级优生学观点，这一点给读者们留下了强烈的印象。他们相信竞争有其自身价值，那些在人生竞争中失败的人在生存进化更严峻的考验中也会失败。社会达尔文主义者没有提出社会改革方式，他们的理想是通过人类优生的方式，将在竞争中获得成功的优秀特性保留下来。他们也在道德上支持竞争中取胜的人。

▶ 谁是主要的社会达尔文主义者？

威廉·格雷厄姆·萨姆纳（William Graham Sumner，1840—1910）是耶鲁大学的教授，他在美国的地位相当于英国进化论者赫伯特·斯宾塞（Herbert Spencer，1820—1903）。萨姆纳是自由资本主义的坚决拥护者。他以文章《美德的人》（*The Man of Virtue*）闻名。在该文章里，他阐明了利己主义是人的主要责任。工业家安德鲁·卡内基（Andrew Carnegie，1835—1919）以此观点为基础撰写了文章《财富的福音》，进一步强调了"竞争法则"是进步的自然原则。

▶ 19世纪的美国哲学家也研究进化论吗？

答案是肯定的。约翰·菲斯克（John Fiske，1842—1901）和昌西·莱特（Chauncey Wright，1830—1875）相信意识和人类道德的进化。因为菲斯克撰写了两卷《美国独立战争》（*The American Revolution*）（1891年），所以人们认为他是一位历史学家。莱特是一位反对先验论的科学经验主义哲学家。尽管他出版的著作很少，但是他对后来出现的实用主义思想有极大的影响力。社会学家莱斯特·沃德（Lester Ward，1841—1912）以其著作《动力社会学》（*Dynamic Sociology*）（1883年）闻名。他的主要观点是社会进化过程应该受到支持和干预，人们后来证实这一观点与后来的社会和政治哲学有一定的关联。

▶ 19世纪进化论的观点与进步的观点有联系吗？

这两者之间没有直接的联系。因为进化是由外部力量作用产生的结果，而进步则是依靠人类个体的努力。但是人们经常把这两个概念联系在一起，例如

▶ 社会达尔文主义是一种有益的信条吗？

大多数进步论者认为社会达尔文主义不是一种有益的信条。首先，社会达尔文主义者即使不赞同，也倾向于接受贫穷的人所遭受的苦难。他们认为这种苦难反映出了穷人的软弱而不是社会结构的不合理。第二，社会达尔文主义"进化"成了白人种族至上主义，这是一种反动形式。

19世纪末20世纪初，社会达尔文主义和白种人所宣扬的至上主义后来被认为是种族主义，是对其他人种存有偏见。例如，1916年律师、人类学者麦迪逊·格兰特（Madison Grant）出版了著作《伟大种族的逝去》（*The Passing of the Great Race*）或者《欧洲历史的种族基础》（*The Racial Basis of European History*）。格兰特在著作中提出了"日耳曼民族优越性"这一观点，并倡导利用优生学保护日耳曼民族的人口多于其他非白种人。至1937年，格兰特的书已经销售了160万册。在个人信仰以及公共政策上有极大的影响力，亚洲移民受到了限制，非裔美国人受到了歧视。

工业家安德鲁·卡内基就将两者联系在了一起。总体说来，进步的概念形成了理想和实际的动机。人们认为社会作为一个整体是在进步着。个体也受到激发，在生活中不断地通过在物质上变得更加富足的方式进步着。社会的繁荣在很大程度上取决于科技的发展。19世纪是第一个全面发展的"机械时代"，人们发明并广泛使用轧棉机、机车、电报和电灯等机械。

▶ 所有19世纪的思想家都相信进步吗？

托马斯·爱迪生（Thomas Edison, 1847—1931）确实相信进步。1876年，当他在新泽西州门洛公园（Menlo Park）建立自己的实验室时，他向自己许诺要实现"每10天一个小发明,大约每6个月一个大发明"(爱迪生一年大概有40项发明,在他去世前,有超过1 000项发明)。

然而,并不是所有人都热衷于新机械。例如,1829年,托马斯·卡莱尔在爱丁堡评论(*Edinburgh Review*)上发表文章《时代的象征》(*Signs of the Times*)(这里所指的象征即为"机械时代")。他写道:"我们肆意制造的赝品就在我们面前,不会随着我们购买而消失。"亨利·大卫·梭罗在《瓦尔登湖》中写道:"我们没有驾驭铁路,是铁路在驾驭我们。"

但是,有许多人与爱迪生一样乐观,这也是美国较为流行的观点。俄亥俄州律师蒂莫西·沃克1831年在《北美评论》(*North American Review*)中写道:"机械使大众从繁重的劳动中解放出来,机械促进了民主政治。"

一些杰出的思想家,例如发明家托马斯·爱迪生对于技术有这样的信念:人类社会通过技术革新可以获得进步。(图片来源:美联社)

实用主义和过程哲学

▶ 实用主义是什么?

实用主义是一种特殊的美国哲学,实用主义起源于社会讨论团体,并在19世纪末期成为哈佛大学哲学系所倡导的主要哲学体系。实用主义不像欧洲同时期的其他哲学体系那么科学,它是指用实用的方法进行思考。

查尔斯·桑德斯·皮尔士

▶ 查尔斯·桑德斯·皮尔士是什么人物?

查尔斯·桑德斯·皮尔士（Charles Sanders Peirce, 1839—1914）被认为是实用主义的奠基人和创始人。尽管他的研究涉及逻辑、数学、经济学、社会科学、自然科学以及测地学。皮尔士自1857年开始出版著作，至他去世时出版的著作页数已经达到了1.2万。另外还有8万页尚未出版的手写书稿。他死后出版的主要著作被编辑成册，其中有《新数学原理》（*The New Elements of Mathematics*, 4册）（1976年）、《皮尔斯本质》（*The Essential Peirce*, 2册）（1992年和1998年出版）、《查尔斯·S.皮尔斯作品：按时间顺序排列版本》（*Writings of Charles S. Peirce: A Chronological Edition*, 5册）（1882—1993年）。

▶ 查尔斯·桑德斯·皮尔士的事业和生活有哪些重要事件?

查尔斯·桑德斯·皮尔士出生在马萨诸塞州的剑桥市。他的父亲本杰明（Benjamin）是哈佛大学的数学教授，美国海岸和大地测量学会以及史密森学会的创始人（据说本杰明·皮尔斯还建立了哈佛大学的数学系）。12岁时，年少的查尔斯发现了逻辑学。16岁时，他开始独立学习哲学。1859年，他从哈佛大学毕业，并不确定"未来要做什么"。他主要的兴趣是逻辑学，可是这门学科并不会为他提供就业机会。他从事了几年测地学，1861年他又回到哈佛大学学习博物学和哲学。1863年，他以优异的成绩毕业，并获得了化学博士学位。

查尔斯继续自学逻辑学，人们认为他是历史上最伟大的逻辑学家之一。尽管他不赞同伊曼努尔·康德认为太空是欧几里得几何学的主张，后来又赞同弗里德里希·康德的客观唯心主义，但是在查尔斯的哲学观点中，康德仍然具有最主要的影响。皮尔士哲学是实用观点的独特形式，他将其称为"实用主义"。

▶ 查尔斯·皮尔士的哲学体系是什么?

皮尔士的哲学观有理想主义的基础。他有4个哲学体系。在他的第一个哲

为什么查尔斯·桑德斯·皮尔士的著作都是在他去世后出版的？

皮尔士没有出版，也没有准备出版他的大部分著作。当他去世后，他的遗孀朱丽叶（Juliette）将他的论文卖给了哈佛大学哲学系（共6 000美金）。约西亚·罗伊斯（Josiah Royce，1855—1916）应该负责管理哲学系，但是他在两年之后去世，因此在无人管理的情况下，这些论文被随意放置，杂乱无序，有些被人拿走了，有些则丢失了。20世纪50年代中期，数学历史学家卡罗林·埃泽勒（Carolyn Eisele）在进行研究期间，偶然在威德纳纪念图书馆地下室一个角落里看到了一箱皮尔斯的手稿。

20世纪30年代，查尔斯·哈特肖恩（Charles Hartshorne）、保罗·魏斯（Paul Weiss）和亚瑟·伯克斯（Arthur Burks）整理了皮尔士的论文并出版了《皮尔士论文集》（*Peirce's Collected Papers*）第一版。然而因为该论文集语言晦涩，并且没有阐明皮尔士思想发展的进程，因此批评家认为它并没有真正反映出皮尔士的思想。《查尔斯·S.皮尔斯作品：按时间顺序排列版本》（1989年）由印第安纳波利斯市的印第安纳大学皮尔斯著作项目组编辑，该著作收录了1857年—1886年皮尔士的连续作品。该项目组编辑出版的另外两本著作是《1898年皮尔士在剑桥会议上的演讲》（*Peirce's Cambridge Conferences Lectures of 1898*）（1992年）和《1903年皮尔士在哈佛大学所做的关于实用主义的演讲》（*Peirce's Harvard Lectures on Pragmatism of 1903*）（1997年）。

学体系里（1859—1861），他赞同伊曼努尔·康德的观点，认为事物本身无论在科学上还是哲学上都是不可知的。科学解决现象问题，帮助人们丰富自己的体验。但是现象背后有一个客观的世界，这个世界是可以被人了解的。客观的世界里存在3种东西：① 物质；② 意识；③ 上帝，或者"它"、"你"和"我"。皮尔

士分别将它们称作"第一"、"第二"和"第三"。皮尔士认为上帝意识中的观念与我们经验中的对象都是辩证的。然而,他在该体系中遇到了逻辑问题,他不满于康德哲学的范畴与事物自身之间的关系。

在皮尔士的第二个思想体系里(1866—1970),他利用了黑格尔的方法论和假设推断出动力体系是真实存在的。他认为经验和现象的世界(他将其命名为"表象")完全是由品质、关系、事物、事件、所有事物这些符号组成的——这些符号都是有意义的。每个符号的意义都是一个体系的一部分,该体系包括物体和"解释符"。物体就是符号的对应物。解释符是感知符号的意识特征和活动。并且,解释符本身就是一个符号——因为每个事物都是一个符号——所以,解释符本身也是一个物体,并且是第二个解释符。

符号——物体——解释符,作为符号的解释符——物体——新的解释符,这样的结构无限循环着。但是物体的本质包括有限的形式,这种有限的形式被人们认为是意识接近无限的体现。换句话说,如果一个物体是真实的,我们质询和体验的过程可以永远持续下去。皮尔士认为真实是"质询的汇合点"。既然我们所了解的总是普遍现象,因此,物体是由共相组成的。这使得事实存在于头脑中,皮尔士的哲学唯心主义得以形成。

然而,在处理这些联系的逻辑关系时,皮尔士遇到了困难。在发现了这些关系的原始逻辑时(除了逻辑学家之外,没有被大众广泛地理解),他在相关的原理基础上创建了与现在实用主义极为相似的第三体系(1870—1884)。为了将自己创建的体系与其他不太关心科学的实用主义者的理论区分开,他将该体系称为"实用主义"。现在人们经常把这一体系和皮尔斯联系在一起。

▶ 查尔斯·皮尔士的实用主义是什么?

查尔斯·皮尔士的实用主义出发点是将自己视为一个科学家,这个科学家安排相应的活动。皮尔士认为哲学是科学的哲学,逻辑是科学的逻辑。作为一名实用主义者,他以两篇文章闻名。这两篇文章是分别于1877年和1878年发表在《大众科学月刊》(*Popular Science Monthly*)(有不同的标题)上的《固定的信仰》(*The Fixation of Belief*)和《如何使我们的观点清晰》(*How to Make Our Ideas Clear*)。在这两篇文章里,他为科学辩护,认为科学是去除怀疑,呈现清晰概念的实用观点。他主张概念或者科学术语的意义必须有"货币价值"。某个概念的"货币价值"是指在经验上了解这一概念和不了解这一概念的差异。清晰概念的完整意义蕴藏在结果中。科学概念的结果——意义——可以在指定的情况下被观察到。也就是说，概念会产生预测。这一预测是否准确并不重要，只要它能够预测将要发生的事情就可以。

▶ 查尔斯·皮尔士的第四个体系是什么？

皮尔士的第四个体系（1885—1914）是第二体系的发展。有无限含义的符号——物体——解释符这一完整的体系是一个发展的体系。这个体系一直处于发展中，而且还将继续发展下去，因此我们对于这个体系的知识和体系的每个符号都要有所了解。皮尔士设计出这一发展过程的许多细节。在逻辑上人们将其视为"实用主义"。他设计出了唯心主义的极端形式，认为整个宇宙是有生命的、有情感的有机生物。它的习性通过普遍的自然法则（对其规律进行描述）反映出来。

▸ 为什么查尔斯·皮尔士从来都没有做过哲学系的教授？

1879年—1891年，皮尔士确实在美国巴尔的摩（Baltimore）的约翰·霍普金斯大学（Johns Hopkins University）做过逻辑学的讲师。但是1883年，他与哈里特·梅露西娜·费（Harriet Melusina Fay）离婚，两人的婚姻始于1862年。离婚后，皮尔士与朱丽叶·弗若希（Juliette Froissy）结婚。人们认为弗若希是吉普赛人，并且认为皮尔斯在未离婚时就与其同居。之后发生的一个丑闻使皮尔斯失去了大学讲师的工作。后来，皮尔士就职于美国海岸和大地测量局。1901年，美国国会为了缩减开支，皮尔士又丢掉了在美国海岸和大地测量局的工作。他做了一些兼职工作，并成为一位化学工程顾问。威廉·詹姆士（William James，1842—1910）和其他朋友经常在经济上资助皮尔斯。

威廉·詹姆士

▶ 威廉·詹姆士是什么人物?

威廉·詹姆士在查尔斯·皮尔士的实用主义观点的基础上创造了更加人文主义的实用主义。詹姆士还是现代心理学的奠基人,他将现代心理学视为不依赖主观内省的一门学科。

他的主要著作包括《心理学原理》(*The Principles of Psychology*)(1890年)、《信仰意志与大众哲学文章》(*The Will to Believe and Other Essays in Popular Philosophy*)(1897年)、《宗教经验种种》(*The Varieties of Religious Experience*)(1901—1902年)以及《实用主义》(*Pragmatism*)(1907年)。

▶ 威廉·詹姆士的生活有哪些趣事?

在家里的5个孩子里,詹姆士最大。他的弟弟亨利是著名小说家,他的妹妹因为死后出版的日记而著名。詹姆士的父亲老亨利·詹姆士富有却古怪。詹姆士家的孩子在美国、英国和欧洲接受过教育。威廉在他父亲四海为家的教育观点下成长。他最初对艺术感兴趣,之后又转向科学。年轻时,他遭受眼睛、后背、胃和皮肤问题的折磨,医生曾经诊断他患有"神经衰弱症"。他意志消沉并且不时会有自杀的念头,这种想法折磨他很长时间。他的疾病在今天看来是"受心理影响的",詹姆士最终死于心脏衰竭。

1864年,詹姆士开始在哈佛大学的医科学习,并参加了去亚马孙河和德国的远征,为当地人治疗疾患。1869年,他被授予医学博士学位。尽管他后来没有从事医学,但医学博士是他唯一的学术文凭。1878年,他与爱丽丝·吉本斯(Alice Gibbens)结婚并将余生献给了教育事业。最初在哈佛大学教授心理学,19世纪80年代后,在教授心理学的同时,开始教授哲学。詹姆士的学生包括知识渊博的狄奥多尔·罗斯福(Theodore Roosevelt)、作家和哲学家乔治·桑塔亚那(George Santayana)、公民权利活动家W. E. B.杜波依斯(W. E. B. Du Bois)、哲学家拉尔夫·巴顿·佩里(Ralph Barton Perry)、作家格特鲁德·斯坦(Gertrude Stein)、哲学家和法律学者莫里斯·拉斐尔·科恩(Morris Raphael

Cohen）、艾兰·洛克（Alain Locke, 有时被称作"哈莱姆文艺复兴之父"）、逻辑学家和实用主义者C. I.刘易斯（Lewis C. I. Lewis）和心理学家及哲学家玛丽·柯金斯（Mary Calkins）。

◉ 威廉·詹姆士在心理学领域的主要贡献是什么？

詹姆士提出的心理学理论与丹麦医生及心理学家卡尔·乔治·兰格（Carl Georg Lange, 1834—1900）独自提出的理论是相同的。人们将该理论叫做詹姆士—兰格情绪理论。该理论是说我们的情绪是由身体发生的变化引起的。贝内迪特·德·斯宾诺莎认为情绪是我们信仰的反映，而勒内·笛卡儿在著作《灵魂的热情》（*Passions of the Soul*）（1649年）中曾经提出过詹姆士-兰格情绪理论的早期版本。

根据我们的常识，我们假设情绪是人对事物作出的反应，这种反应由我们的理解力调节。正相反，詹姆士—兰格情绪理论认为我们的身体直接对周围事物作出反应，反应形成的意识构成了我们的情绪。1844年，詹姆士发表在《意识》（*Mind*）里的著名文章《情绪是什么？》中，他写道：

> 我们思考的正常方式……情绪是对一些令人兴奋的事物产生的精神感知，这些精神感知刺激精神意向，由此产生了情绪。精神状态的后一阶段，即情绪，通过身体表达呈现出来。与此相反，我的论文主要介绍了身体变化是一些令人兴奋的事物的直接反应，事物发生时我们所形成的情感就是情绪。

▶ 威廉·詹姆士是如何发展实用主义的？

在19世纪70年代，詹姆士参加了一个讨论小组，这个小组后来成为著名的"形而上学俱乐部"。俱乐部的成员包括查尔斯·桑德斯·皮尔士、美国最高法院法官奥利弗·温德尔·福尔摩斯（Oliver Wendell Holmes, 1841—1935）、数学家和哲学家昌西·莱特（Chauncey Wright, 1830—1875）。当小组成员见面时，新英格兰的当权者就有所顾虑。因为当时的宗教组织，特别是新教徒，正困扰于

进化论的普及和人们对科学的强烈兴趣。与此同时，詹姆士开始教授哲学，哈佛大学管理者希望哲学能够起到支持宗教的作用。当詹姆士刚成为哲学教师时，心理学和哲学的界限并不明确。因为詹姆士的贡献，在他教书生涯即将结束时，心理学和哲学成为两个独立的学科领域（时至今日，哈佛大学心理学系还保留着威廉·詹姆士礼堂）。

从唯理智论的角度来说，詹姆士的实用主义已经超越了心理学界限，为他感兴趣的道德问题提供了答案：从唯理智论的角度来说，如何证明宗教是正当的？自由意志存在吗？真理的本质是什么？

▶ 威廉·詹姆士主要的实用主义兴趣是什么？

詹姆士将自己的实用主义格言归功于查尔斯·桑德斯·皮尔士："为了获得某事物的清晰明朗的观点……我们只需要考虑该事物包含的可想到的实际影响——我们想从中得到什么感情，我们必须准备作出什么反应。"詹姆士将实用主义运用到认识论、道德规范、宗教理论和自由意识中。

▶ 什么是威廉·詹姆士实用主义认识论？

詹姆士认为人们所说的话是对现存事物正确或者错误的声明。但是在我们的经历中，世界是"真正具有延展性的"，因此，事实也会对现实生活造成一定的影响。与现实生活一致的事实也在变化着，这取决于真实事物的本质。例如，在寻常的经历中，如果我们的信仰没有给我们带来惊讶和痛苦，我们就会认为这样的信仰是正确的。科学事实形成以便使得整个体系保持一致性。

▶ 什么是威廉·詹姆士实用主义道德规范？

詹姆士认为价值实现的前提是人要具有情感和需求。当人们彼此的关心成为某个团体的标准时，人们对价值的判断就具有客观性了。这时，一个共享的、共有的世界就形成了。道德选择决定了人们的品质。除了与身体的快乐和痛苦相关联的决定以外，更高的理想会决定我们未来的经历。如果有必要的话，未来的经历也会使人们改进这些理想。

当内容更加丰富的理想代替内容不太丰富的理想时，人们的道德就取得了进步。然而，人们所有的理想都是"暂时的"。

▶ 威廉·詹姆士关于宗教和自由意志的理论是什么？

詹姆士认为，无论人们是否相信上帝，是否相信我们有自由意志，生活中都是存在客观价值的，这不是由人的意志决定的。人对于一些事件不具有决定性作用。保持中立不能让我们知道上帝是否存在，我们是否有自由意志，或者生活中是否存在客观价值。因为在这些事件中，我们的信仰会影响自己的生活和别人的生活。我们必须"相信"上帝是存在的，相信我们有自由意志，相信客观价值的存在。在自由意志的事例中，我们鼓励自己去做一些不愉快的事情，我们可以想象这些事情会带来积极的结果。詹姆士举了一个例子：一个人不愿意在寒冷的早上起床，但是如果这个人想到了这一天将要做的事情，起床（这一必须的身体运动）就成为人的自觉行为。

▶ 威廉·詹姆士是如何表达信仰宗教的意愿的？

在19世纪80年代，詹姆士想要将科学方法论应用在测心术和"招魂术"

 **▸ 詹姆士为什么对超自然力感兴趣？**

詹姆士对唯心论感兴趣，一些传记作者推测这是因为他父亲对斯韦登伯格非常感兴趣。伊曼纽尔·斯韦登伯格（Emmanuel Swedenborg，1688—1772）促进了1788年伦敦新耶路撒冷教会的形成。斯韦登伯格将勒内·笛卡儿的科学思想与约翰·洛克的观点相结合形成了机械论。通过对《启示录》的解释，机械论与《圣经》里描述的世界协调一致。虽然在广度上两者的相似性有限，但是詹姆士确实将科学的方法引入了超自然力这一主题中。

中。他在哈佛学术界找不到合作者。但是在当时的英国,有3个人已经对这类主题的研究感兴趣。他们分别是与查尔斯·达尔文同时发现进化论的阿尔弗雷德·拉塞尔·华莱士(Alfred Russell Wallace)、道德哲学家亨利西奇维克(Henry Sidgwick, 1838—1900)和他的妻子诺拉(Nora)。詹姆士和他们组成了一个知识分子小组,他们仔细调查有关超自然事件的报道。他们在报道中注意到了在"灵魂"显现的当天,灵魂的主人会死去。他们还统计了报道中死去的人数。

在统计学上,这种所谓的"幻觉统计"让人们相信了在某人去世的那一天和此人灵魂出现之间有重要的相关性。然而,詹姆士认为与包含了英美两国的灵魂出现事件样本相比,1.7万人的样本会产生更可靠的研究结果。詹姆士对招魂术和常见的5万人的灵魂指引著作表示怀疑,他也拒绝与著名的精神研究员打交道。

约西亚·罗伊斯

▶ 约西亚·罗伊斯是什么人物?

约西亚·罗伊斯(Josiah Royce, 1855—1916)被称为"绝对的实用主义者"。他将德国和英国的绝对唯心主义与美国实用主义相结合。

罗伊斯出生在加利福尼亚的草谷(Grass Valley),在淘金热盛行的年代,人们都去那个城镇采矿。罗伊斯11岁时,他的家搬到了旧金山。1875年,他从加州大学毕业。1878年,他获得了约翰·霍普金斯大学的哲学博士学位。他还在莱比锡和德国哥廷根大学学习过。之后他在加州大学教授了4年英文。

1882年,罗伊斯被邀请加入哈佛大学哲学系。他后来成为哲学系备受称赞和著名的教授。他的主要著作有《世界与个人》(*The World and the Individual*)(1899年)、《宗教见解之来源》(*Sources of Religious Insight*)(1912年)、《基督教问题》(*The Problem of Christianity*)(1913年)、《战争和保险》(*War and Insurance*)(1914年)、《伟大社会的希望》(*The Hope of the Great Community*)(1916年)以及《现代唯心论讲座》(*Lectures on Modern Idealism*)(1919年)。罗伊斯的逻辑主题的散文有《约西亚·罗伊斯逻辑散文集》(*Collected Logical Essays of Josiah Royce*)(1951年)。

▶ 约西亚·罗伊斯有哪些形而上学的观点?

罗伊斯的形而上学体系旨在解决宗教世界观所提出的问题。他相信存在的事物是我们所知事物的总和。所以人们可以通过分析存在的形成方式来了解存在的本质。尽管知识始于理解的数据,但是谈到过去和未来的事物时候,人们必须使用先验论。先验论的判断不是孤立的,是判断体系的一部分。这一体系可以对一些错误进行说明,例如,人们不能给出某一事物的定义。观点是寻找客体的一种目的,但是反之,客体阐明了最初的观点。上帝是真实的,因为绝对即为一,代表着它自己和能反映它自己的其他事物。

▶ 约西亚·罗伊斯有怎样的伦理和宗教观点?

罗伊斯提出主要的伦理美德是"忠诚于忠诚"。一些人忠诚于邪恶的理想,只有有益的理想才能支持他们忠诚于自己并忠诚于忠诚。在罗伊斯对基督教的解释里,教堂、罪和神人和解是被超自然的上帝结合在一起的。罗伊斯认为上帝具有超自然的神力,人们认为他的这种观点违背了三位一体的教义。在基督教的宗教历史中,上帝和耶稣被强调和重视,却轻视了圣灵这一说法。尽管我们应该注意到罗伊斯所强调的上帝和神一体化的观点与马丁·布伯(Martin Buber,1878—1965)对犹太教与基督教差异的解释是一致的。

约翰·杜威

▶ 约翰·杜威是什么人物?

约翰·杜威(John Dewey,1859—1952)是20世纪早期美国最著名的哲学家。在大众以及知识分子站满了礼堂听激发智力以及有教育意义的演讲的年代,杜威是大众公认的著名的知识分子。尽管人们不经常提及他的名字,但是他所提倡的交互、实用的方式形成了美国人体验日常生活、教育以及艺术欣赏的基本方式。

可能因为杜威比较腼腆,所以他专心著书。他的著作多达37本,文章多

达700篇。他主要的著作包括《心理学》（*Psychology*）（1887年）、《人的本性与行为》（*Human Nature and Conduct*）（1922年）、《经验与本性》（*Experience and Nature*）（1925年）、《大众及其问题》（*The Public and lts Problems*）（1927年）、《确定性的寻求》（*The Quest for Certainty*）（1929年）、《哲学与文明》（*Philosophy and Civilization*）（1932年）、《共同信念》（*A Common Faith*）（1934年）、《艺术即经验》（*Art as Experience*）（1934年）、《自由主义与社会行为》（*Liberalism and Social Action*）（1935年）、《逻辑：探究的理论》（*Logic: The Theory of Inquiry*）（1938年）、《自由和文化》（*Freedom and Culture*）（1939年）以及《人类的问题》（*Problems of Men*）（1946年）。

▶ 约翰·杜威的生活和职业有哪些重要的事实？

1859年杜威出生在美国佛蒙特州的伯林顿（Burlington），他的父亲在当地是

约翰·杜威是20世纪早期美国最著名的哲学家。（图片来源：美联社）

一位杂货商。杜威进入了佛蒙特州大学，之后在宾夕法尼亚州油城（Oil City）的一所中学教授古典文学、科学和代数。他后来回到伯林顿教书。他虽然不确定自己未来发展的方向，但是在以前的老师的鼓励下，他申请了约翰·霍普金斯大学哲学专业新的研究生项目。他申请了两次奖学金都被拒绝。杜威最后向他的姑姑借了500美元开始了约翰·霍普金斯大学的哲学研究。他因此成为美国哲学领域获得博士学位的第一代哲学家。杜威在约翰·霍普金斯大学求学期间，他的老师是哲学家乔治·西尔威斯特·莫里斯（George Sylvester Morris）、查尔斯·桑德斯·皮尔士和心理学家G.斯坦利·霍尔（G. Stanley Hall，1844—1924）。

最初，杜威对黑格尔的有机体观点

非常感兴趣。有机体与周围的环境发生反应，社会也可以视为由有机体组成的整体。杜威在写完关于伊曼努尔·康德的论文后，他在1884年—1894年在密歇根大学教书。在此期间他开始对公立教育、进步政治和心理学产生了兴趣。1894年，杜威成为芝加哥大学哲学、心理学和教育学系的教授。在芝加哥与同事们一起工作期间，他开始发展行动主义社会理论并于1903年出版了《逻辑理论研究》（*Studies in Logical Theory*），他将此书题献给了威廉·詹姆士。

当杜威离开芝加哥去哥伦比亚大学工作时他已经在全国范围内享誉盛名。哥伦比亚哲学系出版的《哲学期刊》（*The Journal of Philosophy*）在几十年间成为杜威和其他哲学家发表作品、阐明自己想法并和他人展开讨论的论坛。杜威曾经在东京、北京和南京演讲，并在土耳其、墨西哥和俄国研究教育。

退休后，杜威在1937年成为墨西哥委员会主席，负责调查俄国革命党人利昂·托洛茨基（Leon Trotsky）受到的指控。该委员会调查后递交了一份报告，名为《无罪》（*Not Guilty*）。1941年，纽约城市大学因为不满意伯特兰·罗素的政治观点而拒绝给他提供教书机会时，杜威也曾为罗素辩护过。

▶ 什么是约翰·杜威主要的哲学观点？

杜威将普通的生活融入哲学中。杜威的主要哲学观点是"经验"。杜威最初将经验这一主题与黑格尔的认知概念相结合，后来又将它融入人类生活的情感和活动领域。与他同时代的哲学唯心主义者和大多数其他的哲学家不同，杜威认为在人们的经验中，大部分重要的内容不是经过思考得到的。与黑格尔派哲学家想法不同的是，杜威坚持认为经验不是统一的整体，而是许多有关联的、种类不同的经验的集合。因此，对于杜威来说，经验是多元的。但是杜威所研究的主要经验形式是具体的个人（即真实存在的人）的经验。

杜威试图清楚地解释有生命的人类获得经验的人类学和生物学本质。他将这种本质视为经验主义的新形式。尽管有人批评杜威忽视了人类写作和言语的客观性，而将经验视为最重要的东西，杜威还是形成了关于经验的形而上学的论述。

▶ 什么是约翰·杜威形而上学的观点？

杜威认为自然界有不同的"反应"，或者是不同的行动，在不同的反应组成

成分之间有相互的因果关系。杜威所认为的"反应"就是相互作用,它有3种进化水平,也叫做"反应的平稳状态":生理化学反应、心理物理反应和人类经验。生理化学反应只能通过物理和化学手段进行研究;心理物理反应是指意识与身体相结合;人类经验是指人们对生活中出现的事物的理解。

 **什么是约翰·杜威的艺术理论?**

首先,杜威认为质询是一种艺术,他不接受"旁观者认识论",因为该观点认为人的认知是被动的沉思。而杜威认为平凡人的生活本身就是一种艺术形式,因为生活融入了人类经验的美学特性。对杜威来说,所有的经验,或者任何被叫做"经验"的事物都有直接能被欣赏的美学特性。经验具有直观性,可以直接感受或者拥有,并将所感受或者拥有的要素组成一个相同的整体。杜威通过这样的解释来说明我们没有从物理和化学角度考虑我们的经验,而是从整体的效果

▸ 约翰·杜威提出了与儿童教育有关的观点吗?

答案是肯定的。有些人认为对于哲学家来说,提出教育观点是不同寻常的。杜威有过两次婚姻。他自己有6个孩子,并且收养了3个孩子。尽管杜威不想让别人称他为"教育家",因为这会削弱他在哲学领域的声望。然而杜威在教育领域所作的贡献与他的哲学革新一样永恒。

杜威开始对教育问题进行思考时,人们期待在学校接受教育的孩子们安静地坐好,被动地吸收知识。杜威不相信完全以孩子为中心的教育方法,他强调学习活动的重要性。因为杜威观察到孩子们在课外的日常生活中对事物充满好奇,他们是各种活动的积极参与者。

杜威认为我们应该教授孩子解决问题的技巧,这其中也包括道德问题。当他成为芝加哥大学哲学、心理学和教育学系的教授时,他创办了实验学校。该学校的教学宗旨就是杜威的教育理论,其座右铭是"在做中学"!

杜威接受了埃拉·弗拉格·杨（Ella Flagg Young）的实践性建议。埃拉是美国教育协会第一任女性会长，她将杜威的理论应用在课堂的实际操作和练习中。杜威还与简·亚当斯（Jane Addams）有联系，两人共同在赫尔会所（Hull House）创建了教育机构。杜威本人在赫尔会所工作了很长时间，他与劳动者聊天，了解他们存在的问题和抱负。杜威1899年出版的《学校与社会》（*The School and Society*）是一本畅销书。杜威之后出版的关于教育的著作有《儿童与课程》（*The Child and the Curriculum*）（1902年）、《我们如何思考？》（*How We Think?*）（1910年）以及《民主与教育》（*Democracy and Education*）（1916年）。

和品质来考虑经验。例如，一位赛跑者扭伤了脚踝，他和为他检查伤情的医生对脚踝扭伤这件事有不同的经验。赛跑者经历了性质上的扭伤和痛苦，而运动医生通过检查出确切部位组织受损而了解该赛跑者的状况。

杜威将经验中的美学特征叫做"第三特征"。因为经验是从实践中获得的。在实践趋于完美的过程中，经验的美学特征不断变化，并变得更有意义。实践趋于完美的状态就是经验被智慧重建的过程。例如，成功地解决一个问题就是这样的一个过程。杜威认为静止不变的或者过于刻板的事物不具有美学特征。因为这样的事物不会激发人们的科学质询或者实践行为。而正是科学质询以及实践行为才会使美学特征得以呈现。

简·亚当斯

▶ 简·亚当斯是什么人物？

简·亚当斯（Jane Addams, 1860—1935）是美国第一位投身公共事业的女性知识分子。她是约翰·杜威和乔治·赫伯特·米德（George Herbert Mead, 1863—1931）的亲密同事。她所开展的改革社会的公共活动发起了移居权利运

简·亚当斯因为在芝加哥创办了赫尔会所而闻名于世。她因为帮助贫困的人们而获得了诺贝尔和平奖。（图片来源：艺术文献库）

动，亚当斯也因此被授予1931年的诺贝尔和平奖。移居权利运动号召人们帮助贫苦的移民团体在他们生活的附近区域确定住所。亚当斯最初在赫尔会所创办艺术欣赏课程，之后不久就为青少年、儿童保育、家庭技能教育以及成人教育开展了教育项目。在20世纪末期，她的身份才"恢复为"哲学家和女权主义者。她的主要著作包括《民主和社会道德》（*Democracy and Social Ethics*）（1902年）、《新的和平理想》（*Newer Ideals of Peace*）（1906年）、《在赫尔会所的20年》（*Twenty Years at Hull House*）（1910年）、《在赫尔会所的第二个20年》（*Second Twenty Years at Hull House*）（1930年）、《女性记忆的漫漫长路》（*The Long Road of Woman's Memory*）（1916年）以及《战争年代的和平和面包》（*Peace and Bread in Time of War*）（1922年）。

▶ 简·亚当斯生活中有哪些重要事件促使她创办了赫尔会所？

亚当斯的父亲是伊利诺伊州塞达维尔（Cedarville）的工厂主和政治家。亚当斯两岁时，她的母亲在生第9个孩子时难产去世了。亚当斯因为没有考入医学院而进入了洛克福特神学院（一所女子大学）学习，为此她消沉了近10年。在这段时间里，她游历欧洲，去过伦敦的托因比会所（Toynbee Hall）。该会所由年轻的男性组成，他们通过与伦敦东部贫穷的犹太人和爱尔兰移民在社区附近共同劳作的方式帮助这些穷人。亚当斯想将这种模式复制下来。1889年，她在芝加哥的西区社区附近创办了赫尔会所，赫尔会所由女性管理。亚当斯有两段长期的同性关系，一段是与赫尔会所的共同创始人、她大学的朋友埃伦·盖茨·斯塔尔，另一段是与她同事玛丽·若艾特·史密斯（Mary Rozet Smith）。

亚当斯在赫尔会所和另一个以赫尔会所为基础创办的社会中心的工作

使得她闻名于世。她成为一个非常受欢迎的公众演说家。她参与创建了一些其他的进步组织。例如全国有色人种协进会（the National Association for the Advancement of Colored People）、美国公民自由联盟（the American Civil Liberties Union）以及女性和平与自由国际联盟（the Women's International League for Peace and Freedom）。1912年，美国前总统西奥多·罗斯福（Theodore Roosevelt）在第二次担任"公驼鹿"美国进步党主席时，曾经请求亚当斯当他的助手（1901年）。作为美国总统的罗斯福曾经担任过该进步党的主席，并工作了3年。1904年后，他又被任命为该党主席并工作满一个任期。美国进步党强烈支持妇女权利和选举权。

　　然而，在第一次世界大战前，当亚当斯表达和平主义和女权主义思想后，她成为公众强烈批判的目标。在她生命的最后几年，她在呼吁世界和平和维护美国原住民权利方面作出了巨大的贡献。

▶ 赫尔会所是如何实现知识的实用主义观点的？

　　亚当斯将赫尔会所视为一个认识论项目以及慈善项目。她曾经写道："创建赫尔会所的目的是检验人类通过行动和领会获取知识的价值，就像一所综合理想大学的目标是发现各个学科的知识一样。"

乔治·赫伯特·米德

▶ 乔治·赫伯特·米德是什么人物？

　　乔治·赫伯特·米德是一位哲学家、社会理论家和改革家。约翰·杜威将其描述为"高级头脑"（当杜威接受了芝加哥大学为他提供的工作时，杜威也把米德带到了芝加哥大学）。米德在新英格兰清教徒社区长大，但是他成熟的思想使他成为一位经验主义者。

　　米德对于教育和社会学实用主义理论最重要的贡献是他提出的"符号互动论"。他通过语言和角色扮演的发展，对人类意识和自我发展进行了解释。尽管作为一个行为主义者，米德坚持认为个体精神发展有其社会本性，他还认为人

对于外部环境的适应性有不同的发展阶段。米德与杜威一同在芝加哥实验学校工作,他是简·亚当斯的朋友,是赫尔会所研究工作的密切观察者。

▶ 乔治·桑塔亚那是什么人物?

乔治·桑塔亚那(原名为乔治·奥斯汀·尼古拉斯·鲁兹·德·桑塔耶那·雅·波拉斯, Jorge Agustín Nicolás Ruíz de Santayanay Borrás, 1863—1952)是一位哲学家、诗人、艺术评论家和作家。他的著作《最后的清教徒》(*The Last Puritan*)(1935年; 新版本, 1936年)成为全世界的畅销书。乔治的父亲是西班牙人,因此他出生在马德里。他的母亲是苏格兰人,在乔治9岁时,母亲将他带到美国并让他进入了波士顿拉丁学校。1889年,他获得了哈佛大学哲学博士学位。当时约西亚·罗伊斯是他的导师。1892年,他接受了哈佛大学提供的讲师职位,后来成为哲学教授并在哈佛教书长达20年。桑塔亚那的学生包括作家康拉德·艾肯(Conrad Aiken)、T. S. 埃利奥特(T.S. Eliot)、罗伯特·弗罗斯特(Robert Frost)、华莱士·史蒂文斯(Wallace Stevens)以及沃尔特·李普曼(Walter Lippman),还有美国最高法院法官费利克斯·弗兰克福特(Felix Frankfurter)。

1912年,桑塔亚那从哈佛大学退休,他用余生写作并游历欧洲。他主要的著作有《美感》(*The Sense of Beauty*)(1896年)、《诗歌和宗教的解释》(*Interpretations of Poetry and Religion*)(1900年)、《理性生活》(*The Life*

 乔治·赫伯特·米德对哲学有什么贡献?

米德在研究达尔文的进化论的过程中,成为"出现论"研究的哲学家。他提出新的生命形式改变了过去生命的性质。因为当新形式出现时,之前存在的事物或者导致新形式出现的原因都需要被重新解释。米德生前没有出版任何著作,他的著作都是死后由他的学生整理出版,例如著作《心灵、自我与社会》(*Mind, Self, and Society*)(1934年)。

of Reason, 5 册)(1905—1906)、《怀疑论与动物信仰》(*Skepticism and Animal Faith*)(1923年)、《存在的领域》(*The Realms of Being*, 4 册)(1927—1940)、《人和地方》(*Persons and Places*)(1944年)、《中间跨度》(*The Middle Span*)(1945年)、《我的世界》(*My Host the World*)(1953年)。除了众多的其他著作和散文以外，桑塔亚那与多于350人通信的信件被整理并出版了5册。

▶ 乔治·桑塔亚那对实用主义哲学有哪些贡献?

除了约西亚·罗伊斯是乔治·桑塔亚那的老师以及C. I. 刘易斯反对过他的直观的认知论这两件事实以外，人们不清楚桑塔亚那是怎样成为实用主义者的。人们根据哲学惯例将他归类为实用主义哲学家，大部分原因是他生活的年代和地点以及他生活在美国期间接触的一些实用主义哲学家。桑塔亚那关于美学、推论、哲学和人性的观点与威廉·詹姆士和约翰·杜威有共同之处。

桑塔亚那提出的美学理论的主要内容是欣赏艺术品的人从艺术品中体验到快乐，而不是艺术品作用在人的感觉器官产生的感受。他认为人们对事物的偏爱基本上是无理性的，人们对事物的评价是以快乐为基础的。他强调了人类在科学、宗教、社会、日常生活以及最明显的艺术领域的创造力。总体说来，他将人类视为生活在自然界中，以觅食为目的、害怕危险的动物。桑塔亚那认为自然是人类生活的背景，人类在这样的背景下获得自己的经验。在他的著作《理性

▶ 乔治·桑塔亚那是怎样度过晚年生活的?

第二次世界大战爆发后，桑塔亚那去了罗马。他不能使用美国银行账户，因此在玛丽的小公司诊所里过着简朴的生活。这个诊所由一个修道院负责，因为衣服的颜色，诊所里的修女们经常被称作"蓝衣修女"。桑塔亚那在诊所里生活了13年直至他生命的终结。最初他在诊所里生活是因为在战争年代修道院为他提供了安全的避难所。但是后来，他开始喜欢这种老式的生活，因为这种生活可以使他远离现代生活的熙熙攘攘。

生活》中，他将自然描述为"就像一块沉甸甸的、滴着感知水滴的海绵"。"自然的本性"是由我们在自然界中获得的经验决定的。桑塔亚那早期著作体现了这些观点。

在桑塔亚那离开哈佛后，他开始撰写形而上学和存在论的著作，强调了与人类经验相对的客观事实。但是桑塔亚那自己在探讨的问题中并没有承认这种变化，在他后来的著作中，他声称为早期的艺术和经验理论提供了更为广泛和严格的基础。

▶ 什么是乔治·桑塔亚那的存在论？

桑塔亚那拒绝关于物理现实导致唯心主义的哲学怀疑论。但是他认为怀疑论的积极影响之一是它表明了"精神"最终是真实存在的。然而，人们不能拥有纯粹的精神，我们的"动物信仰"为我们安排了一个超越直接经验的世界。这个世界是由精神和物质，事实和精神组成的。事物是不断变化的。但是事物具有连续性，这种连续性使它成为一种"物质"。事实是关于物质以及存在的东西，而精神是纯粹的先验的意识。精神凭直觉知晓。桑塔亚那将直觉描述为"直接以及明显地拥有可见的事物，不用对事物的真实性、重要性或者物质存在进行说明"。

拉尔夫·巴顿·佩里

▶ 拉尔夫·巴顿·佩里是什么人物？

拉尔夫·巴顿·佩里以他的价值论和现实主义观点闻名。但是1936年，他因为撰写了他的导师兼同事的传记《威廉·詹姆士的思想和性格》（*The Thought and Character of William James*）（1935年）而获得了普利策奖。

佩里于1899年获得了哈佛大学博士学位，并于1902年—1946年在哈佛任教。他的主要著作包括1925年出版的修订版阿尔弗雷德·韦伯的《哲学史》（*History of Philosophy*）、《新现实主义》（*The New Realism*）（1912年）、《广义价值论》（*General Theory of Value*）（1926年）、《清教与民主》（*Puritanism and*

Democracy）（1944年）、《价值领域》（The Realms of Value）（1954年）以及《人类的博爱》（The Humanity of Man，1956年）。

▶ 拉尔夫·巴顿·佩里提出了怎样的价值论？

佩里在著作中写到价值就像一个目标：当人们对任何一个物体感兴趣时，这个物体就变得有价值或者获得价值。道德是对"和谐的幸福"的促进，当所有的利益被协调并被满足时，这种"和谐的幸福"就会实现。

▶ 什么是拉尔夫·巴顿·佩里的现实主义？

佩里与另外5个人合著了《新现实主义：对哲学的合作研究》（The New Realism: Cooperative Studies in Philosophy）（1912年）。另外5个人是埃德温·B.霍尔特（Edwin B. Holt）、沃尔特·T.马文（Walter T. Marvin）、威廉·佩珀雷尔·蒙塔古（William Pepperell Montague）、沃尔特·鲍顿·皮特金（Walter Boughton Pitkin）和爱德华·格利森·史宾迪（Edward Gleason Spaulding）。他们反对唯心主义和二元论，认为我们能够感知和记住的是事物真实呈现出来的状态。他们的结论与G．E．摩尔（G.E.Moore，1873—1958）攻击唯心主义的观点相似。

C. I. 刘易斯

▶ C.I.刘易斯是什么人物？

C．I．刘易斯是所有实用主义者中的康德主义者，尽管他在阅读查尔斯·桑德斯·皮尔士的论文前并不是一名实用主义者。皮尔斯的论文被储存在哈佛大学图书馆，哈佛大学给刘易斯提供了一个在图书馆工作的职位后他开始阅读皮尔斯的论文。

刘易斯出生在马萨诸塞州斯通纳姆镇（Stoneharn）。他的父亲是一位制鞋商，由于参加了工会活动而被禁止就业。刘易斯进入哈佛大学读完本科后成为

科罗拉多州的一名教师,之后又回到哈佛大学学习并获得了博士学位。他来到加州大学教书,因为他在数理逻辑领域取得的成就而被授予终身职位。但是在1920年,他放弃了加州大学副教授职位而回到哈佛大学成为哲学系的助理教授。他一直工作到1953年,期间两次被聘为教授。20世纪40年代,刘易斯是那一代人中最著名的哲学家。刘易斯整个哲学体系的基石是分析/综合区别。在20世纪60年代,刘易斯的学生 W. V. O. 奎因(W.V.O.Quine, 1908—2000)对刘易斯的分析/综合区别进行了驳斥,并被人们广泛地认可和接受。奎因的成功使得刘易斯在哲学领域的地位有所下降。刘易斯主要的著作是《数理逻辑调查》(*A Survey of Symbolic Logic*)(1918年)、与C. H. 兰福德合著的《数理逻辑》(*Symbolic Logic*)(1932年)、《意识与实际秩序》(*Mind and the World Order*)(1929年)、《知识与评价分析》(*An Analysis of Knowledge and Valuation*)(1946年)以及《权利的范围与性质》(*The Ground and Nature of the Right*)(1965年)。

▶ 分析/综合区别是什么? C.1.刘易斯为什么需要分析/综合区别?

分析事实是真实的定义,却不能使我们了解世界。"综合"事实使我们了解世界,但是"综合"事实有可能是错误的事实。刘易斯还提出了先验/后继区别。先验知识是不需要体验或者是在体验之前就掌握的知识。后继知识只能通过体验获得,是体验的结果。

从传统上来说,经验主义哲学家认为先验的综合事实是不存在的。他们倾向假设分析事实也是先验知识,综合事实是后继知识。

刘易斯用来解释普通经验和科学知识的主要哲学工具是区别先验知识和他命名的"已知"知识。简单地说,他认为我们获得知识和经验是先验知识与已知知识之间相互影响的结果。我们的经验中有一些"野蛮的"、我们无法控制的想法,但是我们可以通过将先验知识进行规划和分类的方法使其变得有意义。

▶ C.1.刘易斯提出的实用主义形式是什么?

刘易斯认为人类所有关于世界的知识,即使是简单的感性事实,都是假设的。这些假设的形式是"如果我做了X,那么将会产生Y"。例如,如果说墙是坚硬的,这句话的意思是如果我用头撞墙,我将会产生特定的疼的感觉。正如我们说桃是成熟的,这意味着如果我咬一口桃,我将会体会特定的、我所期待的味道。

在道德规范领域,刘易斯认为价值判断是对人们行为后果的评价。然而,美学评价包含对经验客观形式的理解。刘易斯与约翰·杜威一样,认为价值存在于世界中,正如其他客观特性一样,不是人类偏爱和判断的结果。根据刘易斯的观点,任何经验都具有价值因素和美学因素。价值因素可以帮助判断经验的好坏,而美学因素帮助判断经验是令人愉快的还是令人厌恶的。经验的美学因素有高有低。在道德规范和美学角度,人们经过反思可以发现一些事物在本质上就是好的。在道德规范角度,行为的目标和意图通常情况下在本质上是好的。

▶ 阿兰·勒罗伊·洛克是什么人物?

阿兰·勒罗伊·洛克(Alain LeRoy Locke,1885—1954)是第一位获得罗兹奖学金的非裔美国人。1918年,他在哈佛大学哲学系完成了博士论文,但是哈佛大学告知他不能聘他为哲学系的教师,他只能在为黑人创办的学院里教书。

尽管美国人认为美国是多种族文化融合的"大熔炉",但是种族关系和文化多元性被证明是复杂的问题。阿兰·勒罗伊·洛克以研究种族关系和文化多元的社会力量而著名。

洛克的论文是《价值理论分类中存在的问题》(*The Problem of Classification in the Theory of Value*)。拉尔夫·巴顿·佩里是他的导师。

1921年,洛克回到哈佛大学,最初教授英文,之后成为哈佛教授直至1953年。洛克开创并支持哈莱姆文艺复兴,他还著有关于黑人艺术和音乐的著作,这些贡献使得洛克被人们所铭记。他还将他在实用主义领域的研究应用在种族主义和种族认同问题中。他的应用方法较为复杂,人们到了20世纪末才首次发现他涉猎过这类问题。洛克主要的实用主义哲学著作是《当人们相遇:种族和文化接触研究》(*When Peoples Meet: A Study in Race and Culture Contacts*)(1942年)。雷纳德·哈里斯(Leonard Harris,1948—　　)和其他人编辑并重新解释洛克的其他作品。

▶ 阿兰·洛克是如何将实用主义应用在种族和文化问题的?

洛克对价值和评价、文化多元论和种族关系感兴趣。他认为每一种文化群体都有截然不同的特征,在更大的范围里,这些特征不应该与社会上存在的其他文化群体发生冲突。因此,非裔美国人的文化特征应该受到哈莱姆文艺复兴和其他种族的美国人的支持。这种文化特征模式是洛克努力发扬黑人文化的理性基础。但是目前有些人却把它视作实用主义策略。

洛克认为黑人特征主要是经济和政治力量作用的结果,而不是生物学力量作用的结果。然而,他的实用主义策略并没有直接探讨这个信念,而是使人们理解种族是一种文化——更加广义的社会强调了错误的种族生物学概念——他的目的是获得最终的"种族"平等。

过 程 哲 学

▶ 什么是过程哲学?

过程哲学是20世纪早期的思想体系。这种思想体系受阿尔伯特·爱因斯坦相对论和其他科学观念(例如光波理论和亚原子物理学)的影响。过程哲学基本的哲学前提是存在不是固定不变的,例如原子的存在就不是一成不变的,就像事件的发展一样,是随着时间发展不断变化的。最著名的两位过程哲学家是阿尔弗雷德·诺斯·怀特黑德和查尔斯·哈特肖恩。

▶ 阿尔弗雷德·诺思·怀特黑德是什么人物？

阿尔弗雷德·诺思·怀特黑德以在分析哲学领域上的成就闻名。他与学生伯特兰·罗素合著的《数学原理》(*Principia Mathematica*，3册)(1910年，1912年，1913年)。他们用近10年时间完成该著作。这部著作虽然给人们留下了深刻的印象，但最终却没能成功地将数学归纳为逻辑学。怀特黑德也是美国过程哲学的创始人。过程哲学是将科学哲学化，是与实用主义相似的形而上学思想。过程哲学强调经验的变化和动态性。

▶ 阿尔弗雷德·诺思·怀特黑德取得了哪些职业成就？

怀特黑德在剑桥的三一学院教书25年。第一次世界大战期间，罗素成为和平主义者，怀特黑德的儿子在战争中丧生。两人的关系有所疏远。怀特黑德在伦敦大学教书，他开始出版科学哲学领域的著作，例如《自然知识原理》(*Principles of Natural Knowledge*)(1919年)、《自然概念》(*The Concept of Nature*)(1920年)以及《相对论原理》(*The Principle of Relativity*)(1922年)。作为一位推崇过程哲学的哲学家，他在该领域最重要的工作是《过程与现实》(*Process and Reality*)(1927—1928年)，该著作是在他接受了哈佛大学的工作移居到美国后出版的。

▶ 什么是阿尔弗雷德·诺思·怀特黑德的过程哲学？

怀特黑德认为我们不能获得简单的时间或者空间定位。他认为在我们的直接经验里没有任何事物拥有"简单定位"的特点。怀特黑德认为简单定位需要"建构性概括"的过程。这一过程是由现存的思维向未知思维扩散的过程，例如一套篮子、俄罗斯套娃或者不同大小的一套罐子。每个定位虽然有自身的特点，却同时反映出整个世界（怀特黑德所说的并不是真的"反映"出整个世界，他这么说是为了强调任何事物都不是与其他事物相隔离而孤立存在的）。

并且，我们所设想的物体实际上是建构的事件和过程。过程，而非物质，是世界的基本组成单位。哲学著作应该解释现实和我们日常经验（数量呈现建构性增加）的科学和逻辑描述之间的联系。相信科学直接描述经验就是承认"错置具体感的谬误"。

▶ 阿尔弗雷德·诺思·怀特黑德认为世界由什么组成？

怀特黑德认为原始的真实单位是现实的机会。这并不是持续存在的任何东西或者物质，而是一个过程，一个存在的过程。这个存在的过程与任何其他的存在过程相关。正如怀特黑德的评论员所解释的那样，事实的基本单位是莱布尼茨单子，在任何一个可能的"表面"都有开口。整个世界是有机的，"自然是进化过程的一种结构"。事实是一个过程。并且，怀特黑德认为他的存在论与惰性物体的科学存在论不同，考虑到了进化的上帝的存在。

▶ 查尔斯·哈特肖恩是什么人物？

查尔斯·哈特肖恩著有二十余部著作，他发展了怀特黑德哲学的神学思想。哈特肖恩提出了人类事件、时间、历史和上帝的发展的动态形式。上帝是"两极的"。他具有"抽象极"和"具体极"。哈特肖恩翻译了坎特伯雷的（Canterbury）圣安塞姆（St. Anselm）的存在论争论，他认为这本译著能够证明

▶ 查尔斯·哈特肖恩提出的宇宙体系是什么？

根据哈特肖恩的观点，所有的人类知觉都是感觉。自然本身是所有永远存在于上帝记忆中的有感觉力的、有创造力的生命相互作用的集合。整个宇宙是上帝的身体。最重要的价值——可以作为感知事件被感知并且是永恒的——是关于美的。在有序和无序之间、简单和复杂之间，人们可以将美视为一种手段从理论上对美进行了解。

上帝存在的必要性。哈特肖恩认为安塞姆试图从思想上证实上帝存在的做法是错误的。需要被证明的应该是上帝存在的必要性。

哈特肖恩的主要著作有《超越人本主义：自然新哲学散文集》（ *Beyond Humanism: Essays in the New Philosophy of Nature* ）（1968年）、《完美的逻辑与其他新古典主义形而上学的文章》（ *The Logic of Perfection and Other Essays in Neoclassical Metaphysics* ）（1962；修订版，1973年）、《安塞姆的发现》（ *Anselm's Discovery* ）（1965年）、《我们时代的自然神学》（ *A Natural Theology for Our Time* ）（1967；修订版，1992年）、《哲学与感知心理学》（ *The Philosophy and Psychology of Sensation* ）（1968年）、《创新的综合与哲学方法》（ *Creative Synthesis and Philosophic Method* ）（1970年）、《作为社会进程的现实》（ *Reality as Social Process* ）（1971年）、《无限权力与其他神学错误》（ *Omnipotence and Other Theological Mistakes* ）（1984年）以及《天生会歌唱：鸟之歌的解释和世界调查》（ *Born to Sing: An Interpretation and World Survey of Bird Song* ）（1992年）。

四

分析哲学

▶ 什么是分析哲学？

分析是一种心理过程，是把观念、信仰、论点、一系列思想和思想体系分解成较为简单的组成部分。哲学是哲学领域或者其他领域的"精神产物"，所有的哲学体系都经分析形成。然而，相对于大陆哲学、实用主义，以及最近才归入哲学领域而被称作"新哲学"的学科，在美国哲学界以及在国际上，"分析哲学"这个术语指明了20世纪的主流哲学思想。

▶ 分析哲学的实践有什么独特之处？

分析哲学比传统的哲学多了一种方法。这种方法结合了经验主义和概念分析，尽可能地减少推测。

20世纪初的分析哲学

▶ 20世纪初的分析哲学最重要的主题是什么？

在第二次世界大战前，分析哲学是在英国理想主义的抵制下，在乔治·爱德华·摩尔（G.E. Moore, 1873—1958）受人们欢迎的常识哲学和严密的理论思想的基础上，由经验主义者伯特兰·罗素提出的。在罗素和路德维希·维特根斯坦（Ludwig Wittgenstein，1889—1951）的完善下，逻辑原子论学说盛行了一段时间。

　　逻辑原子论要依靠真值函项逻辑学来证明。换句话说就是，分析哲学家通常要求助于逻辑学，人们将逻辑学视为最卓越的科学，逻辑学为哲学设定了标准。

乔治·爱德华·摩尔

▶ 乔治·爱德华·摩尔是什么人物？

　　乔治·爱德华·摩尔成功地使认识论和形而上学的现实主义得到了复兴，并且支持常识的哲学方法。他在剑桥大学度过了大部分的哲学研究时光，1925年，他在剑桥大学成为一名教授。在上大学期间，摩尔是剑桥使徒的一名成员，剑桥使徒是剑桥大学大学生中的一个精英知识分子团体。他是顶尖的分析期刊《心灵》（1921—1947）的编辑。摩尔的主要著作包括《哲学研究》（*Philosophical Studies*）（1922年）、《伦理学原理》（*Principia Ethica*）（1903年）和《哲学的几个主要问题》（*Some Problems of Philosophy*）（1953年）。

▶ 什么是乔治·爱德华·摩尔的常识哲学体系？

　　摩尔对哲学家主张什么和普通人相信什么加以区别。他写道：

> 　　我不认为这个世界或者科学曾使我想到任何哲学问题。是其他哲学家所说的关于世界和科学的事情使我想到了哲学问题。

　　他的哲学方法是通过对比任何"头脑中"的概念（即考虑中的概念、思维的对象）与其他概念之间的差异来分析某些概念或者词语的意义。在他的著作中，摩尔展现了系统的、彻底的分析方式。正是这种平静的、艰辛的透彻方法奠定了他在20世纪哲学界的地位。

▶ **乔治·爱德华·摩尔是如何发展他的常识哲学的？**

　　摩尔的第一篇主要文章是"对唯心主义的驳斥"，这篇文章于1903年被出版在期刊《心灵》上。在这篇文章中，摩尔认为没有任何唯心主义的或者怀疑论的论据能像世界是真实的这个常识信仰一样令人信服，因此唯心论和怀疑论可以靠边站了。摩尔因为用他的神奇的"两手论"（摘自他1939年关于客观世界的存在针对怀疑论所写的"客观世界的证明"）"证明了"客观世界的存在而变得出名。

　　摩尔阐述道，通过举起他的右手并说道："这是一只手，"然后举起左手并说道："这是另一只手，"因此怀疑论者的观点就被反驳了。这并不简单是说"手"

▶ **剑桥使徒指的是谁或者是什么东西？**

　　剑桥使徒是乔治·爱德华·摩尔和一些尊敬他的男性作者参加的剑桥大学举办的一个大学生俱乐部。剑桥使徒，或者叫"剑桥座谈会社"，是乔治·汤姆林森（George Tomlinson）在1820年建立的，汤姆林森后来成为直布罗陀主教。剑桥使徒最初有12名成员，该俱乐部因此而得名（使徒指耶稣的12名使徒）。他们每周六晚上举行一次会议，在会上小组的一名成员就某一个话题发表演讲，演讲后成员之间进行讨论。会议中他们吃"鲸"，这里的"鲸"其实是沙丁鱼放在烤面包片上。剑桥使徒一直是一个准秘密社团，该社团每年在伦敦举行一次年度晚宴。直到1970年，剑桥使徒才开始接纳女学生。

　　1951年，"剑桥间谍帮"被揭露，其中有4名间谍是前剑桥使徒成员，而且其中两个在英国政府机关高层工作，这两人为克格勃（KGB，克格勃是指苏联国家安全委员会）提供了机密情报（剑桥间谍帮由5名英国年轻人组成，他们都毕业于剑桥大学，在20世纪30年代，他们被苏联雇用从事间谍活动。他们潜伏在英国政府机关的最高层，并且为苏联提供最高机密）。

的问题。摩尔说这番话的前提是他知道他确实有两只手,通过此事可以推断出客观世界是存在的;怀疑论者对客观世界存在性的怀疑是毫无根据的。

▶ 乔治·爱德华·摩尔是一个怎样的现实主义者?

摩尔有时是一个朴素现实主义者,有时是一个经典现实主义者。所有现实主义者都相信存在一个真实的、客观的世界。朴素现实主义者认为我们直接感知世界上的物体。经典现实主义者认为我们感知到的是那些物体作用于我们的感觉器官上的印象,或者,换句话说,我们感觉到的不是物体本身,而是由物体引起的感知信息。

真值函项逻辑学和逻辑原子论

▶ 什么是真值函项逻辑学?

真值函项逻辑学通过根据逻辑规则替换术语来保持逻辑事实。一个命题是真实的还是错误的,能够根据它的各个组成部分的真实性推测出来。例如,假设A还是非A(不矛盾律)是一个规则,那么如果A是正确的,非A就一定是不正确的;如果A是不正确的,那么非A就一定是正确的。复合句是正确的还是不正确的仅仅取决于它们的组成部分是正确的还是错误的。例如,"天正在下雨并且很冷"这句话,如果"天正在下雨"是正确的,并且"天很冷"也是正确的,那么整句话就是正确的。

真值函项逻辑的应用根据特定的规则,由"如果"、"非"、"假设"、"当且仅当"这样的连接词连接的句子体现了一定的真实价值。整个句子的真实或者虚假取决于句子组成部分真实或者虚假,根据每个连接词的逻辑规则进行判断。

▶ 什么是逻辑原子论?

逻辑原子论者的主要观点是,这个世界是由逻辑事实构成的。这些逻辑事实就像原子一样不能被分成更小的事实。单个的逻辑事实能够通过真值函项逻

辑学组合成分子事实。

　　把逻辑原子论理论应用到更复杂的命题中，例如像科学的需求、假设的逻辑结构方法。在逻辑结构方面，如果关于S的命题能够被分解为关于Ps的原子命题，那么"S"是"Ps"的一个逻辑结构。例如，沙拉是它的各个组成部分的一个逻辑结构，对普通事物的感知是感知信息的逻辑结构。伯特兰·罗素和路德维希·维特根斯坦是这一观点的主要支持者。

▶ 逻辑原子论的影响是什么？

　　作为一个哲学学说，逻辑原子论被逻辑实证主义所超越。然而，逻辑原子论最大的影响是推翻了伯特兰·罗素提出的"逻辑整体论"观点（即世界是一个整体，人们所了解的任何事物都不能独立于其他事物而存在）。逻辑整体论是与绝对唯心主义相关联的认识论学说。

伯特兰·罗素

▶ 伯特兰·罗素是什么人物？

　　亚瑟·威廉·波特兰·第三代伯爵罗素（Arthur William Bertrand Third Earl Russell, 1872—1970），他的朋友都称他为"贝瑞"，他与乔治·爱德华·摩尔（G.E.Moore, 1873—1958）和路德维希·维特根斯坦（Ludwig Wittgenstein, 1889—1951）一起作为分析哲学的创始人而为世人所敬仰。罗素在剑桥大学学习并任教，在1916年—1944年，他因为提出和平主义观点和行为而被剑桥大学解聘。他于1950年获得了诺贝尔奖。他的关于哲学、政治、科学以及社会改革主题的著作都采用了优美的散文体，罗素曾经说这种散文体是在他著作初稿基础上创作完成的。

　　罗素现在仍然闻名于世，这主要有如下几个原因：他和阿尔弗雷德·诺思·怀特黑德（Alfred North Whitehead, 1861—1947）一起进行的将数学归纳为逻辑学的失败尝试、他的摹状词理论、他的类型论以及他的主要学说，即哲学研究主要为了分析命题（句子的意义），值得进行这样分析的命题必须含有我们所知晓的"要素"。这些要素帮助我们了解命题（直接了解命题）。

一直以来，罗素是一位多产的哲学作家之一。他发表了数以百计的文章和论文，以及几十本著作。其中最值得注意的有《论指谓》（ *On Denoting* ）；《心 灵》（ *Mind* ），第 14 期，（1905 年）；《哲学论文集》（ *Philosophical Essays* ）（1910年）；《哲 学 问 题》（ *The Problems of Philosophy* ）（1912 年）；与 阿尔弗雷德·诺斯·怀特黑德合著的 3 卷《数 学 原 理》（ *Principia Mathematica* ）（1910—1913 年）；《为什么我不是基督徒》（ *Why I am Not a Christian* ）（1927 年）；

罗素是一名活跃的和平主义者，曾获得诺贝尔奖，作为一位哲学家，他是那个时代的一位多产的作家，曾经出版过几十本著作。（图片来源：美联社）

《西方哲学史及其与古代至现代的政治社会情况的联系》（ *A History of Western Philosophy and Its Connection with Political and Social Circumstances from the Earliest Times to the Present Day* ）（1946 年）；以及《伯特兰·罗素自传》（ *The Autobiography of Bertrand Russell* ）（1967—1969 年）。

▶ 什么是伯特兰·罗素的认识论?

罗素把两种类型的认识进行了区分。感性认识是来自"感觉资料"、心理状态、思想和感觉的直接认识。间接的"描述型认知"是由感性认识发展而来的。例如，我对要输入到电脑里的这页内容具有感性认识，而我对缅甸具有的是描述型认知，因为我从来没有去过缅甸。

▶ 什么是罗素的限定摹状词理论?

罗素说明了讨论一些根本不存在的事物是可能的。根据他的限定摹状词理

论，类似于"X是Q"这样结构的命题的意思是："确实存在X这一事物，也确实存在Q这一事物，"或者，"有且只有一个事物是X，而另一个事物是Q，无论X和Q是什么。"

罗素的这一理论使得人们区分"X是Q"与"X是非Q"这种矛盾成为可能。使用罗素的例子：（A）"法国的国王是秃子"，它的否定是（A′）"法国没有国王，或者法国有不止一个国王，或者法国有一个国王，但是这个国王不是秃子。"但是，根据罗素的限定摹状词理论，（B）"法国的国王是非秃子"的意思是（B′）"法国有一个国王，不多也不少，只有一个，并且这个国王不是秃子。"那么，A′和B′的含义不相同。

▶ 什么是罗素的类型论？

德国哲学家戈特洛布·弗雷格（Gottlob Frege，1848—1925）尝试把数学归纳为逻辑学。罗素从中获得了灵感，他开始致力于一个新难题的研究：所有不是自身元素的类型，我们称其为C，它是自身的一个元素吗？这个问题看起来是正确的，但是罗素指出这是自相矛盾的：如果C是自身的一个元素，那么它就不属于D，D是包含所有不是自身的元素类型。但是如果C不是自身的一个元素，

▶ 罗素有幽默的一面吗？

尽管罗素在一生中断断续续地患有忧郁症，但这并没有阻碍罗素的机智与风趣，下面引用的这些句子便是很好的证明：

"这个世界最大的麻烦，就在于傻瓜与狂热分子对自己总是如此确定，而智者总是对自己充满疑惑。"

"我永远不会为信仰而献身，因为我可能是错的。"

"据说人类是一种理性动物，我一生都在寻找证据来证明这一点。"

"亚里士多德认为女人的牙齿比男人少；但是尽管他结过两次婚，他却从未想过检查一下他两任妻子的牙齿来验证这一看法。"

那么它就应该属于D,则C是自身的一个元素。罗素的回答是,对事物的种类进行区分,以此来限定人们描述它们的方式。因此我们可以说罗素是一位分析哲学家,但是不能说一群人是一位分析哲学家。

▶ 伯特兰·罗素对逻辑学的使用有怎样的看法?

罗素认为人们可以利用逻辑学来解决哲学问题和日常问题,只要这些问题被转化成正确的逻辑形式。为了实现这一点,他假设存在"逻辑上正确"的语言。他一度认为他的学生路德维希·维特根斯坦能够成功地研究出这种语言,但是维特根斯坦只在早期的作品中提到过这种语言,后来就不再进行这个领域的研究了。

路德维希·维特根斯坦

▶ 路德维希·维特根斯坦是什么人物?

路德维希·维特根斯坦(1889—1951)经历了两个截然不同的哲学阶段。第一个阶段,在他的老师伯特兰·罗素的影响下,维特根斯坦发展了逻辑原子论,其作品是《逻辑哲学简论》(*Tractatus Logico-Philosophicus*)(1921年)。第二个阶段,是维特根斯坦原创的"日常语言"哲学理论。这是对日常语言的独创性见解。毫无疑问,维特根斯坦是一个天才。

▶ 路德维希·维特根斯坦的一生有哪些事迹?

尽管人们不是完全知晓维特根斯坦的每一件事,但还是了解他的许多事迹,其中的一些事迹看起来就像是传说。1889年,维特根斯坦出生于奥匈帝国首都维也纳一个有着犹太血统的著名而富有的家庭。维特根斯坦的曾祖父母是犹太人,他们的信仰从犹太教改为新教。尽管维特根斯坦的外公拥有犹太血统,但是他的母亲是天主教徒。路德维希是家中8个孩子中最小的一个,他们都有良好的修养[作曲家约翰内斯·勃拉姆斯(Johannes Brahms)是他们家的一个朋友]。

尽管路德维希作为天主教徒接受过洗礼，但是在他生命的后期，他对他的朋友"承认自己的罪过"时，他所承认的罪过中包括他允许其他人认为他不是犹太人。路德维希有4个兄弟，其中3个都自杀了。1913年，路德维希的父亲去世后，他继承了巨额财产，却将这些财产送人了。1938年，德国吞并奥地利后，他送给德国政府价值数百万美元的黄金来保护他的姐妹不被送入集中营。

维特根斯坦受到的教育包括在柏林学习机械工程学；在1908年，他去英国学习航空学，还用风筝进行实验。在逻辑学里探寻数学的根本是当时研究的主流，因此，维特根斯坦先学习数学而后学习了哲学。维特根斯坦拜访了数学家戈特洛布·弗雷格（Gottlob Frege, 1848—1925），之后，听从了弗雷格的建议前往剑桥大学与伯特兰·罗素会面。在剑桥大学，他同乔治·爱德华·摩尔（G.E. Moore）和伯特兰·罗素一起研究逻辑学。但是，他的研究因为第一次世界大战而中断了。在第一次世界大战期间，他作为志愿兵参加了奥地利军队并且以英勇而闻名。

在罗素的帮助下，维特根斯坦出版了《逻辑哲学概论》（*Tractatus Logico-Philosophicus*）（1922年）。在那之后，维特根斯坦在奥地利农村地区的小学任教，并且在维也纳为他的姐姐格丽特（Gretl）设计并建造了一栋现代派的房子。

1929年，维特根斯坦重返剑桥，在三一学院教授哲学，并于10年后成为一位哲学教授。在第二次世界大战期间，他在医院做守门人，并在1947年辞去了教授一职，移居爱尔兰专心写作。在去世之前，他说："告诉人们我度过了美好的一生。"雷·蒙克（Ray Monk）所写的传记《维特根斯坦：天才的职责》（*Wittgenstein: The Duty of Genius*）（1991年）记录了维特根斯坦的一生，人们认为他的描述和该书体现出的理性都具有权威性。

▶ 路德维希·维特根斯坦在著作《逻辑哲学概论》中实现了什么？

虽然这本书被人们认为是最伟大的哲学成就之一，但是它所体现的哲学思想并不是很清晰。维特根斯坦写这本书的目的是为了解决困扰戈特洛布·弗雷格和伯特兰·罗素的哲学问题——亚瑟·叔本华是另一位对这本书有影响的人——尽管维特根斯坦在这本书的结尾说道："我的命题以下面的方式成为一种说明：任何理解我的人最后都承认它们是无意义的。"在这本书的开头，维特根斯坦宣称他的主要目的是符合道德标准。

《逻辑哲学概论》包含7套有限的命题和陈述，这些命题和陈述讲述了语言

- 世界是所有的事实。
- 命题是对实体的描述。
- 命题显示实体的逻辑结构。命题呈现出实体。
- 能显示出的东西不能被语言表达出来。
- 命题的通式是:实际情况就是如此。
- 所有的逻辑命题都在说同样的事情,就是什么也没有。
- 我的语言的极限就是我的世界的极限。

与世界之间的联系。这本书说明了语言对于表达思想是极其重要的。按照维特根斯坦的说法,思想局限于事实,因此语言的命题是现实世界的表现。另一方面,逻辑的命题表达的不是事实信息——逻辑由重言式组成。逻辑对人们有很大的用处,但是所有逻辑的结论都是被定义的真理。

维特根斯坦相信一个有意义的句子必定有一个精确的结构,这一结构由简单的句子(即罗素所说的"原子的句子")或者简单的概念组成。原子的句子是事物发展情况的图形化展示。维特根斯坦在接下来的"意义的图像论"中提供了完美的逻辑语言,以此证明世界本身是存在逻辑结构的。

后来维特根斯坦放弃了这一领域的研究,他开始支持对日常语言进行描述性分析的哲学活动。但是在他从事相关的活动之前,维特根斯坦对20世纪的一个新思想派别有巨大的影响,这个新思想派别就是逻辑的实证主义。

其他逻辑学家

▶ 库尔特·哥德尔是什么人物?

库尔特·哥德尔(Kurt Godel, 1906—1978)提出了关于数学体系的歌德

尔不完全性定理,他也因此而闻名于世。这个定理出现在1931年的一篇标题为"数学原理及相关系统中的不可判定形式的命题"(*On Formally Undecidable Propositions in Principia Mathematica and Related Systems*)的文章中,这篇文章最早发表于1931年的德国《数学月刊》(*Journal of Mathematics*)上。根据歌德尔的定理,每一个正式的系统(数学的或者逻辑的)都是不完整的,因为总能找到一个表达事实的句子没有被这一体系所证明。为了证明他的定理,歌德尔发明了一种将逻辑公式与正整数相关联的方法。

▶ 阿尔弗雷德·塔斯基是什么人物?

阿尔弗雷德·塔斯基(Alfred Tarski, 1902—1983)是一位出生于波兰的逻辑学家。1942年—1958年,他在加利福尼亚大学伯克利分校教书。塔斯基因其提出的真理理论闻名于世,该理论最早在波兰杂志中的一篇文章《形式化语言中的真理概念》(*The Concept of Truth in Formalized Languages*)(1933年)里提出,后来在《逻辑学、语义学、数理哲学,1923年至1938年论文集》(*Logic,Semantics, Metamathematics,Papers from 1923 to 1938*)(1983年)中,被翻译成英文。按照塔斯基的说法,真理理论在自然语言中应该意味着"T语句"的真实性。例如,"在英语中'雪是白色的'是真,且仅当雪是白色的"是一个T语句。我们应该注意到,塔斯基的真理理论并没有详细说明是什么构成了真理,而更多的是关于怎样定义真实的句子。

逻辑实证主义

▶ 什么是逻辑实证主义?

受伯特兰·罗素和路德维希·维特根斯坦影响的新一代思想家改良了奥古斯特·孔德(Auguste Comte, 1798—1857)19世纪对于科学的看法,从而形成了20世纪新版本。"逻辑实证主义"这一术语是由两位倡导者在1930年创造的,他们是E. 凯拉(E. Kaila)和A. 佩策尔(A. Petzall)。他们都是早期发起逻辑实证主义运动的哲学家代表。20世纪的实证哲学家摩里兹·石里克（Moritz Schlick，1882—1936）、鲁道夫·卡尔纳普（Rudolf Carnap，1891—1970）、奥托·纽拉特（Otto Neurath，1882—1945）以及英国的艾尔弗雷德·朱尔斯·艾耶尔（A.J. Ayer，1910—1989）都是"维也纳学派"成员。

维也纳学派

▶ **维也纳学派是一个实际存在的组织吗？**

是的，维也纳学派是由维也纳科学家和哲学家组成的一个讨论团体。1922年—1938年，这个组织都举行会议。维也纳学派成员对引领未来的分析哲学、伦理学、政治哲学、科学哲学、语言哲学（不包括日常语言哲学）以及心灵哲学的主题研究有极大的影响力。

 ▸ **维也纳学派的使命是什么？**

维也纳学派的目的是以另一种方式陈述科学知识和哲学概念，并且建立一种不同于德国唯心主义的更接近科学的哲学体系。该组织成员认为，哲学不应该有积极的内容或者独特的认识论。相反，哲学应该研究知识方法和科学主张，并证明这些方法和主张是正确的。例如，正如康德学派学者所相信的那样，他们认为阿尔伯特·爱因斯坦的相对论说明哲学家们并不能在空间或者时间的研究问题上获得最后的结论。他们认为数学可以被简化成逻辑。合题的先验知识（来源于思考的、符合经验的理性认识）是不必要的。证实原则，或者证实主义，是维也纳学派的主要原则。无论对认识持有什么主张，如果不能被科学所检验，那么这个主张就绝对不是认识。

维也纳学派的宣言《科学的世界观：维也纳学派》(*The Scientific Conception of the World: The Vienna Circle*)出版于1929年，奥图·纽拉特(Otto Neurath，1882—1945)将原书进行了翻译并呈现在他的著作《经验主义哲学和社会学》(*Empiricism and Sociology*)(1973年)中。宣言声明，维也纳学派的科学世界观有"两个显著的特征。首先是经验主义者和实证哲学家的区别：维也纳学派认为知识只能来源于经验。其次，科学的世界观的特点是人们对某一种方法(即逻辑分析法)的应用"。逻辑分析法是用数理逻辑来判断命题或者命题的组成部分是否来源于经验的一种方式。许多逻辑实证哲学家同时也是现象论者。

▶ 什么是现象论？

不要把现象论和现象学弄混，现象论是经验主义者的教条，认为感知信息，或者感觉器官对感知的印象能够用来解释关于感知对象的命题意思。一些人相信感知对象本身，比如一台计算机、一张桌子，或者一辆汽车，都能被归纳为感知信息。现象论最后的本体论版本包括对哲学唯心主义的承认与接收，支持"心理现象是唯一真实的东西"的学说。

▶ 什么是证实主义？

证实主义是一种意义理论。一个陈述的意义在于最终产生感觉信息的经验主义证实方法。对于像迈克尔·达米特(Michael Dummett, 1925—　　)这样的当代证实主义者来说，这就意味着真理命题必须与证明真理命题的方法相关。

▶ 摩里兹·石里克是什么人物？

摩里兹·石里克(Moritz Schlick, 1882—1936)因他提出的"哲学在智力上依赖于科学"的观点而闻名。他是一位哲学家，但是在1922年去奥地利维也纳之前，他与物理学家马克斯·普朗克(Max Planck)一同学习物理。他为数学家汉斯·哈恩(Hans Hahn)创立维也纳学派带来了灵感，维也纳学派最初的成员除了哈恩和石里克之外，还有奥图·纽拉特(Otto Neurath)和物理学家菲利普·弗兰克(Philip Frank)。1926年，鲁道夫·卡尔纳普(Rudolf Carnap)也加

‣ **为什么石里克的死是可悲的?**

随着纳粹主义在德国和奥地利的兴起,维也纳学派中的许多成员逃到了美国和英国,但是石里克却留了下来。尽管他不是犹太人,他也为当时德国所发生的事件感到哀伤。1936年6月22日,他在维也纳大学(University of Vienna)上楼梯要去讲课时,他以前教过的一个学生约翰·奈尔布克(Johann Nelbock)拔出一把手枪向石里克射击。石里克因为胸部受伤而去世。奈尔布克被宣告有罪但是很快就被赦免了,后来他成为一名纳粹党成员。纳粹党人把逻辑实证主义看作"犹太人的思想"来进行反对。

入了维也纳学派。

在成为维也纳学派领导者期间,石里克成为维也纳大学归纳科学哲学的教授。他认为经验知识不是经验的内容(经验的内容不能被传达),而是经验的形式。他主张,所有真正的哲学问题或疑问不是数学的就是逻辑的,要么就是能够通过科学研究解决的。

石里克认为这意味着哲学没有独立的主题使得哲学与其他科学区分开。然而,与其他的逻辑实证哲学家不同,他认为道德是实际的,并且社会是认可美德的;道德义务作为社会的普遍需要而被人们所学习。石里克的主要作品有《广义认识论》(*General Theory of Knowledge*)(第二版,1925年)和《道德问题》(*Problems of Ethics*)(翻译版,1939年)。

▶ 鲁道夫·卡尔纳普是什么人物?

鲁道夫·卡尔纳普(Rudolf Carnap)因其在科学论证方面所做的工作而闻名。他从耶拿大学获得哲学博士学位。直到1935年离开德国前往美国洛杉矶的芝加哥大学和加利福尼亚大学任教之前,他一直是维也纳学派的成员。他早

期主要研究语言的逻辑结构和该结构所体现的社会意义。20世纪40年代,卡尔纳普继续研究逻辑学并且提出了"状态描述"观点。状态描述是指一个可能存在的世界的语言形态,或者能够用任何一种语言所作出的关于世界的最完整的描述。

与早期的逻辑实证哲学家不同,卡尔纳普强调了实际的科学论证和科学术语的意义都存在非决定性证据的问题。他赞成在判定"确认的程度"时用概率代替绝对验证。卡尔纳普的主要著作包括《世界的逻辑构造》(*The Logical Structure of the World*)(1928; 英语译文, 1967年)、《哲学与逻辑句法》(*Philosophy and Logical Syntax*)(1935年)、《语义学导论》(*Introduction to Semantics*)(1942年)、《逻辑的形式化》(*Formalization of Logic*)(1943年)、《意义与必然性: 对语义学与模态逻辑的研究》(*Meaning and Necessity: A Study in Semantics and Modal Logic*)(1947年)以及《概率的逻辑基础》(*Logical Foundations of Probability*)(1950年)。

▶ 奥图·纽拉特是什么人物?

奥图·纽拉特(Otto Neurath)是一位博学家,他最初在维也纳学习数学,后来在德国获得数学博士学位。因为他早些时候曾经写过关于物物交换经济的文章,所以在第一次世界大战期间,他被奥地利政府指派到计划部门工作。巴伐利亚(Bavaria)与萨克森(Saxony)的马克思主义政府雇用他来执行战后社会主义经济;德国政府接管了巴伐利亚与萨克森之后以叛国罪逮捕了他,但很快又将他释放了。在图形设计方面,他把他的发明"同形象统计图"献给了维也纳社会与经济博物馆。"同形象统计图"是一个把定量的信息以图像的形式展现给大众的符号系统。

作为一名逻辑实证哲学家,纽拉特是维也纳学派宣言的主要撰写者。同鲁道夫·卡尔纳普、伯特兰·罗素、约翰·杜威,还有其他人一起提倡科学项目的统一,他们撰写了《国际统一科学百科全书》(*International Encyclopedia of Unified Science*),主张统一各个科学研究的语言、方法以及各学科间的对话。但是这本书未被出版。

纽拉特的志向是将社会科学像自然科学一样,可以用预言的方式描述出来。他的主要著作包括《从战时经济到温和经济》(*Through War Economy to*

Economy in Kind）（1919年）、《个人生活与阶级斗争》（*Personal Life and Class Struggle*）（1928年）、《经验社会学》（*Empirical Sociology*）（1931年）和《纽拉特与卡尔纳普的通信》（*Neurath-Carnap Correspondence*）（1943—1945），纽拉特的许多文章被整理收集，他还参与编写了《国际统一科学百科全书》（*The International Encyclopedia of Unified Science*）。

纽拉特结过三次婚，他的最后一任妻子玛丽（Marie）在他死后继续开展他的同形象统计图工作。

▶ 奥图·纽拉特有哪些主要哲学贡献？

首先，纽拉特认为，语言与实在之间唯一的联系是隐喻性的。而且他相信语言与世界"一致"只是因为所有的实在都是之前被验证的命题。每个命题都需要一个"真理一致论"：如果一个命题符合已经被验证过的命题，那么这个命题就是正确的。只有完整的语言系统能够被证实。他所写的下面这段话是非常著名的：

> 我们就像远航时必须重建船只的水手，重建工作不能从船的底部开始。从哪里取走一根船梁，必须马上在那里放一根新的。同时，船的其他部分作为支撑物在那里支撑整个船只。这样，通过使用旧的船梁和浮木，船才能够被彻底重建，但只能通过逐渐改造的方式完成。

其次，纽拉特认为，现象论不能为科学语言提供有效的基础，因为感知信息是主观的。他标新立异地提出将数理物理学用于客观描述，这就是物理主义学说。而且，语言本身能够被数理物理学语言来描述，因为它是物质的，是由声音和图解符号组成的。

▶ 艾尔弗雷德·朱尔斯·艾耶尔是什么人物？

艾尔弗雷德·朱尔斯（"弗雷迪"）·艾耶尔爵士是英国的一位逻辑实证哲学家，他因著作《语言、真理与逻辑》（*Language, Truth and Logic*）（1936年）而

闻名,之后他又出版了《知识的问题》(*The Problem of Knowledge*)(1956年)。艾耶尔的主要贡献是把逻辑实证主义与传统哲学联系在一起,在一定程度上,对形而上学、道德规范和宗教信仰造成了致命的打击。艾耶尔这次主要打击了在上述领域所使用的术语的意义,他宣称这些术语是没有意义的。

1946年—1959年,艾耶尔是伦敦大学学院(the University College London)的心灵与逻辑哲学格罗特教授(the Grote Professor),之后又成为牛津大学的逻辑学威克姆教授(the Wykeham Professor)。1951年—1952年,艾耶尔担任了享有声望的亚里士多德协会的会长。1973年,他获得了荣誉军团勋章成为一名爵士。

艾耶尔的著作包括《哲学论文集》(*Philosophical Essays*)(1954年)、《人的概念和其他论文》(*The Concept of a Person and Other Essays*)(1956年)、《实用主义的起源》(*The Origins of Pragmatism*)(1958年)、《形而上学与常识》(*Metaphysics and Common Sense*)(1969年)、《罗素与摩尔:分析哲学之传统》(*Russell and Moore: The Analytical Heritage*)(1971年)、《概率和证据》(*Probability and Evidence*)(1972年)、《伯特兰·罗素》(*Bertrand Russell*)(1972年)、《哲学的中心问题》(*The Central Questions of Philosophy*)(1973年)、《休姆》(*Hume*)(1980年)、《20世纪里的哲学》(*Philosophy in the Twentieth Century*)(1982年)、《自由与伦理及其他论文》(*Freedom and Morality and Other Essays*)(1984年)、《路德维希·维特根斯坦》(*Ludwig Wittgenstein*)(1986年)、《我生命的一部分》(*Part of My Life*)(1977年)和《我生命中的更多内容》(*More of My Life*)(1984年)以及众多相关主题的文章。

▶ 艾尔弗雷德·朱尔斯·艾耶尔的生活和事业还有哪些趣事?

因为"玩弄女性"(他结过4次婚)以及积极参与流行通俗文化,艾耶尔一直是学术界流言蜚语的一个主要话题。他在一生中都非常有魅力。艾耶尔母亲一方的家族创办了法国雪铁龙汽车公司,他的父亲为富有的银行家罗斯切尔德家族工作。艾耶尔进入了伊顿学院(Eton College),在那里获得了牛津奖学金而进入牛津大学学习。在第二次世界大战期间,他在英国特别行动处(SOE, Special Operations Executive)工作。在二战爆发前,在艾耶尔去纽约访问时,他

艾尔弗雷德·朱尔斯·艾耶尔是如何击败迈克·泰森的?

这个故事经常被人们讲述。熟悉艾耶尔的人都说这确实是艾耶尔的做事风格。1987年,77岁的艾耶尔是巴德学院(Bard College)的客座教授,他去参加时装设计师费尔南多·桑切斯(Fernando Sanchez)举办的宴会。艾耶尔看到职业重量级拳击手迈克·泰森(Mike Tyson)正在骚扰女模特内奥米·坎贝尔(Naomi Campbel)。艾耶尔便上前阻止泰森,泰森回应道:"你他妈的知道我是谁吗?我是世界超重量级拳王!"艾耶尔还击道:"我是前威克姆逻辑学教授。在我们各自的领域里,我们都是卓越的。我建议我们应该像有理性的人那样进行交谈。"艾耶尔和泰森确实交谈起来了,而内奥米·坎贝尔(当时还不是很出名)则利用这个机会躲开了。

和劳伦·白考尔(Lauren Bacall)一起录制了一张唱片。艾耶尔支持托特纳姆热刺足球俱乐部(the Tottenham Hotspur Football Club),并且该球队的球迷都知道艾耶尔这位"教授"。

艾耶尔还是一名非宗教的人道主义者。在1947年后,他成为理性主义报业协会(Rationalist Press Association)的名誉会员,并且作为朱利安·赫胥黎的继任者成为英国人道主义协会(British Humanist Association)的会长,朱利安·赫胥黎是一位进化生物学家和人道主义者。在1965年,艾耶尔被任命为不可知论者协会(Agnostics' Adoption Society)的第一会长。也就是在同一年,他编辑了文选《人道主义者展望》(*The Humanist Outlook*)。

在事业巅峰时期,艾耶尔作为一名内部无神论者的典型为英国广播公司工作。他与弗雷德里克·科普勒斯顿(Frederick Copleston, 1907—1994)就宗教信仰问题展开了辩论。科普勒斯顿是9册《哲学史》(*History of Philosophy*)(1946—1975年)的作者,两人都非常博学。

1989年,艾耶尔在吃一块熏鲑鱼时引起窒息差点死掉,这次接近死亡的经

历使他（显然是暂时地）改变了他的终身无神论观点。临终前，他说："我想说的是，我接近死亡的经历削弱的不是我的信仰（人死后没有生命），它只是削弱了我对信仰的不屈的态度。"

▶ 什么是艾尔弗雷德·朱尔斯·艾耶尔版本的逻辑实证主义？

在艾耶尔年仅26岁时出版的《语言、真理与逻辑》（*Language, Truth and Logic*）一书中，他怀着极大的信心提出了逻辑实证主义的基本原则，他认为这是一个与哲学相关的学说。他支持经验主义学说，该学说认为我们对客观世界的所有认识都来源于感官经验。一个命题的真假取决于它是否能够被经验所证实。只有能够被证实真假的命题才是有意义的。对于形而上学的大胆主张、宗教和伦理命题来说，如果它们被证明是不真实的，那么就能够断言它们对事实毫无意义。与自我、客观世界以及其他人的思想相关的命题，必须由感官经验来证明它们是否有意义。例如，关于上帝的存在的命题，艾耶尔认为这个问题本身是没有任何意义的，因为没有任何可能的经验能证明它的真假。艾耶尔的道德理论是有关情感的，即道德判断是情感的表达。

▶ 艾尔弗雷德·朱尔斯·艾耶尔是一位怎样的现象论者？

按照艾耶尔的说法，有意义的真实命题可以被归纳为与感知信息相关的主张。虽然他有时会对这个观点进行修改完善，但是艾耶尔终其一生都坚信感知信息是经验知识的基础。在与日常语言哲学家约翰·朗肖·奥斯汀（J.L. Austin, 1911—1960）的一次著名的交流中，艾耶尔捍卫了他的感知信息理论。艾耶尔的立场是：直到对普通世界（这里的普通世界包含所有正常可察觉的物体，比如桌子和椅子）形成感性认识，人们才能直接地认识到感知信息。奥斯汀（Austin）是艾耶尔在加利福尼亚大学的同事，他坚持认为艾耶尔的感知信息理论不是基础，因为该理论预先假设常识是现实。也就是说，奥斯汀主张反对艾耶尔所提出的观点，即感性认识不是建立在感知信息基础上的。艾耶尔也为自己的观点进行了辩护，宣称确认感性认识的过程中感知信息是必不可少的。

日常语言哲学

⊙ 什么是日常语言哲学？

首先，要把日常语言哲学与语言哲学加以区分，语言哲学是分析哲学的一个分支。对分析哲学来说，日常语言哲学是一个具有历史意义的事件，受到路德维希·维特根斯坦启发的日常语言哲学创始人认为，哲学所有的主要问题不是能被日常语言消除的假问题，就是能通过调查特定词汇的使用方法来解决的真问题。然而，需要强调的是，尽管日常语言哲学家将研究的焦点锁定在词汇的使用方法上，但是，他们对简单地描述语言的普通用法不感兴趣；相反，他们对词汇的意义或者词汇所命名的概念感兴趣；在为了确定语言的意思时，他们才会研究语言的普通用法。

事实上，维特根斯坦自己也意识到了，从表面上看，语言是"迷人的"。并且，这种意义的判定看起来像是一个思考过程而不是用经验来证明的过程。日常语言哲学家们没有进行调查，他们也没试图与社会学家或者语言学家协商来决定语言的实际用法（这一点是很重要的，因为在21世纪早期实验哲学就是通过这样的经验论得到发展）。

除了维特根斯坦之外，在日常语言哲学全盛期比较著名的实践家包括美国日常语言哲学拥护者O．K．鲍斯玛（O.K. Bouwsma, 1898—1978）和诺曼·马尔康姆（Norman Malcolm, 1911—1990），以及英国日常语言哲学讨论者约翰·威兹德姆（John Wisdom, 1904—1993）、J. L. 奥斯汀（J.L. Austin, 1911—1960）和H. P. 格莱斯（H.P. Grice, 1913—1988）。

⊙ 路德维希·维特根斯坦关于日常语言与哲学有哪些主要见解？

维特根斯坦在日常语言哲学方面的著作是在他死后出版的；他的讲稿和笔记经整理出版，即《哲学研究》（*Philosophical Investigations*）（1953年）和《蓝皮书和棕皮书》（*The Blue and Brown Books*）（1948年）。维特根斯坦对日常语言

表面上看起来，词汇以及词汇的意义好像是简单的概念，但路德维希·维特根斯坦认为，语言用法根本就不容易定义。

的兴趣代表了他兴趣的转变,他最初对唯心主义具象派或者"图像论"语言感兴趣,而他后来对人类积极使用语言进行商业活动的方式感兴趣。

维特根斯坦认为语言的众多用法不能被系统化,并且关键词不能被简单地定义;相反,我们忙于研究一系列的"语言游戏"。语言游戏像其他游戏一样,通过"家族相似性"松散地联系在一起。尽管我们不能为"游戏"一词作出明确的定义使其涵盖所有的游戏。维特根斯坦使用了家族相似性的比喻,因为如果我们观察一个大家庭的成员,尽管这些人看起来不是一模一样,但是他们可能会有一些共有的特点。例如,兄弟姐妹和堂兄弟姐妹可能有相同的头发颜色,或者他们都有相似的从父母那里遗传下来的脸部结构。

维特根斯坦把语言称之为游戏的意思是,我们将语言的使用视为一个具有许多固有规则的独立体系。有时我们甚至不能说明这些规则是什么,因此维特根斯坦认为我们最好不要将精力集中在这些规则的描述上,而应该多注意语言的实际用法。

▶ 日常语言哲学使用的方法是什么?

日常语言哲学正确的哲学方法不是构建抽象的意义体系,而是去"观察并领会"词汇在现实生活中的实际功能。这样的研究是一种哲学疗法,主要针对想要将语言抽象化或者严重归纳化的职业倾向。哲学家应该求助于语言以便"让苍蝇从瓶子里出来"。

这是维特根斯坦的一个比喻,当哲学家们想要形容通过改变问题的框架来解决问题时仍然会使用这个比喻。例如,为了"让苍蝇从瓶子里出来",一个人不应该尝试直接驱赶苍蝇,而是要调整瓶子的角度以便让苍蝇自己飞出来。

▶ 什么是路德维希·维特根斯坦的私人语言论证?

为了将自己的方法用于详细地描述和反省人的感情、意念以及信仰,维特根斯坦创立了众所周知的、有争议的"私人语言论证"。因为词汇的意思来自公众的标准,而这些标准在某种程度上影响了词汇的正确使用。所以他推断,不可能有一种专门的私人语言可以被用来单独描述某个人的私有状态。他的本意并不是认为我们没有内在的体验而只有那些受他们的经验影响的体验;相反,他

认为有这些体验（例如,痛苦）的自然的呈现,能够让我们了解其他人的思想。

▶ O.K. 鲍斯玛是什么人物?

奥茨·考克·鲍斯玛(O.K. Bouwsma, 1898—1978)从教超过50年,在这五十多年里,他因为用幽默的风格讲授路德维希·维特根斯坦的日常语言哲学而闻名,他在奥斯汀(Austin)的得克萨斯大学(the University of Texas)很有影响力。他煞费苦心地用我们所生活的世界里的一些愚蠢事例揭露了哲学命题的荒谬性,而这些事例在我们所生活的世界里不是对的就是看似正确的。鲍斯玛对勒内·笛卡儿的梦想和怀疑的邪恶来源非常感兴趣。在一门关于预言的课程中,他用如下的话语称赞维特根斯坦:

> 什么是先知? 维特根斯坦是我所知道的最接近先知的人。他像一座灯塔,高耸在远处,不依靠任何人而独立存在着。他有自己的立足点。他不畏惧任何人,"没有任何事能伤害我! "但是其他人畏惧他。为什么? 绝不是因为维特根斯坦会打他们,或者拿走他们的钱,或者夺走他们的好的名望。他们害怕他的判断……与维特根斯坦的相识给了我一些暗示,让我了解了先知在他的臣民中拥有怎样的力量。"耶和华如此说"意味着超越所有的敬畏和奉承、无畏和恐惧、正义与良知。耶和华如此说!

鲍斯玛的论文被收入《哲学论文集》(*Philosophical Essays*)(1965年)、《面对新感性》(*Toward a New Sensibility*)(1982年)、《没有证词或者证据》(*Without Proof or Evidence*)(1984年)以及《维特根斯坦的谈话》(*Wittgenstein Conversations*)(1949—1951年)。位于美国得克萨斯州奥斯汀市的人文学科研究中心保存了鲍斯玛的笔记本和课堂讲义。

▶ 诺曼·马尔康姆是什么人物?

诺曼·马尔康姆(Norman Malcolm, 1911—1990)是路德维希·维特根斯

坦的美国翻译,也是他在美国最主要的拥护者。在剑桥大学求学期间,马尔康姆结识了维特根斯坦和乔治·爱德华·摩尔,他在《路德维希·维特根斯坦:论文集》(*Ludwig Wittgenstein: A Memoir*)(1958年)一书中描写了他与维特根斯坦的交往。奥茨·考克·鲍斯玛在早期也是一个比较有影响力的人。

马尔康姆在《维特根斯坦的哲学研究》(*Wittgenstein's Philosophical Investigations*)(1954年)一书中论述了维特根斯坦的私人语言论证,并在《梦》(*Dreaming*)(1958年)一书中指出梦不是人真正的经历。在《记忆与思维》(*Memory and Mind*)(1976年)一书中,马尔康姆分析了记忆的哲学和心理学概念,从而结束了"记忆痕迹"没有科学根据的历史。对于"记忆痕迹",早期的思想家并没有给出清楚的定义(对这样一个术语,任何人都能想象出不同的含义,但是它们都不具有客观、可见的品质)。他认为记忆痕迹这一概念是一个例子,这个例子能够证明思想是如何被错误地"理解"的。

▶ 什么是哲学的其他思想问题?

对在哲学方面无知的人来说,如下的这个问题听起来很可笑:"其他人有思想吗?"一般情况下,人们会这样回答:"他们当然有思想!"然而,哲学的问题是一个纯理论性问题,解释了我们如何知道其他人具有与其他哲学观点相一致的思想。因此,直觉主义者可能会说,我们能够直接察觉或者感觉到其他人的思想。逻辑实证哲学家必须根据我们对其他人身体行为产生的感知来获得我们对其他人思想的认识,并且要证明我们根据感知得出的结论是正确的。这个方法引出了下面这个有趣的问题:如果我们亲近的人是一个机器人,这对我们来说是否是要紧的。机器人足够高级可以模仿人类的行为,即便如

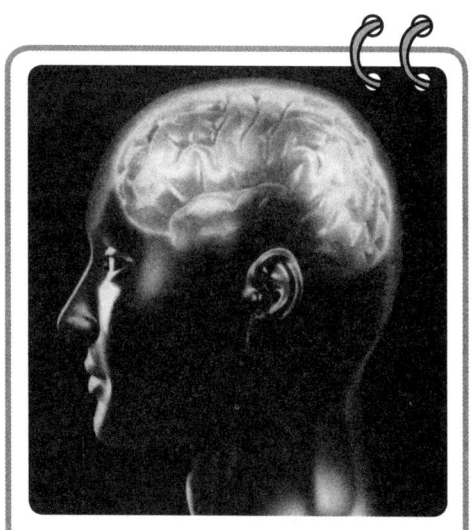

你也许认为其他人像你一样有意识是很明显的一件事情,但是对于哲学家来说,这一观念并不是很容易证明的。

此,语言用法不适用于同机器人交流,看某种日常语言方法解决这个问题是很困难的。

▶ 约翰·威兹德姆是什么人物?

亚瑟·约翰·泰伦斯·迪本·威兹德姆(Arthur John Terrence Dibben Wisdom,1904—1993)毕业于剑桥大学,并于1952年成为剑桥大学的教授。他最初研究杰里米·边沁和逻辑原子论,后来在路德维希·维特根斯坦的影响下,他开始研究解决哲学问题的不同方法。威兹德姆在该领域的著作包括《其他思想》(*Other Minds*)(1952年)、《哲学与精神分析》(*Philosophy and Psychoanalysis*)(1953年)以及《悖论与发现》(*Paradox and Discovery*)(1964年)。

威兹德姆进一步推论,他思考了为什么哲学家说和写一些"非常奇怪的事情"。他还就其他意识的存在这一问题反驳了怀疑论的观点。威兹德姆排除了直接认识其他思想的可能性,与此同时他还证明了为什么我们知识被限制在瞬间感觉的这种主张不成立。通过威兹德姆所做的这些研究,他把对"其他思想问题"这一讨论话题带入了20世纪的分析语境。总体来说,他认为哲学家总是依赖语言的使用,在哲学领域有这样的历史先例,人们需要作出决定来判断语言什么时候将哲学的主要问题表达正确了,什么时候将它们表达错误了。

威兹德姆认为哲学的主要对象是现实的多种存在和语言的多种命题。他认为哲学对象中的相关区别都隐含在语言中。他也是《哲学论文集》(*Philosophical Papers*)(1962年)的作者。

▶ 约翰·朗肖·奥斯汀是什么人物?

约翰·朗肖·奥斯汀(John Langshaw(J.L.)Austin,1911—1960)在牛津接受教育,第二次世界大战期间他在军事情报部门服役。1952年在牛津大学,他被任命为怀特道德哲学教授(White's Professor),他还在哈佛大学和加利福尼亚大学伯克利分校工作过。奥斯汀认为不是所有的哲学问题都是由于语言混乱造成的结果,但是他所指的重要的差别是普通言语的差别。在《感觉和可感物》(*Sense and Sensibilia*)(1962年根据他的讲稿编辑并出版)中,奥斯汀抨击了感知信息理论：我们没有感知到感知信息，我们感知的是真实的对象。

奥斯汀因为他提出的特定类型语言的述行语理论而被人们所铭记。例如，在结婚典礼上说"我承诺"或者"我愿意"，是向某人许诺以及与某人结婚的行为。作为常识，每个人都知道这样的事，但以前的语言学理论没有涉及语言的这种表述行为功能。他进一步详细阐述了他的述行语理论，用他所谓的言语"效力"的区别进行了说明：非语内表现行为的效力与意思相关，语内表现行为的效力与目的相关，言语表达效果的效力与正在说的某些事物的结果相关。

▶ 赫伯特·保罗·格莱斯是什么人物？

赫伯特·保罗·格莱斯（H. Paul Grice，1913—1988）因他于1968年提出的会话含义学说而著名。这个学说作为关于"假设"条件从句的逻辑命题而被发展，并且它在理解语言用法方面的应用超越了它最初的理论目标。格莱斯证明了句子里词汇的意思以及句子本身的意思在很大程度上依赖于话语的语境以及讲话过程中一些特定的协作规则。这些规则包括：有信息量、比起所需要的信息没有多余的信息、不要陈述你知道的虚假的东西、不要陈述没有证据的东西、有相关性、不能是模糊的、不能是不明确的、不要使用比你必须使用的更多的话，并且要遵守一定的顺序。

当说话者违反上述的一个或者多个规则时，说话者所表达的意思便与这些词的字面意思有一定的差异。例如，当某人被问到某个戏剧怎样时，他回答戏剧中使用的那套家具很不错，这样一个不相干的回答便意味着那个戏剧其实很糟糕。

格莱斯将他的会话理论发展为比较复杂的理论，对逻辑学家和语言分析学家来说，该理论是非常有趣的。格莱斯能够证明许多语言结构的存在——具有在会话语境中选择暗示意思的可能性。这是对日常语言分析学家信心的一个巨大的挫折，日常语言分析学家原本认为语言实践反复、曲折的研究可能会为某些词汇带来稳定的意思。格莱斯指出意思取决于上下文。但另一方面，格莱斯的作品强调了日常语言的复杂性同生活实践是一样的，类似于棒球运动这类系统完备的游戏，但与棒球运动不同的是，语言在描述目前正在发生的最重要的

事件时,可以在事实描述的基础上增加意思。格莱斯的文章被收集出版为《理性的哲学基础》(*Philosophical Grounds of Rationality*)(1986年)、《词汇用法研究》(*Studies in the Ways of Words*)(1989年)和《辩论角度》(*Aspects of Reason*)(2001年)。

分 析 伦 理 学

▶ 什么是分析伦理学?

分析伦理学是逻辑实证主义和日常语言分析学在伦理学上的应用。

▶ 伦理与道德之间有什么区别?

哲学家倾向于认为这两个词可以互换使用。但是在通常的用法中,"道德"是指私人行为,而"伦理"是指公共的、专业的或者公民的行为。因此,对一个人性行为状况和饮酒习惯的判断是道德判断,而对人的义务和职责的判断,例如,"医德",则是伦理判断。

▶ 道德体系和道德理论有什么区别?

道德体系根据人们的行为来详细说明道德理念,比如本体论或责任伦理、功利主义或美德伦理。道德理论记述类似于"好的"或者"邪恶的"这样的基本道德术语以及道德判断和争论的性质。道德理论家也对不同的道德体系进行比较。

▶ 什么是道德传统主义?

道德传统主义或者伦理观是一种观点,是认为什么使得某事物成为好的事物或者使某个行为正确的普通文化信仰。传统主义道德观有描述性道德观和标准化道德观两种。标准化传统主义道德观认为我们应该遵循规矩;而描述性传

我们都会遇到内心感到自我冲突的时候。在日常生活中,伦理与如何对公共行为作出好的或者不好的判断有关,而道德体现在人们处理个人级别的冲突上。

统主义道德观认为我们应该遵循习俗。

▶ 什么是伦理(或者道德)相对主义?

道德相对主义有两种:描述性道德相对主义的观点是指不同的文化具有不同的道德信仰;规范或者标准化道德相对主义的观点是指所有正确的事情就是特定社会中的人所认为正确的事情。这一观点造成人们不能理性地辩论道德分歧。

▶ 哲学家们如何看待道德相对主义?

哲学家们强烈厌恶约定俗成的道德相对主义。它使得人们分析道德术语和构建道德体系变得毫无意义,因为没有办法去证明它们是正确的。人们对描述性的道德相对主义有不同的态度。一些哲学家否认它,他们主张,一旦我们理解

的道德体系看起来不同于我们自己的道德体系，我们就能从应用于全人类的所有道德体系中获得通用的道德原理。另外一些哲学家主张，即使人们对什么是正确的道德有不同的观点，这些观点中也有一部分是完全错误的，那么人们需要做的就是指出这些观点错在哪里。

▶ 什么是乔治·爱德华·摩尔的自然主义谬误？

摩尔认为美德不能被任何其他性质解释和分析。他在《伦理学原理》（*Principia Ethica*）（1903年）一书中写道：

> 所有好的事物也可能是别的东西，就像所有黄色的东西在光线下可能产生某一种振动。
>
> 这是一个事实，伦理旨在找出所有好的事物具备哪些其他属性。但有太多的哲学家认为，当他们为那些其他属性命名时，他们实际上是正在定义美德。

摩尔认为我们直接知道什么事物是好的，就像当我们看见黄色就知道那是黄色一样。因此，"我们能够简单地指向一个行为或者一个事物并说'那是好的'"。我们不能向一个盲人确切地描述黄色是什么颜色。我们只能给一个有视力的人展示一张黄色的纸或者一块黄色的布，并说"这是黄色"。对于什么是好的事物也存在同样的情况。无论什么时候，什么是好的事物都是按照"自然"属性来定义的，例如"这件事物的数额之大足以说明它是好的，"自然主义谬误经常受到人们的约束是因为自然主义谬误可能一直在期待具有自然属性的事物，"是的，但这是好的吗"？

摩尔的美德不可简化性质观点暂时成为其他伦理学家用于反驳和竞争的概念和标准。

▶ 什么是情感主义伦理理论？

按照逻辑实证哲学家的想法，命题只有由感觉体验所描述的陈述证明真假才有意义。因为道德的命题和艺术的命题都不能通过这个检验，所以他们认为这些命题没有经验主义的意义，而是人们对自身感觉的一种表达。因此，说："这是正确的，"就等于在说："我喜欢这个东西。"

A.J.艾耶尔（A.J.Ayer,1910—1989）在《语言、真理与逻辑》（*Language, Truth and Logic*）（1936年）中提出了这一观点。查尔斯. L. 史蒂文森（Charles L. Stevenson, 1908—1979）在《伦理和语言》（*Ethics and Language*）（1944年）中给出了更全面的说明。史蒂文森认为道德判断没有认识意义，只有情感意义。他表示道德判断实际上不是真实的，而是对事实的情感反应，这有时会影响其他人。如果事实或者其他情况发生了变化，道德判断也会跟着变化。

小说家及女权主义作家弗吉尼亚·伍尔夫（Virginia Woolf）是布卢姆茨伯里派成员。（图片来源：美联社）

▶ 什么是伦理主观主义？

伦理主观主义与伦理情感主义一样，或者认为道德判断表达我们共有的情感，或者将个人的私人道德观作为道德的含意。以至于原则上来说，有多少种个人道德就有多少种道德体系。

▶ 在分析哲学中，美德伦理是如何被重新发现的？

亚里士多德美德伦理主要表述在亚里士多德的《尼各马可伦理学》（*Nicomachean Ethics*）中，在分析哲学中被再次提到并用来创造理性主义道德体系。按照亚里士多德的观点，我们在深思熟虑后决定自己的行为，这一过程可以

帮助我们发展个人美德。人们有时借助亚里士多德美德伦理的复兴来反对其他著名的道德体系和道德理论。菲莉帕·福特（Philippa Foot, 1920—　）和阿拉斯代尔·麦金泰尔（Alasdair MacIntyre, 1929—　）是20世纪著名的美德伦理学家。

▶ 菲莉帕·福特对美德伦理的贡献是什么？

菲莉帕·露丝·福特（Philippa Ruth Foot）是美国总统格罗弗·克利夫兰（Grover Cleveland）的孙女，她反对伦理主观主义和伦理情感主义，坚持道德和理性之间的联系。她试图破坏事实/价值分界线，她主张道德判断是由与我们

什么是布卢姆茨伯里派？

布卢姆茨伯里派是一个由一群朋友构成的松散的团体，成员都是剑桥大学的毕业生。他们晚上在作家维吉尼亚·伍尔夫的姐姐瓦内萨·贝尔（Vanessa Bell）的房子里会面、喝酒聊天。（这个房子在伦敦的布卢姆茨伯里地区，这个团体因此而得名。）在1910年以前，这个团体最初的成员有：小说家爱德华·摩根·福斯特（E.M.Forster）、玛丽·麦卡锡（Mary MacCarthy）和弗吉尼亚·伍尔夫（Virginia Woolf）；经济学家约翰·梅纳德·凯恩斯（John Maynard Keynes）；小说家、传记作者和批评家林顿·斯特来彻（Lytton Strachey）；画家邓肯·格兰特（Duncan Grant）、瓦内萨·贝尔和罗杰·弗莱（Roger Fry）。在他们成名之前的很长一段时间，他们都是非常亲密的朋友。

乔治·爱德华·摩尔对这个团体起到了知识的理想和导师的作用。他因为撰写《伦理学原理》和为脑力劳动规定了清晰的模式而被人们尊敬。最重要的是，布卢姆茨伯里派的成员受到了摩尔的艺术与友谊具有内在的价值这一观念的影响——他们本质很好，并且相互帮助而没有"更多的意图"。

的生活以及自然相关的事实决定的。在这个意义上，她是一个"道德自然主义者"。道德自然主义的观点认为，在人的道德上良好的事物并不是截然不同的、特殊的品质，而是在特殊的情况中理性地选出最好的普通事物和行为。

总的来说，傅特始终支持美德好于利己主义。她的主要著作有《道德哲学中的美德、恶习及其他论文集》(*Virtues and Vices and Other Essays in Moral Philosophy*)（1978年）、《自然美德》(*Natural Goodness*)（2001年）以及《道德难题：道德哲学中的其他问题》(*Moral Dilemmas: And Other Topics in Moral Philosophy*)（2002年）。

▶ 什么是伦理自然主义？

伦理自然主义坚持美德是一种自然特性，并认为即使没有直觉、是非之心和宗教信仰，道德也能被理解。

▶ 阿拉斯代尔·麦金泰尔对美德伦理有什么贡献？

阿拉斯代尔·麦金泰尔(Alasdair MacIntyre)在伦理学方面拒绝马克思主义和20世纪末期的消费者资本主义。在他重新推崇托马斯主义的亚里士多德学说（即受到利他主义的基督教宗教价值观影响的亚里士多德学说）后，他认为道德判断的性质与竞争体系有关，他重新声称埃迪特·施泰因(Edith Stein，1891—1942)是一位现象论学家。

麦金泰尔认为美德是实现人类潜能所必需的道德品质。他一直专注于实践、美德与传统的结合：实践是公共行为；美德是人们参与实践所必需的个人素质和习性；传统是人们对社会历史的反思。麦金太尔认为人们在社会中发展并实践美德，他还认为人们必须根据历史来理解道德社会。

人们认为麦金泰尔的观点在社会或者政治意义上是保守的，但是他扩展了对亚里士多德美德的理解。自从亚里士多德撰写著作时起，如果没有相继发生的所有历史事实，那么麦金泰尔的观点就不可能形成。麦金泰尔关于这一主题的主要著作包括《美德之后》(*After Virtue*)（1981年）、《谁之正义？何种合理性？》(*Whose Justice, Whose Rationality?*)（1988年）以及《3种对立的道德探究观》(*Three Rival Versions of Moral Inquiry*)（1990年）。

▶ 艾茵·兰德是什么人物？

艾茵·兰德（Ayn Rand, 1905—1982）是一位俄裔美国小说家，她强烈反对社会主义和共产主义的政治理想，也反对利他主义的基督教美德。她以在其小说和客观主义哲学体系中赞美"自私自利的美德"而闻名于世。她的最受欢迎的小说包括《我们活着的人》（*We the Living*）（1936年）、《源头》（*The Fountainhead*）（1943年）以及《阿特拉斯耸耸肩》（*Atlas Shrugged*）（1957年）。

在类似《阿特拉斯耸耸肩》这样的小说中，作者艾茵·兰德提出了她的想法：人们应该自私地追求自己的幸福。（图片来源：美联社）

▶ 什么是艾茵·兰德提倡的自私自利的美德？

兰德认为人类最高的美德是个人幸福，个人幸福要通过理性来实现。每个个体都有高尚的责任去追求他/她自己的私利，其他人没有权利因为他们是弱者或者处于危难中就要求一个人牺牲自己或者自己的利益。在这个意义上，兰德是一个"伦理利己主义者"。

▶ 什么是伦理利己主义？

伦理利己主义是一个道德体系，这个道德体系认为每个人都应该追求他的个人利益，个人利益高于一切。与伦理相对主义一样，伦理利己主义也有描述性的和规范的两种形态。描述性的伦理利己主义认为每个人始终都在追求他们自己的利益；规范的利己主义认为每个人都应该始终追求自己的利益。虽然艾茵·兰德明显是一个明显的利己主义者，而不是描述性的利己主义者，但是她认为共产主义和社会主义是邪恶和普遍的。

▶ 什么是艾茵·兰德的客观主义哲学？

大多数专业的哲学家认为兰德的客观主义是一种"所谓的哲学"。兰德声称她在大概几个月的时间里自学了西方哲学史，这使她成为一个充满激情的亚里士多德追随者。她认为亚里士多德的同一律，或者"A就是A"，是一个形而上学的原理，这个原理以可知的客观世界存在为基础。兰德在当代的许多大学校园里受到欢迎，虽然这主要是因为她的小说和利己主义学说而不是因为她的形而上学观点。（在兰德之前的或者之后的大多数专业的哲学家认为"A就是A"是一个"重言式"，它并没有告诉我们这个世界到底是客观的还是主观的。）

▶ 什么是结果主义？

结果主义是19世纪的功利主义在20世纪的版本。功利主义道德体系认为我们应该为得到最大的幸福或者快乐而行动，每个人只能得到自己的快乐和幸福，而不能得到其他人的快乐和幸福。乔治·爱德华·摩尔的理想的功利主义指出，我们行为的结果所追求的美德是美学的体验和友谊。

结果主义是功利主义的更全面的形态，结果主义认为我们应该行动起来，从而获得最好的结果或者取得最大的成果。当代的结果主义者常常谈及"偏好满足"作为有内在价值的终极结果。（偏好满足就是一个人得到他想要的。）人们也讨论了结果的分配，是否所有相关的人获得相等的利益会更好。如果全体利益或者平均利益增加了，要分配给所有人是否足够。

行为结果主义认为我们应该做能带来最好结果的事，而规则结果主义认为我们应该做能带来最好结果的规则所要求我们做的事。

在J. J. C. 斯马特（J.J.C. Smart，1920—　）与伯纳德·威廉姆斯（Bernard Williams，1929—2003）共同编著的《功利主义：赞成和反对》（*Utilitarianism: For and Against*）（1973年）和塞缪尔·舍弗勒（Samuel Scheffler，1951—　）的《结果主义的拒绝》（*The Rejection of Consequentialism*）（1994年）中论述了所有这些问题和其他问题。也有人试图将结果主义与日常语言哲学联系在一起，其中最著名的是理查德·麦尔文·黑尔。

▶ 理查德·麦尔文·黑尔是什么人物？

理查德·麦尔文·黑尔（Richard Mervyn Hare, 1919—2002）是牛津大学的道德哲学教授，后来又在佛罗里达大学（the University of Florida）任教。在他的《道德语言》（*The Language of Morals*）（1992年）一书中，黑尔极力主张人们推广道德判断的规范本质和它们的"普遍性"或者性能。

在著作《自由与理性》（*Freedom and Reason*）（1963年）和《道德的思维及其层次、方法和要点》（*Moral Thinking, Its Levels, Method, and Point*）（1981年）中，黑尔坚持认为人们应该根据支持功利主义原理的逻辑规则来使用伦理的概念。黑尔提出的功利主义是"双重的"，即功利主义包括行为功利主义和规则功利主义。行为功利主义认为我们做独特的非凡的行为会产生最好的结果，而规则功利主义认为我们遵循规则做事会产生最好的结果。

▶ 有一些哲学家批判了结果主义吗？

伊丽莎白·安斯康姆（Elizabeth Anscombe, 1910—2001）在发表于1958年的论文《当代道德哲学》（*Modern Moral Philosophy*）中批判了20世纪的功利主义，认为它没有区别有意的结果和无意的结果，安斯康姆在文章中杜撰了"结果主义"这个术语。安斯康姆认为只有有意的结果才有道德价值。

安斯康姆还因为支持托马斯·阿奎那（Thomas Aquinas，约1225—1274）的双重结果学说而闻名。根据双重结果学说，如果一个人的行为认识到了不良后果，但不是有意地去造成那些不良后果，这个行为就是道义所允许的。在对穿颅术（为了保住婴儿母亲的生命而进行的挤碎婴儿头颅骨以便将婴儿顺利取出的手术）的耶稣道德论证中就应用了双重结果学说。如果产科医师的目的不是杀死婴儿，而只是为了将婴儿取出来，那么穿颅术是被允许的。

安斯康姆还提供了下面的这个例子：她在悬崖上遇到了她的死敌。如果因为她意外地倒向她的死敌，从而使他跌落悬崖，她是不应该受到任何责备的，尽管她死敌的死亡这一无意的结果是她所喜欢的（在她的死敌死亡这一事实发生以后，她一定会开心）。

另一些人批判了结果主义，因为结果主义在某些事件中忽视了正义，在这

▶ 什么是应用伦理学？

应用伦理学是对人类所涉足的实践领域现存的道德原则所进行的研究，这些领域包括医学、工程学、商业、法律以及环保等。应用伦理学也为人类社会新出现的情况扩充了新的道德规范，例如航空乘客和灾难受害者的权利，关于人类克隆的道德问题以及消费者保护法。从这个意义上讲，应用伦理学是实践伦理学——它是对实践伦理的研究。

另外，因为人们在哲学领域之外的实践和领域中应用了该理论的道德体系和道德理论，因此，应用伦理学可能是更重要的。在某个特定的领域中现有的规则和行为可能在理论上被证明是正确的，或者被哲学伦理学家所批判。在某些情况下，新的道德方向可能会出现。环境伦理学就是应用伦理学理论维度扩展的一个很好的例子。

些事件中人们为了获得最大的利益对他人采取了不公平的行为，甚至有人因此被牺牲。

▶ 结果主义者们是如何回应这些批判的？

一些结果主义者，比如哲学教授和作家卡伊·尼尔森（Kai Neilsen，1926— ），他在承受巨大的压力的情况下仍然坚持己见，他认为无论如何拯救更多的生命是好事。尼尔森因为他在1972年发表在《伦理学》（*Ethics*）上的文章"为功利主义辩护"（*In Defense of Utilitarianism*）而闻名，文章介绍了一个肥胖的男人挤进一个洞穴的例子；水正在上涨并且在他后面的同伴被坑害了。尼尔森声称，如果通过一捆炸药的爆炸（在现场很容易实现）来人道地处决这个肥胖的男人是完全不违背道德的。

结果主义者回应不公平的批判，认为规则结果主义能够虑及公平，因为一个公平的规则会导致更好的结果，并且从长远来看，不公平的行为不能改善人们

的生活。例如，在一个紧急情况下，医生可能会为了使其他6个需要器官移植的病人活下来而牺牲一个健康的病人。但是遵循这种牺牲健康病人的规则将会破坏人们对医生的信赖，而且从长远来看，杀死这个健康的病人所带来的坏处要远远大于好处。

还有一些人指出了明显计算结果给未来带来的问题。伯纳德·威廉姆斯（Bernard Williams, 1919—2003）也提出了对结果主义的强烈反对意见，他认为每个人都计算相同的结果会使行为者忽视个人权利对其重要性，从而破坏了他的公正。在一个著名的例子中，威廉姆斯设想一个旅行者被要求去杀死一个印第安人来拯救9个印第安人不被射杀。他认为结果主义者的方法侵犯了这个旅行者自己的权利，因为他必须放弃不杀死其他人的道德。

分析政治哲学

▶ 分析政治哲学有什么与众不同之处？

20世纪的分析政治哲学家在极大程度上支持自由平等的价值观，并且他们在正式的著作中也是这么做的，那些作品完全不关心政治。

▶ 以赛亚·伯林是什么人物？

以赛亚·伯林（Isaiah Berlin, 1909—1997）因其在民主社会中的自由理想方面所做的研究而闻名。他出生于拉脱维亚并毕业于牛津大学。1966年—1975年，他担任了牛津大学沃尔夫森学院院长。他因为区分了"积极自由"和"消极自由"以及对马克思主义历史观的批判而著名。伯林是一位杰出、优雅的演说家并多次在英国广播公司发表演说，他在演说时通常是不需要演讲稿的。伯林的主要著作包括《历史必然性，两种自由概念》（Historical Inevitability, Two Concepts of Liberty）（1959年）、《自由四论》（Four Essays on Liberty）（1969年）、《俄国思想家》（Russian Thinkers）（1978年）、《反潮流：思想史观点》（Against the Current: Essays in the History of Ideas）（1979年）、《个

人印象》（*Personal Impressions*）（1980年）、《扭曲的人性：思想史中的几章》
（*The Crooked Timber of Humanity: Chapters in the History of Ideas*）（1990年）以
及《现实感：对思想及思想史的研究》（*The Sense of Reality: Studies in Ideas and
Their History*）（1996年）。

▶ 以赛亚·伯林的两种自由概念是什么？

1958年，伯林担任牛津大学社会与政治理论齐切利教授（Chichele Professor）。在就职演讲上，他提出了两种自由的区别：消极自由对个人行为没有限制和干扰，就像一个人可以自由地投票、写一本书或者学习交际舞。积极自由是人类发展自我和决定个人命运的能力。例如，有些人生活在没有消极自由的国家里，结果妨碍了他们获得积极自由。另外一些拥有积极自由的人可能会因为经济或者社会的局限性而无法充分地行使这些积极自由。

以赛亚·伯林以他在民主社会中的自由理想领域所作的研究而闻名。（图片来源：美联社）

伯林认为，主要是由于浪漫主义和德国唯心主义传统，政治理论家一直忙于研究积极自由对特定的政体形式的影响。他认为，积极自由的观念被德国纳粹主义和共产主义所征用。在共产主义国家，自由的目的和以"集体理性"的名义进行的国家管理的目的是一致的。对纳粹来说，德国的命运以及它的"优等民族"高于一切人的个体生命的价值是一致的。

伯林是约翰·斯图亚特·穆勒（John Stuart Mill, 1806—1873）提出的消极自由的倡导者，他强调最小政府约束的重要性。换句话说，他认为政府不是个体实现生活计划或价值的一种生存来源，因为当政府承认履行这种功能时，它可能就变成了集权政府和专制政府。

▶ 以赛亚·伯林是怎样反对马克思主义历史相对论的？

伯林认为，除了"特殊个体"的自由意志之外，客观力量或者绝对力量并不能决定历史。他在《政治理论还存在吗？》（*Does Political Theory Still Exist?*）一文中写道：

> 极少……或者不可能只有一个模式决定我们的思想；人类（或者文化）对这些模式的痴迷是罕见的，在这些模式最猛烈的时候，人们可能变得更加具有凝聚性。而当他们的观念最终被现实毁灭的时候，人们也将趋向于更猛烈的崩溃。

出于同样的原因，伯林对政治生活的和谐或者一致并不感兴趣。他认为善意的个体之间可能支持相反的价值观，这将导致不可避免的道德冲突："这些价值观冲突的根源就在于他们是什么样的人以及我们是什么样的人。

▶ 卡尔·波普尔是什么人物？

卡尔·雷蒙德·波普尔爵士（Sir Karl Raimund Popper, 1902—1994）提出了人们应该说明是什么能够证明科学命题是虚假的，他也因为提出这样的主张而著名。波普尔出生于奥地利首都维也纳，他的成长过程类似于路德维希·维特根斯坦，但不是在富裕的环境中长大的。20世纪30年代末，他不得不离开德国，被迫移民到新西兰从事教师行业，之后在英国的伦敦经济学院获得教授职衔。波普尔的政治思想也像他的科学哲学一样出名，他在著作《开放社会及其敌人》（*The Open Society and Its Enemies*）（1945年，第5修订版，1965年）中提出了他的政治思想。

▶ 什么是卡尔·波普尔的开放社会概念？

波普尔首先对柏拉图和卡尔·马克思进行了批判，他认为柏拉图的哲学王国理念描绘了一个人类智慧无法实现的理想，而马克思的错误是因为他相信人类历史有一个道德尺度。波普尔认为统治者是总是容易犯错误的人类。此外波普尔拒绝接受"历史相对论"和"整体论"。历史相对论认为历史是由群体行为决定的，而整体论认为只有整个团体才是社会中的活动者。他认为自然科学没有证据证明历史中非人力量的存在，也没有证据证明比个体更能使事情发生的其他事物的存在。

波普尔认为统治者不可能预测到他们的行为和政策会产生什么样的后果。他的理由是在哲学上任何人都不可能预测未来。在一个开放的社会中，人们对待政策的态度应该像对待假设一样，公众应该了解这些政策，以此来判断它们是否是错误的。因为统治者能够欺骗自己和其他人，说在政策的实施上获得了成功。所以应该让公众来评价一个政策是否是成功。并且如果公众评定一个政策是失败的，那么就应该策划另一个经过修正的政策。波普尔认为，如果社会不是以这种方式"开放"给公众，那么极权主义和个体自由的压制将会发生。

▶ 约翰·罗尔斯是什么人物？

约翰·罗尔斯（John Rawls, 1921—2002）毕业于普林斯顿大学，并先后在普林斯顿大学、麻省理工学院、康奈尔大学以及哈佛大学任教。他因为在《正义论》（*A Theory of Justice*）（1971年）中几乎独自一人就复兴了英美政治哲学而被人赞颂。罗尔斯以康德主义道德观和受社会契约论统治的人所认可的基本原理为基础，描绘了一个公正社会的模型。除了《正义论》外，罗尔斯的出版物还包括《政治自由主义》（*Political Liberalism*）（1993年）、《万民法》（*The Law of Peoples*）（1999年）、《论文集》（*Collected Papers*）（2000年）以及《关于哲学史的论文集》（*Essays in the History of Philosophy*）（2001年）。

▶ 什么是约翰·罗尔斯的正义论？

罗尔斯认为正义是社会的4种基本美德之一。在某种意义上，所有的社会都非常重视正义观念，尽管每个社会都有不同的"正义观念"。罗尔斯的正义观念可以被理解为公平。在这种模式下，罗尔斯提议，如果一个社会有公平的基本制度，并且官方立场也维护公平，那么这个社会就应该是公平的。罗尔斯提出设置一个"原始状态"的思想试验，以这种方法来确定基本制度怎样才能是公平的。

在原始状态下，公平制度的制定者们在"无知之幕"后完成他们的工作。无

知之幕将防止他们知道他们正在制定制度的这个社会中的职位和权益。罗尔斯写道：

> 　　没有人知道他自己在社会中的位置，他的阶级地位和社会地位，没有人知道他从自然资源分配到的财富、他的能力、智慧以及力量等等。我甚至设想参与者们不知道利益的概念或者他们特别的心理倾向。正义原则是在无知之幕之后被决定的。

　　罗尔斯的思想试验为制度制定者保证了一个假定的公正环境。这使他们成为康德哲学的理性行动者，因为他们是自治的，他们能够并且应该选择在他们生命中最重要的事物。他们虽然不知道自己的个人权益，但却制定了将会影响每一个人个人权益的制度，这是公平的，就好像一个孩子切了一块蛋糕并且第二个孩子也选择了自己想要的一块。社会中拥有权益的个体赞同这些基本制度，这反映了社会契约论所统治的人赞同社会契约论的必要性。

　　社会契约论也基于一个前提：政府必须证明政府对那些被统治者是有益的。罗尔斯的原始状态保证了利益的一个评价依据，这些利益甚至远远超出了像约翰·洛克这样的原始社会契约理论家所允许的范围，约翰·洛克认为政府只代表财产所有者。罗尔斯的模型允许我们去提问是否在无知之幕后社会中的任何一个被代表的人都会选择自己想要获得的事物。如果不是这样，这个社会就不是正义和公平的。

▶ 约翰·罗尔斯相信完全的平等吗？

　　他不相信完全的平等。罗尔斯不提倡完全的"分配正义"或者社会的所有成员都得到数量相同的东西。但是通过他的"差别原则"，他使用公平的标准对待不平等。"差别原则"是指不平等必须"使社会优势最少的成员得到最大的利益"。

▶ 罗伯特·诺齐克是什么人物?

罗伯特·诺齐克（Robert Nozick，1938—2002）主要是因为他的最小政府理念而被尊重。他毕业于哥伦比亚大学、普林斯顿大学和牛津大学，之后在哈佛大学成为一名哲学教授，并且被授予佩里格雷诺驻校教授职务。他最有影响的著作是《无政府、国家与乌托邦》（*Anarchy, State, and Utopia*）（1974年），这本书是为了回应约翰·罗尔斯的《正义论》一书而写的。诺齐克的其他著作还包括《苏格拉底的困惑》（*Socratic Puzzles*）（1997年）、《理性的本质》（*The Nature of Rationality*）（1993年）以及《生命之检验》（*The Exarnined Life*）（1989年）。

▶ 罗伯特·诺齐克是怎样回应约翰·罗尔斯的?

首先，诺齐克坚持认为权利是神圣不可侵犯的。其次，他主张最小政府如果不侵犯权利，就可以发展，但是由于存在差异原则，罗尔斯主义政府（Rawlsian state）就做不到这一点。诺齐克认为宣称帮助弱势群体原则的任何政府都要侵犯财产权。财产权规定了财产可以通过自愿交易获得。

▶ 罗伯特·诺齐克提出了怎样的政治理论?

诺齐克（Nozick，1938—2002）坚持认为只要分配使人们得到了他们有权拥有的东西，那么这个分配就是正义的。人们应得的权益涉及财产的获得与转让，以及对以前的不公正和错误的纠正。

诺齐克赞成最小政府，最小政府维持治安并有力地保护公民的私有财产权。约翰·洛克认为私有财产是基于劳动和某物的结合，在分析约翰·洛克的这一观念时，诺齐克提出了下面这个问题：

> 为什么将某人的劳动与某个东西结合在一起就会使这个人成为这个东西的所有者……如果我有一罐番茄汁并且将它倒入大海中……我因此而拥有了大海吗？还是我愚蠢地浪费了我的番茄汁？

◉ **为什么将某人的劳动与某物结合在一起之后,这个人就成为这个物体的主人?**

诺齐克把这个难题从形而上学的领域转移到功利主义的领域,从而解决了这个难题,洛克也使用了同样的方法。我们对结合了我们劳动的某物是有所有权的,因为我们附加的劳动增加了原始材料的价值。

▶ **洛克-诺齐克的解决方案忽略了什么?**

他的解决方案没有考虑到我们如何才能在拥有结合了我们劳动的那部分的事物同时,也能够拥有没有结合我们劳动的那部分。一个人如何才能拥有某物(被证明是有用的东西)的开采权? 同样,我们如何决定因某物太大而不能与我们的劳动结合,使得我们不能拥有整个事物? 就像诺齐克给出的大海的例子。

◉ **列奥·施特劳斯是什么人物?**

列奥·施特劳斯(Leo Strauss, 1899—1973)在哲学界具有一定的影响力,因为他把哲学著作与现实生活中的政治学联系到了一起。他是一位德裔美国哲学家。1932年获得了洛克菲勒奖学金,他辞去了德国柏林犹太研究学院(the Academy of Jewish Research)的工作,前往法国巴黎学习。纳粹上台后,身为犹太人的列奥回到德国是很不安全的,因此他去了剑桥大学任教,之后又去了纽约,他在1949年成为芝加哥大学的政治学教授,并一直在那里工作到1969年。

施特劳斯教授古典政治哲学。在他去世后,他的研究工作给美国的新保守主义者提供了灵感。在总统乔治·W. 布什(George W. Bush)执政期间,他的学生和现实世界中的政治追随者包括国防部长保罗·沃尔福威茨(Paul Wolfowitz)和五角大楼特别计划部主任艾布拉姆·舒尔基(Abram Shulsky)。

威廉·克里斯托尔（William Kristol）也是施特劳斯的学生，此外还有自由社会评论家苏珊·桑塔格（Susan Sontag）和非政治性的文学评论家阿兰·布鲁姆（Alan Bloom）。

施特劳斯主要著作包括《霍布斯的政治哲学》（*The Political Philosophy of Hobbes*）（1935年；再版，1952年）、《迫害与写作的技艺》（*Persecution and the Art of Writing*）（1952年）、《自然权利与历史》（*Natural Right and History*）（1953年）、《关于马基雅维利的思考》（*Thoughts on Machiavelli*）（1958年）、《城邦与人》（*The City and Man*）（1964年）、《政治哲学：列奥·施特劳斯六散文》（*Political Philosophy: Six Essays by Leo Strauss*）（1975年）、《苏格拉底和阿里斯托芬》（*Socrates and Aristophanes*）（1980年）。

▶ **列奥·施特劳斯在政治上的相关思想是什么？**

施特劳斯大体上是一位古典政治理论家。他认为在哲学与现实生活中的政治学之间的一个重要关系始于苏格拉底的审判和定罪。他争辩说，自从苏格拉底以来，为了避免政治迫害，哲学家们隐藏了他们真正要表达的意思。施特劳斯开发了一种阅读理论，独立思考者可以用这种理论揭示晦涩的著作背后的真实意图。

施特劳斯认为在事实与价值之间的社会科学差别不是必要的。这种差别认为，关于什么应该是事实的命题不能用什么是事实的命题逻辑推断出来。施特劳斯认为研究政治不能脱离之前的价值观。他认为现代自由主义过于强调个体自由的重要性，这导致人们忽视了人性的优点和政治美德。因为作为一个学说的自由主义导致了相对论，所以它可能受两种类型的虚无主义支配：一种类似于纳粹德国或者共产主义苏联的"暴力"虚无主义，它要消灭现有的社会基础，让人们铭记新的理想；一种是"温和"虚无主义，它导致了"许可的平等主义"，例如，美国文化就属于这种"温和"虚无主义。

依照基于古典著作深层次阅读的新的政治哲学，施特劳斯显然支持"高尚的谎言"，它可以作为一种政治手段来纠正当代社会存在的弊端。（"高尚的谎言"是人们被告知的一个谎言，人们认为相信这个谎言对自身是有益的。）然而，对于如何在理智与宗教信仰之间保持平衡，或者在现代政治哲学与古代政治哲学之间保持平衡，施特劳斯自己也没有清晰的解决方法。

逻辑实证主义之后的认识论和形而上学

▶ 在逻辑实证主义出现之后,形而上学和认识论有哪些新观点?

形而上学和认识论创造了可以完全被科学了解的经验主义的开始。彼得·弗雷德里克·斯特劳森支持常识形而上学。他和威尔弗雷德·塞拉斯（Wilfred Sellars, 1912—1989）一样,发展了与科学相对的公众观点的想法。斯特劳森做了大量的研究工作,帮助哲学作为一种常识方法被世界人民所接受,但是因为这与科学没有关系,所以逻辑实证主义哲学家一直认为斯特劳森的研究毫无意义。纳尔逊·古德曼（Nelson Goodman, 1906—1998）复兴了长期存在的归纳法问题——推理（始于经验最终构建知识）。威拉德·冯·奥曼·奎因（W.V.O.Quine, 1908—2000）通过把实用主义者的见识与严格的哲学方法相结合创造性地改变了20世纪的哲学方向。也可能由于奎因的研究,希拉里·普特南（Hilary Putnam, 1926— ）通过把实证主义认识论应用到科学的真理问题中重新诠释了实用主义认识论。

▶ 彼得·弗雷德里克·斯特劳森是什么人物?

彼得·弗雷德里克·斯特劳森爵士［Sir Peter Frederick（P.F.）Strawson, 1919—2006］毕业于牛津大学,并于1968年成为牛津大学的教授。他不同意伯特兰·罗素的明确描述理论,他认为"法国的国王是秃子"这个命题预示着"存在一个法国国王"这样的事实。这是人们创造出来的一个问题,因为如果法国没有国王,那么"法国的国王是秃子"就既不是真的也不是假的,或者它根本就不是一个命题。

虽然斯特劳森受到了日常语言哲学的很大影响,但他更感兴趣的是隐含的概念体系和普通实体的存在范畴而不是日常语言的用法。在《感觉的界限》（ *The Bounds of Sense* ）（1966年）一书中,斯特劳森赞成"明显图像",认为它是理解世界的公共（共享）的方法。

▶ 威尔弗雷德·塞拉斯是什么人物?

威尔弗雷德·塞拉斯（Wilfrid Sellars, 1912—1989）想把分析哲学与逻辑实证主义结合到一起，这个目标促使他创办了杂志《哲学研究》（*Philosophical Studies*）。塞拉斯毕业于密歇根州立大学和哈佛大学，1963年以后，他一直在匹兹堡大学工作。他的工作集中在使科学的世界观与我们的日常观念相一致，使意识和意图存在于具有意义、声音和颜色的世界里。塞拉斯在经验主义与心灵哲学的一个联盟中提出了他的观点并介绍了"机能主义"哲学。塞拉斯的主要著作包括《科学、感知和现实》（*Science, Perception and Reality*）（1963年）、《哲学观察》（*Philosophical Perspectives*）（1967年）以及《关于哲学和哲学史的文章》（*Essays in Philosophy and Its History*）（1974年）。

"明显图像" 观点为什么重要?

那些解释了客观世界"明显图像"的20世纪分析哲学家试图使共同世界观与科学观相一致。"明显图像"这一术语是威尔弗雷德·塞拉斯（Wilfred Sellars, 1912—1989）提出的。

▶ 纳尔逊·古德曼是什么人物?

纳尔逊·古德曼（Nelson Goodman, 1906—1998）对如下观点进行了批评：相似性独立存在于我们的语言倾向之外的世界中。古德曼毕业于哈佛大学。1929年至1941年，他是波士顿的一个艺术品商人，在1968年他成为哈佛大学的教授。在他的《表象的结构》（*The Structure of Appearance*）（1951年）一书中，他发展了鲁道夫·卡尔纳普（Rudolf Carnap, 1891—1970）关于世界的逻辑结构的观点。后来他得出了这个结论：由于观察者的角度不同，许多不同的世界结构也因此形成。在《事实、虚构和预测》（*Fact, Fiction and Forecast*）（1954年）一书中，古德曼用"绿蓝"的例子扩展了他的观点，认为自然的结构是人们的兴

趣决定的。

▶ 什么是绿蓝？

纳尔逊·古德曼假设所有的翡翠在时间T（T指的是现在）以前是绿色的。但是如果这个假设是真的，那么如下的陈述"G"也是真的："翡翠在时间T之前是绿色的或者翡翠在时间T之后是蓝色的。"之所以翡翠在时间T之后不是绿色的就是蓝色的，其原因是T之后的时间指的是将来，而我们不知道将来翡翠会呈现出什么颜色——或者任何别的东西在将来会呈现出什么状态。

陈述"G"定义了"绿蓝"一词（古德曼虚构的一个术语）。作为翡翠的一个性质，所有具有"绿蓝"这一特征的翡翠在时间T之后可能是蓝色的。不过，古德曼主张，在时间T之后，我们应该更喜欢称它们为"蓝色的"。他认为这说明了确认不能是一个纯粹的逻辑过程或句法过程，它反映了我们的语言偏好，而语言偏好往往超出了我们实际了解的范围。

威拉德·冯·奥曼·蒯因

▶ 威拉德·冯·奥曼·蒯因是什么人物？

威拉德·冯·奥曼·蒯因（W.V.O.（Willard Van Orman）Quine, 1908—2000）象征着20世纪科学哲学的顶峰；在许多方面，他把逻辑实证主义、实用主义以及科学经验主义精华的部分结合在一起。他出生于美国俄亥俄州的阿克伦城（Akron），先后在奥柏林学院（Oberlin College）和哈佛大学学习。他于1932年获得哲学博士学位，然后成为一名哈佛大学研究员。这使得他有4年的时间研究和旅行，之后，自1936年，他开始了长达50年的哈佛大学任教生涯。

人们认为奎因的影响是不朽的，作为个体的人，他被人们高度尊敬，甚至是敬仰。蒯因的主要著作包括《语词和对象》（*Word and Object*）（1964年）、《悖论的习性及其他文章》（*The Ways of Paradox, and Other Essays*）（1976年）、

《本体论的相对论》(*Ontological Relativity*)(1977年)、《从逻辑的观点看：九篇逻辑哲学文章》(*From a Logical Point of View: Nine Logico-Philosophical Essays*)(1980年)《从刺激到科学》(*From Stimulus to Science*)(1998年)、《理论和事物》(*Theories and Things*)(1986年)、《真理的追寻》(*Pursuit of Truth*)(1992年)以及《诡辩：一部断断续续的哲学辞典》(*Quiddities: An Intermittently Philosophical Dictionary*)(1989年)。

科学哲学家威拉德·冯·奥曼·奎因认为："存在是为了成为可变物的价值。"(图片来源：美联社)

▶ 威拉德·冯·奥曼·蒯因最具影响力的思想是什么？

蒯因认为不能用非迂回的方法定义"分析"，所以他认为人们不应该为"分析—综合区别"观点辩护。蒯因有一个整体知识的观点，他把我们所有的理论整体比作一张"网"。他相信有关存在的命题与特定的理论有关，并且他认为人们应该采纳哲学的认识论。他这个观点的意思是哲学的认识论应该与科学的真理的标准一致。

▶ 威拉德·冯·奥曼·蒯因对分析—综合区别的抨击是什么？

蒯因在发表于期刊《哲学评论》(*The Philosophical Review*)(1951年)上的"经验主义的两个教条"(*Two Dogmas of Empiricism*)这篇文章中，介绍了一个公认的观点：分析的命题仅仅基于它们所包含的词汇的意思。在这个世界上没有任何事情能影响分析命题的真理。综合命题是关于世界的事实的主张。蒯因还指出，如果之前没有与分析自身所预示的意义相一致性的概念，我们就不能定义"分析"。这意味着除非你已经知道了什么是"分析"，你才会明白它的任何定义，或者说如果没有迂回就不能定义"分析"。

 威拉德·冯·奥曼·蒯因实践了他所宣扬的哲学相关性观点吗？

　　没有，并且许多人都非常高兴他没有那么做。作为一名哲学家，蒯因因为他提出的"象牙塔"观点和哲学家明显没有资格"帮助社会平稳"的主张而被指责。然而在现实生活中，蒯因专注于反抗纳粹主义。20世纪30年代，作为一名哈佛大学研究员，在访问德国并会见了维也纳学派的逻辑实证主义哲学家后，蒯因自愿加入美国海军来反抗纳粹在哲学领域的入侵［在数学领域还有一个公然的种族主义期刊——《德国数学》（*Deutsche Mathematick*）］。在回到哈佛大学任教以后，1938年—1941年，蒯因为维也纳学派的成员组织座谈会和讲座，这些座谈会和讲座主要是为鲁道夫·卡尔纳普（Rudolf Carnap, 1891—1970）组织的，后来芝加哥大学（the University of Chicago）聘请了卡尔纳普。蒯因还帮助阿尔弗雷德·塔斯基（Alfred Tarski, 1902—1983）获得了纽约城市大学的职位。

　　如果我们不知道分析是什么，那么这里有一个有效的暗示，实际上，在某种意义上，我们所有的信仰都是综合的，并且被人们根据自身的经验修改过。蒯因在同一篇文章中抨击经验主义第二教条的主要观点是：理论中的命题都应该一个个地面对现实。蒯因主张所有的命题应该一起面对现实。蒯因在此表达的意思是整个理论或者世界的说明应该同时被证实，而不是分别证实这个理论的各个部分。

▶ 什么是威拉德·冯·奥曼·蒯因的存在观点？

　　蒯因因为他的主张"存在是为了成为可变物的价值"而出名。他这一主张的意思是我们只应该忠于那些实体的存在，为了理解并应用科学理论，人们需要证实那些实体是存在的。他写道：

> 对我来说，以外行（业余）物理学者的身份，我相信实物而不相信荷马的神；并且我认为相信荷马的神是一种科学错误。但是从认识论的角度来说，实物和神只是程度不同而不是种类不同。两类实体都只是作为文化假定进入我们的观念里。

▶ 威拉德·冯·奥曼·蒯因是如何接纳认识论的？

蒯因认为知识的基础不能在科学领域以外。我们应该用哲学的说明而不是哲学认识论来解释构建知识网的方式，解释为什么知识网是成功的以及知识网是如何成功的。奎因有一个灵活的知识观点，他认为理论的术语没有明确的或确定的意思，解释是"不确定的"，并且人们并不清楚词汇是如何指称实物的。

▶ 什么是威拉德·冯·奥曼·蒯因的知识整体论？

在抨击了经验主义的第二教条之后，蒯因的整体论体现了他对知识的确实说明，第二教条认为人们能够确认单一的命题或者某个理论的各个组成部分是

▶ 蒯因—普特南的数学理论是什么？

该理论被职业哲学家称为"对数学实在论不可缺少的论证"。它基本上维护了数学实体的存在。W. V. O. 蒯因和希拉里·普特南（1926—　）论证了我们必须承诺这些对科学不可缺少的事物的存在。或者说我们要对这些事物"给予本体论的承诺"。数学实体是不可或缺的一部分。因此，我们必须承认它们的存在。

相互独立的。蒯因认为在知识网中的科学理论和世俗理论都与最普通的和最抽象的真理相互连接，例如，算术真理。知识网的外围是人们对知识更加具体的概括和人们提出的更实际的主张，这些概括和主张在面对与它们矛盾的经验时更容易被人放弃。正是蒯因提出的这些思想观点使他带有传统实用主义的色彩。

希拉里·普特南

▶ 希拉里·普特南是什么人物？

希拉里·普特南（Hilary Putnam，1926—　）的卓有成效的哲学研究包含形而上学、认识论、数学哲学、心灵哲学以及语言哲学等各个领域。他是在威拉德·冯·奥曼·蒯因之后的哲学时代开始活跃起来的哲学家，他于1965年成为哈佛大学的教授。他在数学实体的存在论方面与蒯因合作，同时他赞同蒯因的分析—综合区别观点。他与妻子露丝·安娜·雅各布斯（Ruth Anna Jacobs）合作著书。普特南还唤醒了20世纪末人们对约翰·杜威的作品的兴趣。

普特南的主要著作包括《数学、物质和方法，哲学论文》（*Mathematics, Matter and Method, Philosophical Papers*）[第1卷（1975年），第2版（1985年）]、《心灵、语言和实在，哲学论文》（*Mind, Language and Reality, Philosophical Papers*）（第2卷，1975年）、《意义和伦理学》（*Meaning and the Moral Sciences*）（1978年）、《理性、真理和历史》（*Reason, Truth, and History*）（1981年）、《现实主义和理性，哲学论文》（*Realism and Reason, Philosophical Papers*）（第3卷，1983年）、《现实主义的多面性》（*The Many Faces of Realism*）（1987年）、《陈述和现实》（*Representation and Reality*）（1988年）、《更新哲学》（*Renewing Philosophy*）（1992年）以及《实用主义：一个公开的问题》（*Pragmatism:An Open Question*）（1995年）。

▶ 关于分析—综合区别，希拉里·普特南是如何赞同威拉德·冯·奥曼·蒯因的？

1957年，在H.菲戈尔（H. Feigl）和G.迈克维尔（G. Maxwell）编辑的《明尼

苏达科学哲学研究》(*Minnesota Studies in the Philosophy of Science*)(1962年)文选中,普特南发表了《分析与综合》(*The Analytic and the Synthetic*)这篇文章,他在文章中指出,动能定义的历史决定了我们不可能把关于动能的命题区分为"分析的"和"经验的",或者是"综合的"。

▶ 什么是希拉里·普特南的新实用主义?

20世纪70年代,普特南开始为分析哲学缺乏历史知识而感到遗憾。他用路德维希·维特根斯坦的日常语言的观念来提倡哲学内部的多元论。他不再确信哲学家描述客观世界的能力强于日常语言使用者。他的兴趣更多地集中到社会科学,特别是经济学上,他拒绝事实、价值二分法。普特南认为科学家并不像他们自己所表现的那么"客观"或者超脱在利益关系之外,同时他认为价值判断可能是客观的。

科 学 哲 学

▶ 在整个20世纪期间,分析的科学哲学发生了什么变化?

在如何看待科学这一方面,20世纪是一个非同寻常的概念动荡时期。汉斯·赖欣巴哈(Hans Reichenbach, 1891—1953)开创了对核心逻辑实证主义的批评和摒弃。形而上学和认识论向实际科学靠近,因为卡尔·波普尔(Karl Popper, 1902—1994)批评并驱逐了人们在客观事实中体现出的传统感应信心,科学哲学自身也开始显得更加人性化。托马斯·S. 库恩(Thomas.S.Kuhn, 1922—1996)用他的范式和科学革命的观念颠倒了事实与理论的关系。

在同一时期,因为詹姆斯·杜威·沃森(James D. Watson)和弗朗西斯·克里克(Francis Crick)共同发现了DNA的双螺旋结构,人们不再相信"生机论"或者某些抽象的生命力量。然而,在接下来的21世纪,人类基因组的映射使人们对生物决定论产生了更多的细致入微的看法,从而开启了新的生物科学哲学。

◉ 汉斯·赖欣巴哈是什么人物?

汉斯·赖欣巴哈(Hans Reichenbach)是"逻辑经验主义"的领路人。他出生在德国汉堡,学习数学、物理学、逻辑学和哲学。赖欣巴哈在柏林大学成为一名科学哲学教授,并且是阿尔伯特·爱因斯坦的一个亲密的合作伙伴。他和鲁道夫·卡尔纳普(Rudolf Carnap, 1891—1970)一起创办了《知识》(Erkenntnis),这是20世纪30年代最早的科学哲学杂志。

同当时成千上万的犹太人一样,赖欣巴哈不得不在1933年离开德国。他先去了土耳其的伊斯坦布尔,然后在美国洛杉矶的加利福尼亚大学定居了下来。赖欣巴哈的主要著作包括《经验和预测》(Experience and Prediction)(1938年)、《概率论》(The Theory of Probability)(1939—1949年)以及他死后出版的《时间的方向》(The Direction of Time)(1956年)。

◉ 什么是赖欣巴哈的逻辑经验主义理论?

逻辑原子论者和逻辑实证主义哲学家认为,人们可以将科学研究的对象描述为由感知信息构成的事物。赖欣巴哈不同意他们的观点,他提出的现实主义观点是众所周知的物理主义。他讨论了归纳法———一种可能解释的实用主义依据,认为归纳法可以被描述为,根据一些事件在过去出现的情况来判断这些事件在将来发生可能性的方法。

赖欣巴哈为量子论开发了三值逻辑。对于量子论来说,在三值逻辑中命题可能是真的、假定或者不确定的。他在"真"和"假"之外增添了"不确定"这一选择。量子论明确阐述的观点是,对于一些事件,即使它们的原因是已知的,它们仍然不能被确定,因此在一个正规的逻辑符号系统中增加不确定这个选项是非常重要的。虽然他的作品大多科技性很强,但是《科学哲学的兴起》(The Rise of Scientific Philosophy)(1951年)一书清晰、全面地记述了他的观点。

◉ 在科学哲学中,生命的观念有了怎样的变化?

1953年,在詹姆斯·杜威·沃森和弗朗西斯·克里克共同发现了DNA双螺旋结构之后,关于活着的生命繁殖实质的神秘"生机论",或者"生命力量"

的许多观念被唯物主义（物理）描述所取代。沃森和克里克对DNA的双螺旋结构的发现，能够用纯粹的化学术语来解释遗传物质的复制，从而使生命的观念不再神秘。双螺旋结构是脱氧核糖核酸（DNA）的螺旋梯形结构的三维模型，它显示了酸和碱的序列是如何通过化学反应进行自我复制的。沃森和克里克的发现为遗传中的基因研究以及最终在21世纪初形成人类基因组"定位图"铺平了道路。

▶ 科学解开了生命的所有奥秘吗？

不完全是这样。生物体用它们的基因与环境条件进行"计算和测定"这一唯物主义的激进思想饱受争议，尤其是理查德·勒翁廷（Richard Lewontin，1929—   ）在他的著作《生物学思想：DNA学说》（ *Biology as Ideology: The Doctrine of DNA* ）（1991年）和《三螺旋：基因、生物体和环境》（ *The Triple Helix: Gene, Organism, and Environment* ）（2000年）中进行了阐述。勒翁廷的主要贡献是指出了生物体的发展中貌似随机的因素是不能在事先预知的，它们是生物复制中的第三要素。

▶ 欧内斯特·内格尔是什么人物？

欧内斯特·内格尔（Ernest Nagel, 1901—1985）出生在捷克斯洛伐克，1910年移居美国，并在美国哥伦比亚大学（the Columbia University）哲学系任教四十多年。他撰写的《科学的结构》（ *The Structure of Science* ）（1963年）大概是到目前为止最重要的逻辑实证主义的科学调查著作。内格尔扩展了"覆盖律模型"原理，认为解释以概括为基础，而概括是为社会科学建立的归纳原则。内格尔认为，尽管历史事件是独一无二、不会再现的，考虑到相同的条件和被证实的普遍化的条件下，这些事件还是会再次发生的。

▶ 卡尔·波普尔对科学哲学有什么贡献？

波普尔在他的《科学发现的逻辑》（ *The Logic of Scientific Discovery* ）（1935年；英语译本，1959年）一书中抨击了逻辑实证哲学家的科学假定可能来源于

经验并由经验归纳证明的这一假设。波普尔认为，因为我们不知道将来什么事情更可能是正确的，所以假设永远都不可能被完全证实。证明一个假设成立需要非常大量的正面实例，而否定一个假设则只需要一个方面实例就够了。波普尔的证伪主义学说深受科学家们的欢迎。

▶ 什么是卡尔·波普尔的证伪主义学说？

波普尔认为假设的灵感是怎么来的并不重要，或者说假设是如何形成的并不重要，因此对于假设的构成不需要进行归纳。事实上，他认为越大胆、越虚假的假设是更加科学的，因为找出与这一假设不符的实例会更容易。他认为科学发展就是一个证伪的过程，或者说，如果假定经受住了至关重要的检验，那么就"确认"，但是从来没有确认。根据波普尔的理论，凡是不能被证伪的假定或者学说，例如宗教主张、马克思主义或者弗洛伊德学说，它们永远也不能成为科学主张。

卡尔·波普尔认为，因为我们不知道将来什么事情是正确的，所以假设永远都不可能被完全证实。（图片来源：美联社）

▶ 根据卡尔·波普尔假定，证伪如何来进行？

波普尔假定了一个假说—演绎法。从假设——结合某些初始条件的描述——一定的未来事件，或者已知的过去的时间能够被逻辑演绎出来。如果假说—演绎法被应用于过去，它作为一种解释的形式来工作。如果将假说—演绎法应用于将来，那么它就是一种预测的形式。预测和解释，它们具有相同的逻辑结构。

波普尔的证伪观念要求，一个证伪实例要么会否定最初的假设，或者更有

关于卡尔·波普尔与路德维希·维特根斯坦的拨火棍有怎样的故事？

大家没有达成共识，但最中性的说法是：1946年10月25日，道德科学俱乐部在剑桥大学国王学院的H3房间举行了一次会议。会议是由伯特兰·罗素主持的，卡尔·波普尔参加了这次会议并在会议上做了一个批评性的报告，这个报告是针对路德维希·维特根斯坦的真理理论语言游戏以及他的哲学观。首先，波普尔认为道德规则是存在的。

据说维特根斯坦从壁炉上拿起一根拨火棍。他或者是出于愤怒或者是为了引人注意，关于这一点说法不一。当维特根斯坦让波普尔举出一个道德规范的例子的时候，人们说波普尔是这样回答的："不要用拨火棍威胁来访的演讲者。"这时，伯特兰·罗素拉开了维特根斯坦，可能有人也可能没有人对他们进行调解并告诉他们要保持冷静。

关于这一段情节和波普尔和维特根斯坦在这一时期的生活，英国广播公司的新闻记者大卫·爱德蒙兹（David Edmonds）和约翰·艾丁诺（John Eidinow）写了一本非常有趣的书：《维特根斯坦的拨火棍》（*Wittgenstein's Poker*，2001年）。

可能的是对初始条件进行复审。例如，如果假设水在32 ℉冻结，而且水在这个温度没有冻结、水在那个温度会冻结的规则或者假设不太可能被丢弃。那么，这个温度计可能需要被检查，同时被假定是水的液体的化学成分也要被检查。

▶ 托马斯·塞缪尔·库恩是什么人物？

托马斯·塞缪尔·库恩（Thomas Kuhn，1922—1996）认为科学的发展要求用新的角度来看世界，正是这一观点使他闻名于世。他毕业于美国哈佛大学，并先后任教于加利福尼亚大学伯克利分校、普林斯顿大学和麻省理工大学。他最

初是一名物理学者,后来开始研究历史和科学哲学。在给人文学科的本科生讲授一门物理学课程时,他认识到亚里士多德的物理学并不像通常认为的那样是错误的,相反在它自己的知识背景下它是有意义的。

库恩的第一本书,《哥白尼革命》(The Copernican Revolution)(1957年),说明了从亚里士多德的地球中心论到哥白尼的太阳中心论的知识转变。而库恩的第二本书,《科学革命的结构》(The Structure of Scientific Revolutions)(1962年)轰动了整个学术界,在这本书中,他说明了当新的理论推翻旧的理论时,科学是如何取得突飞猛进的进展的。在库恩变得非常出名之后,在参加一个关于他的作品的讨论会时,据报道他曾告诉某人,"我不是一个库恩"。在那个讨论会上的每个人都自由地使用库恩的"范式"这个术语,正如人们如今也自由地使用这个词一样。

▶ 什么是托马斯·塞缪尔·库恩的范式理论?

尽管库恩本人说,他在《科学革命的结构》(The Structure of Scientific Revolutions)(1962年)第一版中至少用了23种不同的方式介绍了"范式"一词,但其核心的意思是范式定义并规定了在一门科学中的调查研究是如何进行的,同时也呈现了科学所研究的世界的图画。

在常规科学中,人们期待所有实践者在他们领域的执政范式内部进行研究,并且要把公认的理论延伸到新的环境中。在一门成熟的科学中,人们对于清晰的世界观有普遍的认同。在不成熟的科学中,相互竞争的思想学派都有自己的追随者,这些追随者保卫他们所支持的观点的范式。范式并不是永远都正确的,它可能会被人们采纳的新范式完全推翻。

▶ 根据托马斯·塞缪尔·库恩的观点,什么是科学革命?

库恩认为在危机之后会发生科学革命,在危机中主导范式不再能够引导调查研究,并且不能在领域中产生新的发现。一个竞争的范式产生了,它既能解释旧的范式中说明的数据又能解释新的数据。

最后,因为新的范式的追随者掌控了正被讨论的领域,所以新的范式取得了胜利。随着他们的胜利,他们有权改写教科书,因此全部科学的历史被看作是在为新的范式作准备。大部分旧的范式的追随者并没有改变他们的主意，但他们差不多都离开了这个领域，或者是隐退了或者是死亡了。然后新的范式建立了一个常规科学的新的时代，直到下一次革命的到来。

▶ 伊姆雷·拉卡托斯是什么人物?

伊姆雷·拉卡托斯（Imre Lakatos, 1922—1974）对科学哲学的主要贡献是把卡尔·波普尔和托马斯·塞缪尔·库恩的工作结合在了一起。他出生在匈牙利德布勒森的一个犹太家庭，他的父母给他起名为伊姆雷·阿若姆·利普施茨（Imre Avrum Lipschitz）。他的母亲和祖母在奥斯维辛集中营中被杀害。拉卡托斯（在匈牙利语中应该被写成"拉卡托斯·伊姆雷"）在德布勒森大学中学习数学、物理和哲学，在此期间为了躲避纳粹的迫害，他将自己的名字改为伊姆雷·莫尔纳（Imre Molnar）。

在第二次世界大战期间，他是一个共产主义者，并且由于他对匈牙利将军和总理盖泽·拉卡托斯的崇拜（Geza Lakatos），他把自己的名字改为"拉卡托斯"。他曾就读于莫斯科国立大学，但是后来在1950年—1953年，他因为"修正主义"观点而入狱，他的这一观点以另一种方式重新解释了马克思主义学说，而

 ╍╍╍╍╍╍╍╍╍╍╍╍╍╍╍╍╍╍
▸ 盖泽·拉卡托斯是什么人物?

盖泽·拉卡托斯·德·斯卡森斯蒙（Geza Lakatos de Csikszentsimon, 1890—1967）是第二次世界大战时期的一位匈牙利将军，也是1944年8月到10月这段时间的匈牙利总理，拉卡托斯和霍尔蒂·米克洛什（Miklos Horthy）用一辆坦克推翻了驻匈牙利的德国政府。在他们执政时，他们阻止了对犹太人的驱逐。为了报复，德国人绑架了霍尔蒂的儿子。霍尔蒂投降并且拉卡托斯下台了。战争结束后，拉卡托斯移民到澳大利亚。伊姆雷觉得拉卡托斯追求自由的个人勇气非常鼓舞人心，所以他采用了拉卡托斯的名字。

马克思主义的权威人士认为他颠覆了他们的官方观点。在1956年苏联入侵匈牙利之后，他逃离了匈牙利。拉卡托斯于1961年在剑桥大学获得了博士学位，并成为伦敦经济学院的讲师。

拉卡托斯的主要著作包括《证明与反驳》(*Proofs and Refutations*)（1976年）和《数学、科学和认识论：哲学论文集第2卷》(*Mathematics, Science and Epistemology: Philosophical Papers Volume 2*)（1978年），其中《证明与反驳》是基于他的博士论文《科学研究纲领方法论：哲学论文集第1卷》(*The Methodology of Scientific Research Programs: Philosophical Papers Volume 1*)。

▶ 在卡尔·波普尔和托马斯·塞缪尔·库恩之间有什么问题需要解决？

卡尔·波普尔认为科学家应该在他们的理论被证明是错误的时候对理论进行修改，同时他还认为科学理论本身具有被修改的特点。托马斯·塞缪尔·库恩相信他的观点，实际上，许多公认的科学理论都有大量众所周知的、证明是虚假的信息。问题是库恩没有考虑到科学的发展，并且按照波普尔的证伪学说的标准，波普尔的理论看起来是不切实际的。

▶ 伊姆雷·拉卡托斯的研究纲领是如何对波普尔和库恩的工作进行调和的？

拉卡托斯描述了一种科学方法，这种方法既考虑到了科学的发展，又解释了人们是如何发展科学的。他提出了"研究纲领"这一概念来代替理论，研究纲领由特定领域的理论和公认的研究方法构成。每一个纲领都有一个核心主张或者称为"防护带"主张，"防护带"主张是不能被人们证明是虚假的主张。

正在退化的研究项目有正在成长的防护带，并且未能预测新的事实或者创造新的发现项目；它们通过增加特别假定来继续存在。进步的研究纲领能够支持新的发现项目，这些新的发现项目不会产生大量需要对核心主张进行修改的证伪数据；进步的研究纲领没有明显的依赖特别假定。

为了调和波普尔与库恩之间在科学观点上的分歧，拉卡托斯采取的方法是把研究背景从事实与理论之间的静态联系转换为科学实践的动态本性中。波普尔的观点是：当理论被证明是虚假的时候，科学真理改变了；而库恩认为理论即使被推翻也不会被证明是虚假的。拉卡托斯进行了科学实践，而不是相信真理理论。

▶ 保罗·费耶阿本德是什么人物？

保罗·费耶阿本德（Paul Feyerabend, 1924—1994）是伊姆雷·拉卡托斯的一个朋友兼同事，他因提出科学的无政府主义观点而闻名。费耶阿本德出生在奥地利维也纳，第二次世界大战期间，他在德国军队服役，并且被子弹击中了脊柱。战争结束后，他在伦敦经济学院学习，当时卡尔·波普尔是他的指导老师。在此期间，他与拉卡托斯进行了一次对话，立场坚定地反对拉卡托斯的理性主义的科研项目。但是因为拉卡托斯的死亡，他们两个合著的书没有完成预想的篇幅。费耶阿本德一生都对戏剧和歌剧感兴趣。1958年之后，费耶阿本德一直在加利福尼亚大学伯克利分校任教。

费耶阿本德的主要著作包括《反对方法：无政府主义认识论大纲》（*Against Method: Outline of an Anarchistic Theory of Knowledge*）（1975年）、《自由社会中的科学》（*Science in a Free Society*）（1978年）、《现实主义、理性主义与科学方法：哲学论文集，第一卷》（*Realism, Rationalism and Scientific Method: Philosophical Papers, Volume I*）（1981年）、《经验主义的问题：哲学论文集，第二卷》（*Problems of Empiricism: Philosophical Papers, Volume 2*）（1981年）以及标题稍显鲁莽的著作《告别理性》（*Farewell to Reason*）（1987年）。他的自传是《虚度光阴：保罗·费耶阿本德自传》（*Killing Time: The Autobiography of Paul Feyerabend*）（1995年）。

▶ 什么是保罗·费耶阿本德的科学观点？

费耶阿本德认为，构筑一种为科学发展设立的、一成不变的规则的科学哲学是不可能的。相反，他认为最重要的科学革命的进行一直都在违反公认的方法论规则。例如，他认为，在旧的理论已经被证明是虚假的情况下，断定新理论与旧理论并不矛盾的"一致性准则"就不是一个理性的规则，而是一个审美的规则。

费耶阿本德也反对卡尔·波普尔的证伪思想，反对依据是引起注意的理论并不是根据所有相关的事实构筑的。一个典型的例子是文艺复兴时期的天文学家伽利略·伽利莱和他的追随者们在构筑他们的光学理论的过程中就忽视了一些他们用望远镜发现的情况。费耶阿本德认为拉卡托斯的研究纲领的概念是伪装的无政府主义；他把《反对方法：无政府主义认识论大纲》这本书献给了他的"无政府主义的追随者"拉卡托斯。

心灵哲学和语言哲学

▶ 在分析哲学中，心灵哲学和语言哲学之间有怎样的联系？

自从行为主义者对语言学习进行解释后，心灵哲学和语言哲学的发展就有了交集。诺姆·乔姆斯基对语言学进行了哲学处理，反对行为主义，展现了语言哲学史如何与心灵哲学相结合，由此产生了认知科学的新领域。当乔姆斯基证明语言学习需要先天的语言能力，关于心灵的白纸理论思想被推翻了。

▶ 什么是行为主义？

行为主义是由心理学家伊万·巴甫洛夫（Ivan Pavlov, 1859—1936）和约翰·布罗德斯·华生［John Broadus (J.B.) Watson, 1878—1958］提出，并由伯尔赫斯·弗雷德里克·斯金纳［Burhus Frederick (B.F.) Skinner,

心理学家伊万·巴甫洛夫向人们展现了人的行为会随着时间而改变。（图片来源：艺术文献库）

1904—1990］作了改进。行为主义的观点认为反思不需要科学的思想。行为被它的结果用多种方式进行修改, 这些方式不需要根据任何意图、信仰或者之前的知识等方面的思想就能够被描述。人类心理学只是在实验室中可以观察到的行为, 而没有考虑到来自正在"行动"的物体的观点的行为。学习是条件作用, 是一连串对重复的奖励和惩罚的自动反应。华生在他的《行为主义》（ *Behaviorism* ）（ 1925 年 ）一书中提出了行为主义理论。

诺姆·乔姆斯基对斯金纳 1959 年的著作《言语行为》（ *Verbal Behavior* ）的评论推翻了斯金纳的语言学习的行为主义者理论和更普遍的行为主义。对于哲学它具有两方面的重要性。首先重述了对于作为观察和经历主体的人类来说, 事物的重要意义。其次, 他思考并分析了人类主体思想中的事物是如何在大脑中组织和加工的。

诺姆·乔姆斯基

▶ 诺姆·乔姆斯基是什么人物？

艾弗拉姆·诺姆·乔姆斯基（ Avram Noam Chomsky, 1928—   ）是美国语言哲学家, 他是整个 20 世纪甚至更长时期内最有影响力的当代政治评论家。现在乔姆斯基是麻省理工大学的名誉退休语言学教授, 他在语言学、心理学、心灵哲学, 甚至包括计算机科学等领域内被公认为是认知科学的一位重要的创始人。

乔姆斯基关于语言哲学和心灵哲学的主要著作包括:《句法结构》（ *Syntactic Structures* ）（ 1957 年 ）、《笛卡儿语言学》（ *Cartesian Linguistics* ）（ 1966 年 ）、《语言学理论的新问题》（ *Current Issues in Linguistic Theory* ）（ 1964 年 ）、《句法理论的若干问题》（ *Aspects of the Theory of Syntax* ）（ 1965 年 ）、与莫里斯·霍尔（ Morris Hall ）共同完成的《英语的语音模式》（ *The Sound Pattern of English* ）（ 1968 年 ）、《语言和心理》（ *Language and Mind* ）（ 1968 年 ）、《语义学的生成语法研究》（ *Studies on Semantics in Generative Grammar* ）（ 1972 年 ）、《语言学理论的逻辑结构》（ *The Logical Structure of Linguistic Theory* ）（ 1975 年 ）、《语言反射》（ *Reflections on Language* ）（ 1975 年 ）、《关于形式和解释的论文集》（ *Essays on Form and Interpretation* ）（ 1977 年 ）、《规则和陈述》（ *Rules*

and Representations）（1980年）、《语言与心理研究》（*Language and the Study of Mind*）（1982年）、《心理研究的模块化方法》（*Modular Approaches to the Study of the Mind*）（1984年）、《语言学知识：本质、起源与应用》（*Knowledge of Language: Its Nature, Origin, and Use*）（1986年）、《障碍语言学研究专著十三》（*Barriers Linguistic Inquiry Monograph Thirteen*）（1986年）、《语言与思想》（*Language and Thought*）（1993年）、《最简方案》（*The Minimalist Program*）（1998年）、《谈语言》（*On Language*）（1998年）以及《语言与心灵研究的新范围》（*New Horizons in the Study of Language and Mind*）（2000年）。

▶ 诺姆·乔姆斯基对行为主义有怎样的争论？

乔姆斯基反对行为主义的理由是，一个孩子甚至在没有听到文法正确的话语之前，就能学会一种语言并展示出构筑新的、正确句子的能力和速度，意味着这种语言能力不是被学会的。行为主义是一个基本理论，认为所有人类的知识和行为，包括语言的使用，是被人所学会的。

▶ 什么是诺姆·乔姆斯基的语言学理论？

当乔姆斯基在一直发展他理论的不同版本时，他常常放弃了先前版本的追随者，大多数评论家认为乔姆斯基思想的全部主题思想和发展趋势可以归纳为如下主张，语言能力或者合乎句法和文法意义的语言，是作为拥有语言"能力"物理结构的人类大脑中的"本能"。

乔姆斯基假定了一个"普遍文法"，用来限定可能存在的人类语言的

诺姆·乔姆斯基是一位才华横溢的语言学家，他发明了一种普遍文法来限定可能存在的语言，并指出人类的意识可以像自然现象一样被研究。（图片来源：美联社）

类型。在哲学术语中,研究语言的人不是经验主义者,而是理性主义者。因而,在《笛卡儿主义语言学》(*Cartesian Linguistics*)(1966年)一书中,与勒内·笛卡儿观点相同的乔姆斯基明确地指出,人类语言是一种天生的能力,所有的人类都拥有这个能力。需要注意的是,无论如何,乔姆斯基在关于精神行为这一方面是唯物主义者,而笛卡儿认为意识是一种非物质的东西。

▶ 为什么诺姆·乔姆斯基的语言学理论有深远的影响?

乔姆斯基的普遍文法原理与唯物主义一致。语言可以像自然现象一样用科学的方法来研究。此外,人们可以将说话者所说的话作为数据来使用,这些数据可以帮助我们推断出比口语里明显的语言结构更深层的语言结构。鉴于语言即使不是最主要的精神活动,也是一个重要的精神活动,天生的物理结构决定语言产生的观念有助于了解其他的精神功能。乔姆斯基在语言学方面所做的工作对心灵哲学家产生了非常重大的影响,例如,杰瑞·福多(Jerry Fodor,1935—)。

▶ 为什么唯物主义对于分析的心灵哲学是重要的?

无论精神等同于物质的大脑还是与大脑保持着紧密的联系,自从吉尔伯特·赖尔(Gilbert Ryle,1900—1976)写了《意识的概念》(*The Concept of Mind*)(1949年)这本书,对此进行分析的心灵哲学家们在唯物主义观点上是一致的。

▶ 吉尔伯特·赖尔是什么人物? 他的观点是什么?

吉尔伯特·赖尔是牛津大学的哲学教授,他在乔治·爱德华·摩尔之后主编《心灵》杂志。他开启了哲学家对意识的研究工作,他认为意识就像是"机械的灵魂"。他也因此而闻名于世。他用一些不能被解释的方式来攻击笛卡儿派哲学家的意识理念,认为这种理念是一种与身体相关的非物质实体。相反,他认为,那些关于意识的陈述,只有当它们能够用实际行为或有行为倾向的术语来解释时,它们才应该被视为是有意义的陈述。

杰瑞·福多

▶ 杰瑞·福多是什么人物?

杰瑞·艾伦·福多(Jerry Alan Fodor, 1935—　)是罗格斯大学(Rutgers University)的一位认知科学方面的哲学家,他因提出"模块化心灵理论"和"思想语言"概念而著名。福多的著作包括:《心理学解释》(*Psychological Explanation*)(1968年)、《思想语言》(*The Language of Thought*)(1975年)、《表示法:关于认知科学基础的论文》(*Representations: Essays on the Foundations of Cognitive Science*)(1979年)、《心灵模块性:一篇关于官能心理学的论文》(*The Modularity of Mind: An Essay on Faculty Psychology*)(1983年)、《心理语义学:在心灵哲学中的意义的问题》(*Psychosemantics: The Problem of Meaning in the Philosophy of Mind*)(1987年)、《内容理论及其他论文》(*A Theory of Content and Other Essays*)(1990年)《橡树与专家:心理语及其语义学》(*The Elm and the Expert, Mentalese and Its Semantics*)(1994年)、《概念:认知科学在哪里出错了》(*Concepts: Where Cognitive Science Went Wrong*)(1998年)、《临界情况》(*In Critical Condition*)(1998年)、《心灵不是那样工作的:计算心理学的范围和界限》(*The Mind Doesn't Work that Way: The Scope and Limits of Computational Psychology*)(2000年)以及《休谟变量》(*Hume Variations*)(2003年)。福多还为《伦敦图书评论》(*London Review of Books*)写一些关于歌剧的文章。他的写作风格特别诙谐并带着令人发笑的嘲弄,还体现出了朴素的推理和内涵。

▶ 什么是杰瑞·福多提出的心灵模块性理论?

首先,福多认为心灵很大程度上是先天的,并且心理发展不是由经验构成的,而是由经验引起的。认知能够像计算机操作一样用表示法来进行描述。心灵是模块化的,它的许多计算过程是相互独立的。它们可能在没有被其他过程观察的情况下把它们自己的计算结果发送给其他计算过程。

⊙ 根据杰瑞·福多的观点，什么是心灵模块性？

在《心灵模块性》一书中，福多提出了"传感器"（把我们与外面的世界连接起来的感觉官能）、"输入系统"以及"中央系统"。输入系统与中央系统已经被事实区分开来，输入系统是模块化的，而中央系统不是。每一个模块都有一种认知材料（例如视觉模块），并且它们的信息被封装，所以它们能够非常快速地工作，虽然它们不是有意识的反思。一个模块能够在不影响其他模块的情况下被破坏，例如"失语症"这种病例。

除了不同的感觉系统之外，语言也是一个模块。应该指出的是，福多毫不犹豫地将他的理论同弗朗茨·约瑟夫·高尔（Franz Joseph Gall, 1758—1828）提出的颅相学体系进行了比较，颅相学通常被当作早期伪科学的一个例子。非模块化的中央系统符合思想和信仰，并且与心灵的其他内容有联系。与语言不同，非模块化的中央系统不是局限性的。

 ▸ 福多令人惊讶的进化观点是什么？

福多毫无疑问是一位想象的创造者。然而，他并不接受人们认知是没有限制的这一进化心理学观点。他在 1998 年曾经这样写道：

我们的意识结构是如何依靠大脑结构的？我们对此确实是一无所知。甚至没有人知道我们的认知能力依赖哪些大脑结构。与我们的意识不同的是，粗略地估计一下我们的大脑，它们与猿的大脑非常相似。所以，从祖先的猿到我们现在人类的转变，看起来好像很小的大脑结构的改变一定造成了非常巨大的行为中断。如果这是正确的，那么你就不需要假设认知复杂性是通过达尔文选择了类人猿行为表现的逐渐变化塑造的。

换句话说，福多认为，为了说明人类意识的复杂性而假定特定的环境条件甚至一系列适应变化都是没有必要的。我们都知道，一个小型的变异就可能造成猿和我们人类之间的所有重要的心理差异。

▶ 福多的思想语言假说是什么?

思想语言,作为一种心理语言,它是大脑中的一个符号系统。它的内容是"命题态度",例如:认为、期望、打算、相信、希望,等等。每一个态度都与一个表示法有一种截然不同的计算关系。计算是指基于语法的信息处理。正如福多所说,"没有表示法就没有计算"。

因此,人有信念就是人与某种表达方式之间建立了计算关系,这与人有欲望是一样的。思想中的每一个简单的概念在大脑中都对应一个神经系统的符号。体现在行为上的最后结果,是该信念的表达方式使得个体产生了认为信念是正确的行为,而欲望的表达方式是个体产生某种行为来证实这种欲望是正确的。

▶ 什么是威尔弗雷德·塞拉斯的机能心理学思想?

威尔弗雷德·塞拉斯(Wilfred Sellars, 1912—1989)在他1956年发表的论文 "经验主义与心灵哲学"(*Empiricism and Philosophy of Mind*)中提出了机能心理学这个概念。按照塞拉斯的说法,不可能存在类似于感知信息这样的知识的精神的基础,他还否决了实用主义者的"所与神话"(通过"给予",实用主义者提到部分经验是不受感知者或思想者的影响的)。机能心理学是由塞拉斯发展起来的,希拉里·普特南(Hilary Putnam, 1926—)在其早期的作品中也提到过机能心理学。机能心理学的观点认为,精神状态能够被三件事情来说明:它们是由什么引起的,它们对其他精神状态的影响,它们对行为的影响。即是说,精神状态能够按照它们的功能来被理解,它们就像计算机软件一样运转。

▶ 作为一种心灵理论,机能心理学存在什么问题?

机能心理学将意识归类于复杂的体系,认为我们不会有其他想法。这可能导致对那些根据不同于我们自身的因果关系原则来运转的意识存在的否认。事实上,希拉里·普特南自己后来也否认了机能心理学,他认为信仰的内容是由外部事实决定的,同时也是整个知识体系的一部分,因此信仰不可能是计算的状态。普特南与保罗·克里普克(Paul Kripke, 1940—)和基思·唐纳伦

（Keith Donnellan, 1931—　 ）一同开发了一种新的因果关系或者直接意义的理论,这个理论被发表在《"意义"的意思》(*The Meaning of "Meaning"*)（1975年）一书中。

▶ 什么是意义的因果理论?

因果理论最早是在20世纪70年代由保罗·克里普克（Paul Kripke, 1940—　 ）、基思·唐纳伦（Keith Donnellan, 1931）和希拉里·普特南（Hilary Putnam, 1926—　 ）提出。过去在外延意义和内涵［拼写中使用"s"的"intensional"（该词的汉语意思为"紧张"）与拼写中使用"t"的"intention"（该词的汉语意思为"意图"）是不同的］意义之间常常是有区别的。外延意义是一个词语涉及世界上的某件事或某一类事。内涵意义是一个词语的应用情况或者这个词语的另一种解释。

根据意义的因果理论,也被称为"含义的因果理论",创造个体本身的专有名称（有点像一个"洗礼"）有一个因果关系的历史。自然类的术语,比如水和黄金,都以非常相同的方式工作。举一个例子,术语"水"指的是自然的H_2O；如果一个被称为水的物质不是H_2O,那么它就根本不是水。克里普克、唐纳伦和普特南3个人关于这个主题发表了题为"命名、必要性和自然的种类"(*Naming, Necessity and Natural Kinds*)（1977年）的论文,该论文编辑是史蒂芬·施瓦茨（Stephen P. Schwartz）。

▶ 托马斯·内格尔是如何反对机能心理学的?

托马斯·内格尔（Thomas Nagel, 1937—　 ）与欧内斯特·内格尔（Ernest Nagel, 1901—1985）

托马斯·内格尔用他的著名的论文《蝙蝠是什么样的?》批评了还原论者提出的人类意识的观点。(图片来源:美联社)

没有任何关系,托马斯·内格尔因其在1974年在《哲学评论》(*The Philosophical Review*)上发表的论文《蝙蝠是什么样的?》(*What Is It Like to Be a Bat?*)而闻名。内格尔在那篇论文里提出的观点是:因为我们测量意识的客观方法的本性,蝙蝠的主体性躲避着我们。他还以另一种方式来说服别人赞成自己的观点,他举了一个例子:当一个人品尝巧克力时,一名脑部外科医生观察他那部分大脑,发现大脑受到了刺激。更多的这种观察资料也不能说明观察者品尝了巧克力——即使他征服了这部分正被讨论的大脑。

内格尔认为还原主观经验性的主要动机与道德和认识论有关。他指出,整个科学研究具有越来越多的客观性,正朝着理想的"无源之见"发展,而具体的经验一直是来自某处的某人的观点。内格尔的著作包括:《利他主义的可能性》(*The Possibility of Altruism*)(1970年)、《人的问题》(*Mortal Questions*)(1979年)以及《无源之见》。他对哲学的简短的介绍,《你的第一本哲学书》(*What Does It All*

▶ 关于内格尔和蜘蛛的故事是怎样的?

一个夏天,当内格尔正在哈佛大学的威廉·詹姆斯礼堂工作时,他注意到一只生活在厕所小便池里的蜘蛛。每一次小便池被冲洗的时候,这只可怜的蜘蛛为了免于被淹死而要疯狂地向上爬。内格尔担心当班级上课并且小便池被冲洗的频率更高时这只蜘蛛会怎样。

经过长时间的深思熟虑之后,内格尔决定解救这只蜘蛛。他用一张纸巾小心地把它移出小便池,并把它放在屋子的一个角落里。起先,这只蜘蛛没有动,他认为它在寻找方向。之后他离城度过了一个快乐的周末,当他回来时,这只可怜的蜘蛛还是没有动。它的身体干瘪,已经彻底死掉了。

内格尔在《无源之见》(*The View From Nowhere*)(1986年)中讲述了这只蜘蛛。他要表明的意思看起来似乎是:由于缺乏对其他事物所处环境的了解,即使是最伟大的慈悲和最好的意图也可能达不到目的。

Mean?)（1987年），是非常容易理解的。

▶ 什么是取消式的唯物论？

取消唯物论是一种学说，最初是由保罗·费耶阿本德（Paul Feyerabend，1924—1994）在20世纪60年代初期提出来的，这一学说认为，科学最终可能会消除所有那些只将大脑状态视为非物质意识的习惯性言语。出生在加拿大的美国哲学家保罗·丘奇兰德（Paul Churchland，1942—　　）和他的妻子帕翠莎·丘奇兰德（Patricia Churchland，1943—　　）一同把这一观点发展成为心灵哲学的一个截然不同的分支。丘奇兰德夫妇指出，我们通常的意识的常识理论——由意图、期望和目的组成——只是纯粹的"民族心理学"；像其他的"民族信仰"一样，它也应该与智力和科学努力分开来看。丘奇兰德写道：

> 取消式的唯物论的观点是：我们的心理现象的常识概念构成了根本上错误的理论，一个在原理和存在论上都有这样根本缺陷的理论最终将会被完善的神经系统科学所取代，而不是被平稳地减弱。

保罗·丘奇兰德的主要的著作包括《科学实在论与心灵的可塑性》（*Scientific Realism and the Plasticity of Mind*）（1979年）、1981年发表在《哲学杂志》（*Journal of Philosophy*）上的《取消唯物论及命题态度》（*Eliminative Materialism and the Propositional Attitudes*）以及《理智的引擎与灵魂的住所》（*The Engine of Reason, the Seat of the Soul*）（1996年）。

▶ 丘奇兰德夫妇是如何说明意义的认知的？

意义是由联想确定的。最后，意义将会被具有激活"首选向量"的神经网络所取代。意义的同一性就是模式的同一性。在未来的图书馆中，将会有直接激活相应大脑状态和模式的"插头"，省略了我们现在所熟知的通过语言来传达意义的需要。

▶ 阿兰·麦席森·图灵是什么人物？

阿兰·麦席森·图灵（Alan Mathison Turing，1912—1954）是英国密码学家和数学家，他因为创立了现代计算机科学而被赞颂。他的图灵机是外延的思想实验，确定了运算法则和计算的概念。图灵机由一条可能无限长的带有一串二进制符号的纸带构成，这条纸带按照程序不断地被一个"读—写"装置扫描，在扫描的过程中，这个装置左右移动并且在纸带上写上或者擦除二进制符号。

图灵指出，任何一台这样的机器都可以被编写程序来模仿任意的另一台机器，意思是这是一台"通用机"。这台通用机能够实现

阿兰·麦席森·图灵是英国密码学家和数学家，他因为创立了现代计算机科学而被赞颂。（图片来源：艺术文献库）

所有已知的数学方法。图灵将这个模式扩展为不能被通用机模仿的机器，叫做谕示机。图灵建议智力活动可以被通用机网络以及非通用机网络理解。非通用机经过"培训"可以成为某种通用机，以此来理解智力活动。

在发明真正的电子计算机之后，图灵提出"人工智能"理论能够被检验。如果有一台计算机能够像人类一样完成各种计算（其准确度使得人类不能区分出结果是人算出的还是机器算出的），那么在理论上，人工智能是可能存在的。图灵于1950年在《心灵》（*Mind*）上发表了论文《机器能思考吗？》（*Can Machines Think?*），这篇文章对心灵哲学的讨论仍然具有非常大的影响，其中的部分原因是约翰·希尔勒（John Searle，1932— ）曾经提到过这篇文章。

▶ 约翰·希尔勒是怎样反驳阿兰·麦席森·图灵的观点的？

美国哲学家约翰·希尔勒（John Searle，1932— ）自从1959年开始，就一

在《心灵的再发现》(*The Rediscovery of the Mind*)(1992年)一书中,希尔勒假设一个不懂中文的人被锁在一间具有中文符号计算法则或者计算机程序的屋子里,该计算机程序能够自动用中文回答问题。程序提供地道的回答,与一个中国人给出的回答几乎没有区别。希尔勒强调,这个事例中所缺少的当代哲学中的整体计算理论的思想是理解——屋子里的人不懂中文。

为了回应希尔勒的理论,心灵计算理论的拥护者可能会主张:除非我们找到神秘的"机器的灵魂",否则被锁在屋子里的人的行为完全可以被视为"懂得中文"。

没有人真正知道在这场争论中谁正确。像杰瑞·福多(Jerry Fodor, 1935—)写的那样,"我们"这些心灵哲学家还没有适当的心灵理论。如果你认为你有这样的理论,那么试着解释一下你想要抬起你的右手臂的期望到底是如何导致你的手臂抬起来的。

直是加利福尼亚大学伯克利分校的一名教授,他形容自己的工作是尝试着调和科学界与意识动物中具有自由意志的人类的自我观念。在他的《意向性:一篇关于心灵哲学的文章》(*Intentionality: An Essay on the Philosophy of Mind*)(1983年)一文中,希尔勒认为精神状态是由大脑的神经生物学过程引起,并且在大脑的神经生物学进程中实现。他把这个观点称作"生物学的自然主义"。

在他的论证中,他试图去反驳一个显著的图灵关于高人工智能的观点,该观点认为意识能够被合适的计算设备复制出来。希尔勒尽管接受当代科学的观点,但是他拥护意识的非减少性。体现该观点的著作有《表达和意义:言语行为理论研究》(*Expression and Meaning: Studies in the Theory of Speech Acts*)(1979年)、《心智再发现》(*The Rediscovery of the Mind*)(1992年)、《意识之谜》(*The Mystery of Consciousness*)(1997年)以及《心灵导读》(*Mind: A Brief Introduction*)(2004年)。

五
新哲学

▶ **"新的"哲学是如何产生的?**

　　西方哲学开始于公元前7世纪,这个领域有什么新的内容?这是一个很好的问题。20世纪末,人们增加了哲学领域并且修正了一些旧有的问题,这使得哲学得以复兴。新加入哲学体系的一些主题发展为其他的学科,当这些学科重新回归哲学体系时,哲学家就可以区分出"真正的"智力问题。女权主义、环境论、种族研究在某种程度上都属于这个范畴,认知学、心理学和生物学新的哲学也都属于这个范畴。

　　后结构主义,或者被人们称作"后现代哲学"的解构,在欧洲总是被人们视为哲学。但是一些美国大学的哲学系最近才将其视为哲学。来自拉丁美洲、亚洲和非洲的所谓的"其他哲学"也开始在美国受到了认可。实用主义也开始复苏。

　　"实验哲学"是哲学领域的崭新分支。此外还有一个新的生物哲学、电视电影哲学、技术哲学以及儿童哲学,更不用说还有新"神秘主义"。

▶ **在这些新哲学中,哪些是流行一时的,而哪些将是长久存在的?**

　　哲学历史教导我们,一代人或者两代人的关注可能很难理解一些新的研究方法和研究对象。因此很难去预测在今后的100年、50年,或者甚至是20年内,人们会了解哪些哲学观点? 会阅

 ▶ "旧"哲学家们是如何很好地抵挡"新"哲学家的?

当然,这里所说的"新"和"旧"并不是哲学家年龄的问题。旧传统的力量依然很强大,并且旧传统的支持者批判所有的新哲学,认为它们根本就不是真正的哲学。尽管如此,当旧传统的支持者们在保卫他们日益看重的在哲学部门中的职位时,未免变得站不住脚。如果一个受到过哲学家在哲学杂志或者哲学书籍中发表的作品培训过的人被雇用来教授哲学,并且被视为一名哲学家,那么这个人像一只蹒跚而行、呷呷叫着的鸭子多于像一名哲学家。

问题的关键在于,当哲学家和朋友们在一起时通常不同意彼此的思想甚至相互批判。因此有些人会认为人们对待新哲学就应该有这样的反应,因为新哲学偏离了当前的主流思想。

读哪些哲学书籍? 在某种程度上,哲学被分解成文学、文化批判,或者实证科学,因此读者们可能会觉得本书的这一章预示着哲学的终结。

但是哲学已经经历了两千多年,因此在这一点上人们若是设想哲学会灭亡可能还为时过早。新种类的思想是否会确立它们自己的方式,按照旧传统,这些方式明显以哲学体系为基础;或者持有旧传统的人是否会忘却当前的干扰,继续心满意足地信仰这些旧传统;这些都还有待于观察。

⯈ 新哲学中的主要问题是什么?

几个因素比较突出:一个与当前的社会问题有关的可以感知的哲学需求;民主主义的价值;多元化文化;在白人男性居于支配地位的历史中,处于社会被支配地位的妇女和非白种人的重要性;并且最重要的是,新哲学对客观事实、真理和早先的哲学家的傲慢态度和狂妄自大具有一种强大的反抗思想。在多媒体、电子时代,还要使哲学主题引起更多新同学的兴趣。

后 现 代 哲 学

▶ 世界上发生了什么事情使后现代主义活跃起来？

"后现代"这个术语来源于建筑学领域。意思是"在现代之后"，它是一个短语，有时具有讽刺意味地表示用不尊敬的方式借鉴过去。后现代哲学是在一些主要的历史变迁之后出现的：阿尔伯特·爱因斯坦的相对论和亚原子物理学描绘的不同的科学世界观；20世纪战争的巨大破坏力；昔日殖民地的解放，以及在欧洲和美国的妇女和非白人的解放；后殖民主义时期的经济、政治和社会状况；以及传统社会制度的崩溃，比如核心家庭、女性角色的转变、全球资本主义、新的经济不平等和环境危机。

▶ 后现代哲学的独特方法是什么？

基于结构主义者的研究，特别是基于弗尔迪南·德·索绪尔（Ferdinand de Saussure, 1857—1913）和雅各·拉冈（Jacques Lacan, 1901—1981）的研究，大多数后现代哲学家把语言和符号的社会系统作为他们的主要研究对象。更重要的是，他们认为整个人类世界存在于语言体系的内外。他们的分析方法在解释上是易变的、批判性的和系统的。

更确切地说，解构主义的发展是通过识别西方思想中的难题和矛盾实现的。西方思想停留在神学原则上。并且，在某种程度上，个人思想很难达到这些神学原则所要求的标准。一般来说，现代存在的难题需要二元组，比如"正确和错误"或者"存在和不存在"，二元组中的每一个元素为了和另一个元素对立，人们对它们进行了错误的定义。

雅克·德里达与解构主义

▶ 雅克·德里达是什么人物？

雅克·德里达（Jacques Derrida, 1930—2004）是出生在阿尔及利亚的法国知性理论家，人们公认他是解构主义的创始人。他在1962年翻译了埃德蒙德·胡塞尔的《几何学的起源》（*The Origin of Geometry*）一书，在该译著的序言中提出了解构主义。在后来的一次访谈中，德里达用他独特的术语解释了解构主义，他的解释使许多英美哲学家非常轻视解构主义：

> 在这篇文章中，写作存在的问题是适当的。与意识、存在、科学、历史和科学历史相比，解构主义的发展相对滞后，起源也无法探究……《声音与现象》一书中的这篇文章可以从书稿的任何一侧开始阅读（左侧或者右侧，你可以随意选择）。

德里达使用了胡塞尔的标准，认为人们所知道的事物必须是人的意识所能认识到的事物。在此基础上，德里达批评了"存在的形而上学"。传统上来说，人们设想知识是上帝或者绝对意识所了解的东西。他认为整个西方哲学史就是"探究超出人类经验的存在，而这种存在是意义的起源或者保证"。

他的主要著作包括《〈声音与现象〉和关于胡塞尔符号理论的其他论文》（*"Speech and Phenomena" and Other Essays on Husserl's Theory of Signs*）（1973年）、《论文字学》（*Of Grammatology*）（1972年）、《书写与差异》（*Writing and Difference*）（1978年）、《激励：尼采的风格》（*Spurs: Nietzsche's Styles*）（1979年）、《无关紧要的考古学：孔狄亚克著作读后感》（*The Archeology of the Frivolous: Reading Condillac*）（1980年）、《哲学的边缘》（*Margins of Philosophy*）（1982年）、《明信片——从苏格拉底到弗洛伊德等》（*The Post Card: From Socrates to Freud and Beyond*）（1987年）、《埃德蒙德·胡塞尔的〈几何学的起源〉：导言》（*Edmund Husserl's Origin of Geometry: An Introduction*）（1962年，1989年）、《论精神：海德格尔及其问题》（*Of Spirit: Heidegger and the Question*）（1989年）以

及《死亡的礼物》（*The Gift of Death*）（1995年）。德里达最主要还是因其所著的《论文字学》（*Of Grammatology*）（1972年）闻名于世。

▶ 什么是解构主义？

解构主义是解读文本（解构主义者对作品的称呼）的一种方法。这个方法基于一个前提：文本的含义取决于作者和读者的历史背景，也依赖于文本的自身内容。

▶ 德里达在他的《论文字学》中是如何解释解构主义的？

德里达的《论文字学》（*of Grammatology*）（1972年）描述了文字的不稳定性，所有文字的意思都是由读者所理解的意思来决定的，这一事实造成了文字的不稳定性，因为读者理解的意思可能会发生改变，因此不能够要求一个文字具有明确而稳定的意思。所有符号都要由其他符号来解释，因此没有一个永恒不变的最终意思——意思总是被"延迟的"。

雅克·德里达（Jacques Derrida，1930—2004）在这里谈及"原初书写"，"原初书写"引用了不可违背的意思的差异。所有的文字原本的意图和读者的理解之间都有差异，并且作者和读者之间的理解也有差异。

德里达有意将对写作本体的描述变成对知识生活的本质的说明。设想在哲学家的意图和意思被领会之前就有生命存在，这是哲学家和辛勤工作了这么久的哲学领域的其他人所拥有的错误观点。

雅克·德里达是解构主义的创始人。（图片来源：美联社）

▶ 雅克·德里达的解构主义是如何被人们接受的?

与德里达同一时代并被许多人认为是一位结构主义者的米歇尔·福柯（Michel Foucault, 1926—1984）指控德里达正在从事蒙昧主义的恐怖主义行为。福柯谴责了那些没有将德里达视作白痴的人。美国哲学家，例如诺姆·乔姆斯基、约翰·希尔勒和理查德·罗蒂（Richard Rorty, 1931—2007）嘲笑德里达并拒绝接受他。希尔勒提到"故意的平淡无奇的蒙昧主义，非常夸张的主张以及通过制造一些荒谬的主张来不断地努力装出深奥的样子，但是经过分析会发现这些主张都是愚蠢而微不足道的"。

乔姆斯基认为德里达的作品体现了巴黎知识分子典型的古怪传统。对他们来说这不是一个明确的问题，乔姆斯基和希尔勒假定意思本身是稳定的，他们的理论工作也以此为基础进行。然而罗蒂认为德里达的形而上学是人们所无法理解的，他本人有一个观点与德里达的真实的虚假主张观点相似，而哲学家们则接受了这个观点。

德里达认为口头语言是不明确的，这使得文字成为必需，他还提出了"不一致"这个术语来说明文字与口头语之间的差异。如果一个人大声地说"differance"（该词为"difference"一词的错误拼写）和"difference"（该词的汉语意思为"差异"），两者之间听起来是没有什么区别的。尽管我们已经看到了文字中的意思也具有不确定性，但是语言相关的区别还是只能用文字形式表示出来。

正是这种关于意思动态特性的洞察力——反对费尔迪南·德·索绪尔的构造主义观点，费尔迪南·德·索绪尔认为存在一个由言语制定的意思体系，如果在这个体系中必须要有文字，那么这些文字也是稍微次要的——使得德里达从1968年开始就被贴上了"后结构主义者"的标签。德里达批评结构主义的传统是"徒劳地从中心移动到中心"。

理查德·罗蒂

▶ 理查德·罗蒂是什么人物?

理查德·麦凯·罗蒂（Richard McKay Rorty, 1931—2007）可能是著作拥有最多读者的当代美国哲学家，而分析哲学家和经验主义哲学家认为他不是在研究哲学。他先后在威尔斯利、普林斯顿大学、弗吉尼亚大学和斯坦福教书。罗蒂最初是一位分析哲学家，他赞同取消唯物主义，但是在20世纪70年代末出版了《哲学与自然之镜》（*Philosophy and the Mirror of Nature*）（1979年）一书后，他开始从大陆思想的语用学角度批评分析哲学。

作为一名新实用主义者，罗蒂认为人们对语言存在错误的观点，而这正是产生大多数哲学问题的原因。真理是有些武断的、相对的观点，而哲学只是一个文学流派。罗蒂的主要著作包括《自然之镜，实用主义的后果》（*Mirror of Nature, Consequences of Pragmatism*）（1982年）、《历史中的哲学》（*Philosophy in History*）（1985年）、《偶然、反讽与团结》（*Contingency, Irony, and Solidarity*）（1989年）、《客观性、相对主义与真理：哲学论文第一集》（*Objectivity, Relativism and Truth: Philosophical Papers I*）（1991年）、《论海德格尔及其他哲学家：哲学论文第二集》（*Essays on Heidegger and Others: Philosophical Papers II*）（1991年）、《筑就我们的国家：20世纪美国的左翼思想》（*Achieving Our Country: Leftist Thought in Twentieth Century America*）（1998年）、《真理与进步：哲学论文第三集》（*Truth and Progress: Philosophical Papers III*）（1998年）、《哲学与社会希望》（*Philosophy and*

理查德·罗蒂认为大多数哲学问题都源于人们对语言存在错误的观点。他还认为真理是一个武断的观点。（图片来源：美联社）

Social Hope)（2000年）、《反对老板，反对寡头：与理查德·罗蒂的对话》
(*Against Bosses, Against Oligarchies: A Conversation with Richard Rorty*)（2002
年）、与吉安尼·瓦提莫（Gianni Vattimo）合著的《宗教的未来》(*The Future
of Religion*)（2005年）以及《文化政治哲学：哲学论文第四集》(*Philosophy as
Cultural Politics: Philosophical Papers IV*)（2007年）。

▶ 什么是理查德·罗蒂的真理观点？

罗蒂评论我们所知道的思想都是描绘客观世界的思想，或者称之为"表象主
义"，他还向特别有智慧的哲学家们发出了挑战。他认为"真实"只是在语言学和
知识团体中使用的一个令人肃然起敬的术语，其意思是"正当的行动"。因为这种
认识论的立场停留在人类自由的理想上，罗蒂把它称为"自由主义的反讽主义"。
他认为承诺只是对信仰的适当的辩护。这种观点使罗蒂具有相对主义的观点。

▶ 什么是理查德·罗蒂的哲学观念？

罗蒂认为哲学是正在进行的自由的对话或者思想的交流，这种对话或者思
想的交换被人们充满热情地进行下去，但却不能推断出不存在的事实。哲学是
创造性地改造自身的机会。尽管他不断地表达出自由主义的观点，他却认为人
们不可能构建一个理性的普遍人权，但是通过正确的早期教育和阅读文学作品
能够培养人们的认同感及理解别人处境的相关的情操。

尤尔根·哈贝马斯

▶ 尤尔根·哈贝马斯是什么人物？

尤尔根·哈贝马斯（Jurgen Habermas）（1929 —　 ）是德国的哲学家和社
会理论家，他把法兰克福学派的批判理论与美国的实用主义结合在一起。在
用这种结合强调演说和对话是一种政治生活方式时，他是一个后现代人。他
用与同时代思想家的接合——从雅克·德里达到约翰·罗尔斯（John Rawls）

（1921—2002）再到罗马教皇本笃十六世（Pope Benedict XVI，当时他是主教拉青格）——来例证他的理论。然而，应该注意到的是，与大多数自认为是后现代哲学家的人不同，哈贝马斯支持民主价值标准的启蒙运动。

哈贝马斯的主要著作包括《公共领域的结构变化》（*The Structural Transformation of the Public Sphere*）（1962年）、《理论与实践》（*Theory and Practice*）（1963年）、《论社会科学的逻辑》（*On the Logic of the Social Sciences*）（1967年）、《知识与人的利益》（*Knowledge and Human Interest*）（1967年）、《走向合理的社会》（*Toward a Rational Society*）（1967年）、《技术和作为意识形态的科学》（*Technology and Science as Ideology*）（1968年）、《沟通行为理论》（*The Theory of Communicative Action*）（1981年）、《论沟通语用论》（*On the Pragmatics of Communication*）（1992年）、《后民族格局》（*The Postnational Constellation*）（1998年）、《老欧洲、新欧洲、核心欧洲》（*Old Europe, New Europe, Core Europe*）（2005年）、《有分歧的西方》（*The Divided West*）（2006年）以及与约瑟夫·拉青格（Joseph Ratzinger）合著的《世俗化的辩证法》（*The Dialectics of Secularization*）（2007年）。

 尤尔根·哈贝马斯的主要观点是什么？

哈贝马斯的追求是为社会批评寻找一个标准化的或者规范的基础。作为一名刚毕业的学生，他发现了在18世纪政治话语公共领域的重要性，而政治话语

▶ 理查德·罗蒂是如何用例子向听众说明相对主义的？

罗蒂信奉非常深奥微妙的相对主义，他提出一个听众都会赞同的看法，同时说明这个看法是如何被那些持有不同观点的人争论的。例如，关于信奉正统派基督教的人的宗教信仰，他在教书时用明显强烈的言语反对这些人的观点。与此同时，在试图改变这些人信仰的过程中，他努力展现他的观点是多么具有攻击性和反生产力。

是不持久的。在他早期的作品中，他抵制实证主义、马克思主义和传统的精神分析，因为它们没有制定出一个标准化基础。他自己的目标是自由的，并且他认为与单纯的工具或者目标导向型理性相对照，人们利用理性进行沟通。从交流的理想角度来思考，现代性会受到批评。

德国哲学家和社会理论家尤尔根·哈贝马斯是一个后现代主义者，他支持民主价值观的启蒙运动。（图片来源：美联社）

哈贝马斯认为，为了阐明谁参与了官方的或者制度上的话语的隐含规则，正式的"语用论"是必需的。在批评了这些规则之后，哈贝马斯得出的结论是，这样的话语偏向官僚主义、技术或者控制的本质，这一点并不局限于资本主义。哈贝马斯认为想要得到所有利益群体的赞同，要对正在进行的辩证的或者公共的讨论进行更正。这种多元辩证法本身是理想的谈话情况。哈贝马斯的理想谈话情况被许多人理解为启蒙理性的复兴。

▶ **尤尔根·哈贝马斯的工作完全是理论性的吗？**

不是的。首先，他认为发现其他人目标的能力是参与话语共同体的一个条件。第二，讨论的主题应该确定什么是有价值的、令人信服的论据。他对他的观点和国家之间可能存在的世界和平相一致表示出了乐观的态度。

哈贝马斯一直与作为国家个性化标准的民族自决斗争，并且试图确定欧洲内部相互合作所必需的各种谈判。他还认为宗教思想家和世俗论者之间的对话能够使双方都受益，即使每一方的一些核心信仰不能被完全转变为另一方的世界观。

一般来说，哈贝马斯关于唯理性、世界大同主义以及民主协商的全人类目标的观点描绘了一系列经过改动的现代理想。其他后现代主义者，例如让·鲍德里亚（Jean Baudrillard, 1929—2007）、吉尔·德勒兹（Gilles Deleuze, 1925—1995）以及皮埃尔-菲利克斯·加塔利（Pierre Felix Guattari, 1930—1992），对这

些理想持怀疑态度。

更多的法国后现代哲学家

▶ 让·鲍德里亚是什么人物?

让·鲍德里亚（Jean Baudrillard, 1929—2007）是一位社会理论家, 他曾经写道, 人类社会缺少有教养的公众言语, 这种言语是尤尔根·哈贝马斯曾经在他悲观却又文雅并且有激励作用的散文中描述过的。同理查德·罗蒂一样, 他也是一个非常易懂的后现代主义者, 但他没有理查德·罗蒂那么乐观。

鲍德里亚在著作《阴影中的美国公众》(*In the Shadow of the Silent Majority*)（1982年）和《恐怖主义的精神: 双子塔的安魂曲》(*The Spirit of Terrorism: And Requiem for the Twin Towers*)（2002年）谈到恐怖主义时, 写到美国文化媒体控制着公众的注意力, 而媒体只注重恐怖主义发生时的奇观景象。在一定程度上, 这并不是轻率的观点。在对现代生活进行彻底、有效的分析后, 就会发现现代生活是由人类存在的先前形式的假象组成的。

我们可以举例说明这个观点, 新建的"古镇"就是这正存在的历史悠久的古镇的假象。美国比萨饼是意大利食物的假象。鲍德里亚认为, 人类社会存在的明显问题不仅是事物缺少真实性, 而是相对于事实来说, 大众更偏爱虚假的东西。在《海湾战争并没有发生》(*The Gulf War did not Take Place*)（1991年）一书中, 他描述了参加第一次海湾战争的经历, 甚至描述了军队。他认为海湾战争经过电视、广播电台和其他媒体形式的呈现, 完全是由特定的剧本决定的。这些报道中只涉及些许真实的经历。

▶ 让-弗朗索瓦·利奥塔是什么人物?

让-弗朗索瓦·利奥塔（Jean-Francois Lyotard, 1924—1998）在法国巴黎索邦神学院接受教育并且参加了雅各·拉冈的心理分析研究会。他受魁北克政府的委任而写的著作《后现代状态: 关于知识的报告》(*The Postmodern Condition: A Report on Knowledge*)（1979年）为其赢得了世界盛名。他在美国各地教书并做演讲。

利奥塔试图清晰地阐明后现代主义行为模式既是一种知性态度,又是一种当代的生活状态。

▶ 什么是让-弗朗格斯·利奥塔的后现代主义观点?

利奥塔将后现代主义定义为"怀疑争论"或者不满于正统派学说而产生的怀疑态度。利奥塔的脑海中存在这样的一个叙述性的例子,它是理性胜利和"理性主题"的解放启蒙运动说明。利奥塔提出,可以构建关于独特事件的"小叙事"来代替。在他的《争论》(The Differend)(1983年)一书中,利奥塔认为在不能对规则取得一致意见的参与者之间存在争论。作为结果,争论不能被解决,所以可能出现的最好结果就是争论的各方都被认可。

▶ 吉尔·德勒兹和皮埃尔-菲利克斯·加塔利是什么人物?

吉尔·德勒兹(Gilles Deleuze, 1925—1995)和皮埃尔-菲利克斯·加塔利(Pierre-Félix Guattari, 1930—1992)是合作者,他们因合著了《反俄狄浦斯:资本主义与精神分裂症》(Anti-Oedipus: Capitalism and Schizophrenia)(1972年)、《千高原》(A Thousand Plateaus)(1980年)以及《什么是哲学》(What Is Philosophy?)(1991年)而闻名于世。他们的最后一部著作《混沌互渗》(Chaosmose)(1992年),总结了他们早先提出的关于主观性的质疑:"如何提出它、收集它、丰富它、改造它,使它永远与'突变世界价值'保持一致?"

他们从事于哲学史和当代文化以及政治激进主义,认为理论家的任务是创造连接,因为在理论与现

吉尔·德勒兹与皮埃尔-菲利克斯·加塔利合著了几部哲学著作,哲学著作中经常使用深奥的术语。(图片来源:美联社)

实之间没有预定成型的联系。因此,某些结构被更好地理解为具有水平行进,并以惊奇的方式突然出现的"根茎",而不是那些被发现是垂直向下的"根"。根茎有几分像被分散的社会趋势,比如那些通过博客创造他们自己的新闻媒体的个体,而不是依靠同样的一些资源来获取信息的那些人。进步的趋势可能被认定为"微观政治学""精神分裂症分析"和"变成女人"。

▶ 吉尔·德勒兹是怎样的一个人?

他不喜欢提供给传记作家自传信息,声称:"学者的生活都很无趣。"他留着长指甲,但是当人们认为长指甲是古怪的标志时,他回应道:"我没有得到标准的防护具,因此在触摸东西特别是丝织品时会引起某种过敏,我需要长的指甲来保护它们。"在同一次采访中,他说,他不旅行这一事实并不意味着他没有进行"心灵的旅行"。

▶ 阿兰·索卡尔是如何抨击后现代主义的?

纽约大学物理学家阿兰·索卡尔写了一篇《超越界限:走向量子引力的超形式的解释学》(*Transgressing the Boundaries: Towards a Transformative Hermeneutics of Quantum Gravity*)具有后现代学风的虚假文章,这篇文章被发表在后现代杂志《社会文本》的1996年春/夏《科学大战》这个专刊上。在这篇文章登出来之后,索卡尔又在学术八卦杂志《通用语》上承认了他的骗局。他指出他在《社会文本》上发表的文章是"左翼的伪善之言、奉承的参考、堂皇的引用语和完全的胡说八道的一个混合体",它是用我能够找到的最近的文科后现代主义者所写的关于数学和物理的无聊引用语编造的一篇文章。索卡尔为什么这么做呢?他用下面的方式进行了解释:

> 我是一个明显的老左派,我从来没有真正理解解构主义是如何被期望去帮助工人阶级的。同时我还是一个保守的老科学家,我天真地相信存在客观世界,存在关于这个世界的客观真理,并且我的工作就是去找出一些这样的真理。

▶ 德勒兹和加塔利的奇异术语是什么意思?

吉尔·德勒兹和皮埃尔·菲利克斯·加塔利为使用了新的术语而感到骄傲,尽管他们没有对这些术语进行详细说明,但他们认为读者能够理解。"突变世界价值"看起来似乎是指一个新的价值体系,这个新的价值体系是非传统的和受欢迎的。在我们这个时代的例子有在娱乐表演中对吸血鬼的兴趣、正在增长的电子通讯的重要性以及家庭宠物地位的变化,它们以前仅仅是宠物而现在已经成为与家庭一起生活的成员。

在美国,市政厅会议的重要性应该是"微观政治学"的一个例子。"精神分裂症分析"提出了矛盾的含义,常指德勒兹和加塔利想摆脱作为解释人类行为方式的弗洛伊德无意识思想的计划。"变成女人"指的是当代女性积极地参与定义她们自己的社会角色的这一事实。

换句话说,除了思考和展示之外,后现代主义思想缺乏理性的、学究气的特点,索卡尔认为它没有提供有价值的政治意图。索卡尔和让·布里克蒙(Jean Bricmont),一个物理学家和一个科学哲学家,在他们的著作《知识的骗局》(*Fashionable Nonsense*)(1997 年)中一起进一步地发展了索卡尔文章所暗指的对后现代主义的批评。

索卡尔的著作给人们留下的疑问是:"这种对整个思想领域的政治谴责违反了来之不易的学术自由原则吗? 而且,政治价值标准应用于后现代主义,从而放弃在很大程度上与当前政治背景不相关的两个半世纪的哲学,那种做法公平吗?"

许多后现代的著作受到了1968年发生在法国的大规模学生抗议活动的启发,如果和政治没有直接的相关性,那么这些著作在政治上就是没有影响的。哲学历史领域的著作就是作者受到了当前发生的政治事件的激发创作出来的。并且,后现代主义的政治批评需要对理性的后结构主义背景有所了解。索卡尔在这方面似乎有所欠缺。著作和政治是否有关联与著作本身是不是一派胡言,这是两个根本不同的问题。

其他美国哲学体系

▶ 什么是其他美国哲学体系?

其他美国哲学体系这个术语指的是美洲的代表团体的哲学体系,他们政治上从属于美国政府历史上所代表的团体。这些哲学体系本身拥有悠久的历史文化来源,但是他们最近关注的事成为部分英美主流纯理论哲学。结果是,到20世纪末出现了几个新的哲学分支:非裔美国哲学、美国本土哲学和拉丁美洲哲学。每一种传统都发展成一种文化批判形式,并且在某种程度上,被批判者不会立即认可这些批判,每一个都是一种与众不同的批判理论。

▶ 什么让人们开始关注哲学历史上的弱势群体?

当哲学家们分析整理几十年来许多人忧虑的问题时,它们成为高等教育中正式的哲学课程的一部分。另外,这些问题需要用分析法和大陆哲学观点一起解决。其中的一些问题与伦理有关,而另一些则是与政治哲学和国家政策直接相关,它们现在都是当代哲学标准的一部分。

非裔美国哲学

▶ 什么是非裔美国哲学?

非裔美国哲学到目前为止经历了3个时期:19世纪,非裔美国哲学围绕废奴主义展开,主要体现在弗里德里克·道格拉斯(Frederick Douglass,约1818—1895)的作品中;20世纪初,以阿兰·洛克(Alain Locke,1885—1954)和威廉·爱德华·伯格哈特·杜波依斯(W.E.B. Dubois)的作品为主要代表。直到20世纪70年代,非裔美国哲学开始成为纯理论哲学内部的一个分支,这成为非裔美国哲学第三时期的开始,并一直延续到现在。

除了认可历史上被忽视的思想家和思想之外,非裔美国哲学还关注身份、种族主义及种族主义的更正方法、美国内战前黑人奴役制度的赔偿问题以及把人类划分成生物学上的种族是否有科学依据等问题。

非裔美国哲学的核心一流读物包括:亚历山大·克拉梅尔(Alexander Crummell, 1819—1898)撰写的《命运和种族:1840年—1898年作品选集》(*Destiny and Race: Selected Writings, 1840—1898*)(2000年)、弗雷德里克·道格拉斯(Frederick Douglass)撰写的《弗雷

在非裔美国哲学领域众多的杰出人物中,威廉·爱德华·伯格哈特·杜波依斯是一位民权活动家、历史学家、社会学家和泛非主义者,他毕生致力于解决种族主义的问题。(图片来源:美国国会图书馆)

德里克·道格拉斯,一个美国奴隶的生活叙述》(*A Narrative of the Life of Frederick Douglass, an American Slave*)(1845年)、威廉·爱德华·伯格哈特·杜波依斯(*W.E.B. DuBois,* 1868—1963)撰写的《黑人的灵魂和黎明的黄昏》(*The Souls of Black Folk and Dusk of Dawn*)(1945年)、阿兰·洛克撰写的《新的黑人》(*The New Negro*)(1925年)、布克·托利弗·华盛顿(Booker T Washington, 1886—1915)撰写的《超越奴役:自传》(*Up from Slavery: An Autobiography*)(1901年)以及马丁·路德·金(Martin Luther King, 1929—1968)撰写的《希望的自白:马丁·路德·金的重要著作和演讲》(*A Testament of Hope: The Essential Writings and Speeches of Martin Luther King, Jr.*)(1986年)。

▶ 经典的非裔美国人著作中的主要主题和主张是什么?

直到《解放黑奴宣言》(*the Emancipation Proclamation*)(1862年)颁布,黑人奴隶制度的废除一直是最主要的问题。从南北战争结束一直到20世纪50年代末的民权运动,主要问题变成了对黑人的歧视问题以及他们在就业机会、各个级别

哪些重要的著作帮助创立了20世纪后期非洲裔美国哲学?

比较简单的核心书目包括如下著作：克瓦米·安东尼·阿皮亚（Kwame Anthony Appiah）和艾米·古特曼（Amy Gutmann）合著的《肤色意识：种族的政治道德》（*Color Conscious: The Political Morality of Race*）（1996年）、伯纳德·鲍克希尔（Bernard Boxill）撰写的《黑人与社会公正》（*Blacks and Social Justice*）（1992年）、安杰拉·戴维斯（Angela Davis）撰写的《女性、种族和阶级》（*Women, Race, and Class*）（1983年）、刘易斯·R. 戈登（Lewis R. Gordon）撰写的《奸诈与反黑人的种族主义》（*Bad Faith and Antiblack Racism*）（1996年）、杰奎琳·格兰特（Jacquelyn Grant）撰写的《白人妇女的救世主与黑人妇女的耶稣》（*White Women's Christ and Black Women's Jesus*）（1989年）、伦纳德·哈里斯（Leonard Harris）撰写的《天生的斗争哲学：1917年以来的美国黑人哲学文选》（*Philosophy Born of Struggle: Anthology of Afro-American Philosophy from 1917*）（1983年）、比尔·E. 劳森（Bill E. Lawson）撰写的《下层阶级的问题》（*The Underclass Question*）（1992年）、汤米·L. 洛特（Tommy L. Lott）撰写的《征服与奴役》（*Subjugation and Bondage*）（1998年）、查尔斯·韦德·米尔斯（Charles W. Mills）撰写的《种族契约》（*The Racial Contract*）（1997年）、米歇尔·M. 穆迪-亚当斯（Michele M. Moody-Adams）撰写的《道德、文化与哲学：在熟悉的地方所做的实地调查》（*Morality, Culture and Philosophy: Fieldwork in Familiar Places*）（1997年）、格雷格·摩西（Greg Moses）撰写的《良心革命：马丁·路德·金与非暴力哲学》（*Revolution of Conscience: Martin Luther King, Jr., and the Philosophy of Nonviolence*）（1997年）、阿尔伯特·莫斯利（Albert Mosley）撰写的《平权法案：社会公平或不公平偏好？》（*Affirmative Action: Social Justice or Unfair Preference?*）（1996年）、卢修斯·奥特劳

（Lucius Outlaw）撰写的《种族与哲学》（*On Race and Philosophy*）（1996年）、罗德尼·C. 罗伯茨（Rodney C. Roberts）撰写的《不公正及整顿》（*Injustice and Rectification*）（2002年）、劳伦斯·托马斯（Laurence Thomas）撰写的《邪恶的人：美国奴隶制度和大屠杀》（*Vessels of Evil: American Slavery and the Holocaust*）（1993年）、科内尔·韦斯特（Cornel West）撰写的《预言的解救！美国黑人革命的基督教》（*Prophesy Deliverance! An Afro-American Revolutionary Christianity*）（1982年）、编辑乔治·南希（George Yancy）撰写的《非洲裔美国哲学家，17个对话》（*African-American Philosophers, 17 Conversations*）（1998年）以及内奥米·扎克（Naomi Zack）撰写的《关于种族问题的思考》（*Thinking about Race*）（2006年）。

的教育、住房、适当的医疗和刑事司法系统中的公平等方面都被社会和法律排除在外的情况，1964年美国制定法律来反对歧视，这是民权运动的结果。与此同时，对非裔美国人的支持和对他们身份的积极的解释是目前人们主要关注的事情。

▶ 关于种族身份的哲学问题都有哪些？

它们可以被归纳总结为一个问题：非裔美国人是把他们自己和他们的族群看成特殊种族的美国人还是一般的美国人。传统上，极端的种族特性是在被压迫群体的成员中发展出来的，有时种族主义者反对非裔美国人的一些特别事件会引发极端的种族特性。另一方面，在弱势群体中的极端种族特性可能会妨碍年轻人在白种人占统治地位的社会中渴望并获得成功。除了这些实际问题之外，当前还有一个共识：所有社会的种族身份和心理上的种族身份都是由社会构造的而不是由生物基因决定的。

▶ 非裔美国哲学中的主要主题和问题有哪些？

种族歧视的分析、种族身份问题以及种族现实问题都是非裔美国哲学的重

要问题。

▷ 什么是有关生物种族的哲学问题？

在普遍事实中，由于生物学差异，大多数人看起来很明显地都属于一些主要种族中的某一支。事实上，人类生物科学没能发现任何一项能够辨别一个种族的物理要素；并且也不存在种族的所有成员都共有的物理特性。例如，一些黑人拥有比一些白人更亮的肤色，并且大体上种族内部存在的种族特性的变异比种族之间存在的变异更大。21世纪，基因学者对比了人类基因组，他们在调查研究报告中强调没有发现种族基因。

当然，种族的重要物理特性被遗传继承了，但是在这些特性和其他特性之间原则上是没有任何差异的。在全球角度上和历史角度上看，判断种族成员资格的标准多样化了。在殖民时期，如果一个人的曾祖父母中大部分是白人，那么他就被认为是白人。到1900年，"一方决定"规则在全球有效：如果一个人的祖先中有黑人，那么这个人就被认为是黑人，不管这个祖先生活在多么久远以前。一方决定规则抹去了同时拥有黑人祖先和白人祖先的美国人真实的种族身份——他们在很大程度上一直被认为是黑人，而不是多人种的混合种族或者代表两种人种的种族。

对于黑人或者白人种族身份所进行的生物学研究缺乏基础，这已经导致了一些作家建议消除种族范畴，种族身份被认为是纯社会角度的。在这种社会基础下，没有合理的理由来解释为什么同时拥有黑人祖先和白人祖先的人不被认为是混合种族，而自动被认为是黑人种族。有些人试图为种族重建不那么严格的"生物学"基础，还有一些人坚持认为在非裔美国人的传统中，种族一直被理解为不仅仅是涉及生物学的事物。

美国本土哲学

▷ 什么是美国本土哲学？

早在欧洲人入侵并占有土地之前，美国本土部落和民族就已经拥有了成熟的世界观、宗教信仰、认识论、形而上学思想以及社会和政治观点。美国原住民通过口头讲述的方式将这些知识一代代传下来。在美国原住民遭到大屠杀后，大部分知识被遗失，不再完整。

美国本土哲学作为纯理论哲学的一个分支，其发展不仅需要对历史知识进行重建，而且在某种程度上，其发展需要接受西方哲学的方法。问题是，对于大多数美国原住民思想家来说，这些方法存在很大的问题。并且，几个世纪以来人类学家和政府官员对美国本土文化的描述是扭曲的，大多数美国原住民哲学家喜欢自己表述想法，而不喜欢让别人传达他们的观点。

目前在美国大学哲学系工作的美国原住民并不多——也许不到50人。然而，自从20世纪80年代起，美国本土哲学的"圣典"得以发展，包括如下资源：保拉·甘·艾伦（Paula Gunn Allen，1986年）所著的《圣环》（*The Sacred Hoop*）、凯瑟琳·迪安·摩尔（Kathleen Dean Moore）、库尔特·彼得斯（Kurt Peters）和特德·霍霍巴（Jojoba）所著的《怎会这样：琳达·霍根笔下的V. E.科多瓦的美国本土哲学》（*How It Is: The Native American Philosophy of V. E. Cordova by Linda Hogan*）（2007年）、安吉拉·L.科顿（Angela L. Cotton）和克莉丝塔·戴维斯（Christa Davis）所著的《批判领悟的文化遗址：哲学、审美学以及非洲裔美国妇女和美国本土妇女的著作》（*Cultural Sites of Critical Insight: Philosophy, Aesthetics, and African American and Native American Women's Writings*）（2007年）、安妮·沃特斯（Anne Waters）所著的《美国印第安人思想：哲学论文集》（*American Indian Thought: Philosophical Essays*）（2003年）以及由杰斯·韦弗（Jace Weaver）所著的《保卫地球母亲：本土美国人对环境正义的看法》（*Defending Mother Earth: Native American Perspectives on Environmental Justice*）（1996年）。

▶ 美国本土哲学当前存在哪些问题？

美国本土哲学家关注的事情涉及政治学、生态学、宗教信仰以及女权运动。美国本土居民的主张都是直截了当并难以解决的。沃德·丘吉尔（Ward Churchill）是一名政治活动家和美国科罗拉多大学波尔德分校（the University of Colorado at Boulder）前任种族研究教授，他认为美国主流社会内部的激进运动并没有专注于美国本土居民的理想，激进运动致力于获得更多的科技奖金和

资本主义的奖金。相比之下,传统的美国本土居民试图退出统治体制,并进入自给自足的传统社会。

在某种程度上,美国本土居民当前所担忧的政治问题涉及生态学和环境保护主义。一方面,美国本土居民也许拒绝人们将他们视为生态学美德的象征,尽管部落生活的自给自足的理想状态确实依赖可持续发展的生态实践。极具讽刺意味的是,一些美国本土居民社区用他们在娱乐场所获得的收益购买他们祖先的土地,而这些土地曾经是美国在无法履行的条约中许诺归还给这些美国本土居民的。

维奥拉·科多瓦(Viola Cordova, 1937—2002)是一位大学教授,她是第一个获得哲学博士学位的美国本土居民(她也拥有部分西班牙血统)。她认为西方哲学的历史在很多方面受占统治地位的基督教偏见和影响,这些是本土文化思想家所不能理解的。另一位美国本土哲学家安妮·沃特斯(Anne Waters)现在任教于加州贝克斯菲尔德州立大学(California State University at Bakersfield),她还是一名律师,她质疑欧洲人发现"美洲"大陆的神话,指出人们的口头传述表明美国本土居民一直居住于美洲。

像波拉·甘·艾伦(Paula Gunn Allen)这样的美国本土女作家回溯了本土政治历史中的母系模式,这种模式被欧洲殖民者排斥,欧洲殖民者拒绝与女性领导者谈判。这表明美国本土妇女中的女权主义者与西方女权主义者所关注的事情是有差异的,前者关注的是恢复政治权力而不是获得政治权力。

拉丁美洲哲学

▶ 什么是拉丁美洲哲学?

拉丁美洲哲学是居住在拉丁美洲国家的哲学家的思想,或者是更新的拉丁美洲的西班牙裔美国哲学家的成果。同非裔美国人哲学和美国本土哲学一样,拉丁美洲哲学也是一个学科分支,尽管它在1980年之后才被承认,但它在1930年之后就已经形成了。

一些哲学家对拉丁美洲-西班牙裔美国人经历进行了思考和研究,他们所著的对拉丁美洲哲学当代反思性作品有:琳达·阿尔柯芙(Linda Alcoff)与埃杜·门迪塔（Eduardo Mendieta）所著的《从历史的阴暗面思考：安立奎·杜塞尔的解放哲学》（*Thinking from the Underside of History: Enrique Dusell's Philosophy of Liberation*）（2000年）、编辑约格·J. E. 格雷西亚（Jorge J.E. Gracia）与米雷娅·卡穆拉蒂（Mireya Camurati）所著的《拉丁美洲的哲学与文学》（*Philosophy and Literature in Latin America*）（1989年）、约格·J. E. 格雷西亚与另一位编辑伊丽莎白·米尔（Elizabeth Millan-Zaibert）所著的《21世纪拉丁美洲哲学：人类的社会地位、价值与身份探求》（*Latin American Philosophy for the 21st Century: The Human Condition, Values, and the Search for Identity*）（1989年）、埃杜·门迪塔所著的《全球碎片：批判理论、拉丁美洲与全球化》（*Global Fragments: Critical Theory, Latin America and Globalizations*）（2007年）、苏珊娜·努赛塔利（Susana Nuccetelli）所著的《拉丁美洲思考：哲学问题与争论》（*Latin American Thought: Philosophical Problems and Arguments*）（2002年）以及欧菲利亚·舒特（Ofelia Schutte）所著的《拉丁美洲思考的文化特征与社会解放》（*Cultural Identity and Social Liberation in Latin American Thought*）（1993年）。

▶ 拉丁—拉美/西班牙—美洲哲学主要研究哪些问题？

拉丁—拉美/西班牙—美洲哲学主要研究身份、移民、多民族人们的经历以及文化差异特征。拉丁美洲哲学还研究独特的女权主义事件、性别差异问题与种族划分上存在的问题。

▶ 拉丁美洲哲学的总体趋势如何？

一些评论员将拉丁美洲哲学500年的历史分为4个阶段：殖民地哲学、独立哲学、实证哲学以及当代哲学。总体说来，拉丁美洲哲学家积极参与本国家的政治与社会事件。但是，直到近年来，他们才将本土世界观与理性的观点相结合。

殖民地时期（1550—1750）的哲学特点是哲学家们对中世纪的经院哲学感兴趣。例如哲学家们喜欢研究托马斯·阿奎那（Thomas Aquinas，1225—1274）与弗朗西斯科·苏芮兹（Francisco Suárez，1548—1617）的著作。在此期间，

墨西哥和秘鲁哲学家虽然在人们的理性生活上起着重要作用，但西班牙哲学家的影响力占统治地位。皇家和墨西哥天主教大学（The Royal and Pontifical University of Mexico）创立于1553年，阿朗索·德·拉·维拉·克鲁兹（Alonso de la Vera Cruz, 1504—1584）、托马斯·德·莫卡多（Tomfis de Mercado, 1530—1575）以及安东尼奥·卢比奥（Antonio Rubio, 1548—1615）曾经活跃于此。安东尼奥·卢比奥所著的《墨西哥逻辑学》（*Mexican Logic*）（1605年）成为全欧洲介绍亚里士多德逻辑学的著名教科书。巴尔托洛姆德·拉斯·卡萨斯（Bartolomd de Las Casas, 1474—1566）所著的《为印第安人辩护》（*In Defense of the Indians*）至今仍被人们广泛地阅读。

在独立哲学阶段（1750—1850），尽管欧洲理性主义、经验主义和伦理观在哲学研究中占有一席之地，但哲学研究的重点是智力兴趣。实证哲学时期（1850—1910）推崇欧洲实证论并将实证论应用于社会和政治中。许多人认为在独立哲学阶段之后，实证主义哲学受到社会科学的支持，预示着社会的"有序和进步"。胡安·包迪斯塔·阿尔贝尔迪（Juan Bautista Alberdi, 1812—1884）在他的著作《观点》（*Idea*）（1842年）中曾经试图将欧洲实证主义修改为更适合拉丁美洲具体境况的理论。

其他大陆传统

▶ **对于西方哲学来说，还有哪些大陆传统是新的？**

欧美哲学家在近几十年重新对非洲、日本、中国和印度哲学体系产生了兴趣。相关的一些研究被叫做比较哲学。比较哲学将发源地确定、发展完善的哲学体系相关主题与西方哲学传统教义相对比。日本、中国和印度哲学是比较哲学的研究对象，因为这些国家的哲学体系有着长久的、发展完善的教义。然而，非洲哲学没有达到发展完善的程度。这并不是因为西方的哲学体系认为非洲哲学不属于"哲学体系"，而是因为非洲哲学的大部分内容是口头传述的。在20世纪60年代后，非洲文化和非洲历史文明得到了广泛的关注，在一些"非洲散居者"之间产生了非洲温和主义的欧美观点。

非洲温和主义与非洲哲学

▶ 什么是非洲温和主义和非洲散居者？

在美国，非洲温和主义的兴起有这样一个假设：如果不考虑目前站不住脚的生物学实在论，那么美国奴隶以及他们的子孙都来自非洲。最初的一批奴隶是从非洲被绑架到了美洲。在古代西方哲学出现之前，非洲已经充分发展了宗教、文化、城市和文明。作为奴隶的非洲人被绑架后，自然而然地将非洲文化灌输到美洲和欧洲。非洲的文化因此从发源地到非洲散居者生活的地方大规模地传播开来。

非裔美国人对非洲遗产的改造导致了与占统治地位的白种人不同的观点。白种人认为非洲奴隶是被迫移民至美洲，与奴役他们的白种人文化相比，奴隶是没有原始文化的。因此，非洲温和主义是非裔美国人新的骄傲，无论是非洲文化的起源还是现代特征，非裔美国人都通过文化继承的方式将非洲文化传播到非裔美国人聚居区和散居区。

非裔美国人呼吁将他们的文化合法化，非洲文化融合了非洲艺术、建筑、诗歌、服装风格、饮食和人们的日常生活习惯。这里需要强调的是，这种文化与奴隶制下的文化不同。在奴隶制存在期间，非洲奴隶住在小屋里，在田间辛勤劳作，在奴隶主家里服务，放弃了自己原来的名字，生活在种族隔离下的被压迫、被奴役、被禁闭的集居区。对传统的黑人核心家庭（只由父母和子女组成的家庭单位）和邻里之情造成了极大的破坏。奴隶制是美国特有的"种族问题"的根源。

因此，非洲温和主义鼓励和促进了种族文化。非洲温和主义的作品包括马丁·伯纳尔（Martin Bernal）所著的《黑色雅典娜：古典文明的非亚根源》（ Black Athena: The Afroasiatic Roots of Classical Civilization ）（3册）（1987—2006年）、刘易斯·R. 戈登（Lewis R. Gordon）所著的《女王陛下的其他孩子：新殖民主义时代的种族主义概述》（ Her Majesty's Other Children: Sketches of Racism from a Neocolonial Age ）（1997年）以及莫莱费·阿散蒂（Molefi Asante）所著的《非洲温和主义思想》（ The Afrocentric Idea ）（1987年）。

▶ 非洲哲学目前或者以前存在吗?

口述式非洲哲学有上千年的传统,20世纪也有许多积极的非洲哲学家。但是这两个理由并不能证明非洲哲学属于西方已确定的哲学体系,也不能说明非洲温和主义激发了种族情绪的高涨。非洲哲学对非洲的哲学构成进行提问。也就是说,当代非洲哲学自身所关注的大部分问题是探讨非洲哲学是否属于哲学,以及"是否属于哲学"这一结论在非洲背景下(尽管不是非洲温和主义背景)有何意义。

不是非洲温和主义背景是指留在非洲没有被带到欧洲或者美洲的非洲人,他们没有必要接受非洲温和主义来让自己的情绪高涨。非洲拥有多个国家和多种文化,每个国家和文化都有自己独特的语言和传统。非洲人所关注的是各个国家和文化的共性,是什么使得他们将自己视为非洲人。在历史上,这些国家都曾经是殖民地国家;在当今世界,非洲国家都是贫穷的国家。他们由生物种族特征确定为非洲人,尽管这是错误的观点。

关于非洲哲学的当代的哲学资料有克瓦米·安东尼·阿皮亚所著的《在我父亲家:文化哲学里的非洲》(*In My Father's House: Africa in the Philosophy of Culture*)(1992年)、克瓦米·格耶克(Kwame Gyeke)所著的《传统和现代性》(*Tradition and Modernity*)(1997年)、编辑伊曼纽尔·埃兹(Emmanuel Eze)所著的《后殖民地非洲哲学》(*Postcolonial African Philosophy*)(1970年)、波林·J. 宏滕基(Paulin J. Hountondji)所著的《非洲哲学:神话与现实》(*African Philosophy: Myth and Reality*)(1983年)、约翰·姆比蒂(John Mbiti)所著的《非洲宗教与哲学》(*African Religions and Philosophy*)(1970年)、编辑艾伯

▸ 非洲温和主义与哲学有何相关性?

非洲哲学作为一种思想理论体系,是哲学家所感兴趣的领域。并且,西方哲学家已经接受了非洲温和主义者提出的挑战,非洲温和主义者认为西方哲学将非洲人的知识观点排除在外。

特·莫斯利（Albert Mosley）所著的《非洲哲学：作品选读》（*African Philosophy: Selected Readings*）（1995年）、编辑H.奥德拉·欧若卡（Odera Oruka）所著的《圣人哲学》（*Sage Philosophy*）（1990年）、编辑特赛内·赛尔坤博翰（Tsenay Serequeberhan）所著的《非洲哲学：基本读物》（*African Philosophy: The Essential Readings*）（1991年）、编辑夸塞·维尔杜（Kwasi Wiredu）《非洲哲学指南》（*A Companion to African Philosophy*）（2004年）以及理查德·赖特（Richard Wright）所著的《非洲哲学：引言》（*African Philosophy: An Introduction*）（1984年）。

佛教和儒教

▶ **日本、中国以及印度哲学是如何归入欧美哲学体系的?**

传入西方的亚洲哲学是来自日本、中国和印度哲学中的佛教以及中国哲学中的儒教。从整个亚洲的佛教发展来看，许多人可能会认为所有来自日本、中国和印度的哲学是"亚洲哲学"或者"东方哲学"，但是，与佛教教义相同，其他的思想和哲学体系也是种类繁杂，变化多样的。

不同的佛教传统来自不同的文化，这些文化有不同的历史、不同的政治和经济形势以及和西方的不同关系。他们的神学范畴不是基督教、犹太教或者穆斯林教。这是这些地区（人们普遍认为这些地区的哲学体系不仅仅是佛教和儒教）哲学体系的共同特点。

尽管其他领域的欧美知识分子在东方哲学基础上发展了学术教义，我们也应该注意到哲学家作为一种职业，在东方哲学体系里出现得相对较晚。例如，英国生物化学家约瑟夫·尼达姆（Joseph Needham，1900—1995）出版了多部关于中国历史上的科学和技术的书籍。19世纪德国小说家赫尔曼·海塞（Herman Hesse）在他1922年的小说《悉达多》（*Siddhartha*）中向全世界的读者介绍了印度思想和佛教。哲学家戈特弗里德·莱布尼茨对中国思想非常着迷。哲学家将东方思想的哪一部分引入了西方哲学体系并进行了新的诠释和强调，使其成为大众感兴趣的哲学观点？对于这一问题，答案还是佛教。因为佛教与西方的形而上学和认知论能够产生共鸣。儒教主要讲述的是美德和道德规范。

▶ 什么是佛教？

佛教由古印度的乔达摩·悉达多（Siddhartha Gautama）创立的。大多数的印度学者认为他生于公元前565年,卒于公元前483年。印度佛教分为小乘佛教和大乘佛教。13世纪后,虽然印度佛教不再是印度活跃的宗教,但却从那时起,印度佛教广泛地流传。小乘佛教流传于泰国、老挝、柬埔寨和斯里兰卡。大乘佛教流传于中国、日本、尼泊尔和美国。除了小乘佛教和大乘佛教,藏传佛教中还存在金刚乘这一佛教形式。小乘佛教、大乘佛教和金刚乘流传于喜马拉雅地区、中国东北和俄罗斯。

禅宗流传于日本,它是一种拒绝接受经文(尽管禅宗也有书写的教义)而崇尚直接经验的一种冥想法,也叫做"坐禅"。禅宗发起于印度,在公元前7世纪传播到中国。并且经过中国,流传到越南、朝鲜和日本。禅宗包括瑜伽修行论。瑜伽修行论是通过瑜伽锻炼对物质世界的存在产生怀疑的一种哲学唯心主义形式。

▶ 佛教的思想流派是什么？

人们经常把佛教与中国、日本和尼泊尔联系在一起。但是实际上,佛教起源于印度,是由印度的佛——乔达摩·悉达多创立的。

作为一种思想流派,佛教的基本结构以转世说这种宗教信仰为基础。转世说认为人的生命是"轮回"的。如果人们的行为符合正确的因果报应或者后果,人们就会具有被停止转世的精神观念。生命的轮回由欲望的火焰推动。开悟的主要障碍是如下的欲望:对人、金钱、权力、名声、物体和别的事物产生的欲望。八正道会消除将要轮回转世的佛教信徒的欲望火焰,这个信徒就不需要再回到人间了。

我们都知道三条规则,或者叫做不证自明的真理:所有人的生活都是不快乐或者是不令人满意的;

所有的生命都不是永久的；没有永恒、持久的自我或者灵魂。基于这三条规则，八正道宣扬的八项内容为："正语言、正行为、正职业、正精进、正意念、正思想、正见解、正禅定。"

▶ 西方哲学家认可佛教中的什么观点？

佛教思想拒绝物质的观点，佛教不认为物质是经历了时间与变化的实体。西方哲学家认为，佛教对于来世、来世无限大以及灵魂与身体之间联系的思考都是没有意义的。小乘佛教认为人的知觉体验可以证明精神独立的实体性，但是我们不能直接获得知觉体验。一些哲学家认为独立的实体是存在的，否则我们就不能证明从体验中获得的实体存在的推论。并且，我们不能控制我们感知到的事物，这就证明了事物是存在于我们的感知之外的。还有一些哲学家区分了可靠的和不可靠的知觉体验。一些佛教徒相信意识和身体都是短暂感知的汇集。

根据佛教的思想，世界上不存在独立存在的物体，因为每个物体都依赖其他物体存在。然而，开悟能够让人们意识到各种变化下的潜在事实。瑜伽行派认为因为意识不存在，所以没有任何人能看清事实，也没有任何方式可以发现事实。如果世界缺少物质（包括意识），那么所有存在的都是人的精神状态。我们对感知或者物体明显的客观性缺少控制，只是我们自己记忆的作用。

纵观历史，很明显佛教在这一点上与西方哲学家所关注的问题形成了一致性，即究竟是什么存在于世界上。差异在于，除了古代的斯多葛哲学、伊壁鸠鲁哲学和当代佛教以外，西方哲学家没有与他们理性信仰直接相关的生活实践。有关哲学对比的有益书籍包括阿部正雄（Masao Abe）和史蒂文·慧恩（Steven Hein）所著的《禅与比较研究》（*Zen and Comparative Studies*）（1997年）、丹·鲁索斯（Dan Lusthaus）所著的《佛教现象学：佛教瑜伽行派的哲学调查》（*Buddhist Phenomenology: A Philosophical Investigation of Yogacara Buddhism*）（1997年）以及阿尼尔·库玛·萨卡尔（Anil Kumar Sarkar）所著的《佛教和怀特黑德的过程哲学》（*Buddhism and Whitehead's Process Philosophy*）（1991年）。

▶ 什么是儒教？

孔子（Confucius，公元前551年—公元前479年）出生于中国的山东省。他

经历了贫穷,后来成为一位具有影响力的官员。他是"儒"的成员之一,儒是一个社会团体,成员是精通仪礼的人和教师。儒家是儒这一社会团体创办的学校,孔子和他的同仁以及他们的追随者们成为儒家的成员,他们试图修复和发展传统的观念,通过制定并遵循恰当的行为规则来关注所有的事物并尊敬人类。

496年,孔子放弃了官员职位,开始周游列国为统治者讲授儒家思想。周朝末年,各诸侯国为了争夺对没落周朝的控制战乱不断。孔子将道德原则和传统美德引入朝政。孔子的学生将孔子的思想进行了整理并编撰成《论语》(*Lun Yü*,英文名也叫 *Analects*)。

▶ 什么是"道"?

孔子所宣扬的"道",即为"人道",其中包括人应该在家庭和社会中恰当地履行自己的职责,爱护并尊敬他人。在行为上,所有人都是平等的。如果遵守并实现了这一点,社会和世界才能得到整体的改良。

▶ 孔子有哪些影响?

孔子是中国历史上最受尊敬的老师、道德家和诗人。孟子(Mencius,公元前372年– 公元前289年)是继孔子之后最著名的儒家哲学家。他认为所有人在出生时就具备了一定的道德倾向。直到如今,孟子的教义仍然是儒教的重要形式。荀子(Hsun Tzu,公元前312年—公元前230年)教授儒教,他视儒教为一种遵循正规的社会等级结构以获得个人幸福的方式。

如果想了解关于儒家历史和教义的更多信息,请参阅下述作品:姚新忠(Xinzhong Yao)和姚春生(Hsin-chung Yao)所著的《儒教介绍》(*An Introduction to Confusianism*)(2000年)以及成中英(Chung-Ying Cheng)所著的《儒家和新儒家哲学的新视角》(*New Dimensions of Confucian and Neo-Confucian Philosophy*)(1991年)。

▶ 儒教与当代的西方哲学有何关联?

儒教较为保守,看起来儒教并没有以个人自主或自治为基础。儒家最高的道德标准是推崇社会从众性。因此，儒教不容易被引入西方道德、政治和社会哲学中。

然而，许多当代的道德哲学家对儒教所提倡的所有人都应该受到尊敬的平等主义观点感兴趣。儒教也被认为是一种标新立异的道德规范，因为儒教提出了有重要意义的实用性概念，这一概念就是人们纠正自己的行为会增加自己的幸福。

这种比较研究的观点以及当代人们对儒教的诠释和应用可

中国苏州孔子庙中的孔子雕像。

以参照下述作品：牟波（Bo Mou）所著的《中国哲学比较研究》（*Comparative Approaches to Chinese Philosophy*）（2003年）、李想·莉萨·罗森里（Li-Hsiang Lisa Rosenlee）所著的《儒教和女性：哲学解读》（*Confucianism and Women: A Philosophical Interpretation*）（2006年）、菲利普·J. 艾凡赫（Philip J. Ivanhoe）所著的《儒家传统道德规范：孟子和王阳明思想》（*Ethics in the Confucian Tradition: The Thought of Mengzi and Wang Yangming*）（2002年）、布赖恩·W. 范·诺登（Bryan W. van Norden）所著的《孔子和论语：新随笔》（*Confucius and the Analects: New Essays*）（2002年）、信广来（Kwong-loi Shun）与大卫·B. 黄（David B. Wong）合著的《儒家伦理：自我、自主和社会的比较研究》（*Confucian Ethics: A Comparative Study of Self, Autonomy, and Community*）（2004年）。

女权主义哲学

▶ 什么是女权主义和女权主义哲学？

女权主义包括旨在改善女性福利的思想和实践。在实践这一方面，人们常

常将女权主义认为是"妇女运动"。女权主义在理性上是一种批判理论，因为它包含了对社会状况的分析和改进方法。同时，在理性方面，女权主义目前是一个包含了多学科的学术领域，涵盖了所有的人文学科、当代文化批评、社会科学以及妇女问题研究。

女权主义哲学是理性女权主义的哲学范畴。许多女权主义哲学家按照"三大浪潮"来理解女权主义知识史和妇女运动历史。

▶ 女权主义哲学家所谓的女权主义的三大浪潮指的是什么？

第一浪潮始于法国大革命前夕，以玛丽·沃尔斯顿克拉芙特（Mary Wollstonecraft）（1759—1797）出版的著作为标准，一直到英国和美国妇女分别在1918年和1920年获得选举权为止。

在美国妇女获得选举权之后，妇女运动看起来好像进入了一个静止期。这也许因为直到第二次世界大战结束为止，进步思想都集中在社会主义和共产主义，但是在20世纪中期，下面两本书的出版被很多人认为是女权主义第二浪潮的开始：法国存在主义哲学家西蒙尼·德·博瓦尔（Simone de Beavoir，1908—1986）所著的《第二性》（*The Second Sex*）（1952年）和贝蒂·弗莱顿（Betty Friedan，1921—2006）所著的《女性的奥秘》（*The Feminine Mystique*）（1963年）。

贝蒂·弗莱顿是一位美国作家、左翼政治记者和激进主义分子。在1957年斯密斯学院（一个女子学校）的15年聚会上，她访问了毕业于1942年的同班同学。她们中的许多人都已经实现了既定的社会目标：拥有了丈夫、家庭和孩子。但是她们对自己的生活并不满意，并且在有些情况下她们认为自己生活在烦恼、不完美的家庭

在20世纪中叶，卓越的女权主义者贝蒂·弗莱顿撰写了多部著作，表达了许多美国女性对她们的生活不满。（图片来源：美联社）

环境里。弗莱顿主张女性作为人类,需要教育、有意义的工作、精神上激励以及充分的成年人的责任。弗莱顿的主张在整个美国社会乃至整个欧洲引起了共鸣。

到20世纪70年代,弗莱顿思想的进一步发展,象征着女权主义第三浪潮的开始。妇女解放运动取得了如下成果:1964年的民权法案第4条禁止在雇用职员时有性别歧视和种族歧视;美国最高法院对罗伊诉韦德案的判决宣布基于身体隐私的堕胎权是合法的;"口服避孕药"(节育药)的合法化;新程度的性自由;在家庭之外就业的女性人数极大地增加;妇女可以获得更高等的教育。职业妇女达到了前所未有的数量,并且从"过去的都已经成为历史"这意义上来说,美国社会现状承认妇女理所当然地拥有与男性平等的机会。

▶ 激进主义的第二浪潮女权主义者的目标是什么?

平等就业、停止对妇女的暴力行为、妇女在公共生活中完全平等、获得最高的政府职位以及在所有社会机构中获得高层管理职位,这些都是第二浪潮的目标。完全接受女同性恋和非传统家庭仍然是女权主义者在政治领域的理想,在美国为职业母亲提供全民保健和儿童保健。"第二班"的问题,即职业妇女一直在做不成比例的大量的家务劳动。家庭中的儿童保健是另一个突出的问题。〔参见阿利·罗素·霍奇柴尔德(Arlie Russell Hochschild)和安妮·麦琼(Anne Machung)合著的《第二班》(*The Second Shift*)(1990年)〕

▶ 女权主义哲学的哪些内容属于哲学体系?

女性研究主要集中在女性生活的现实和历史方面,不同的是,女性哲学更多的是从女性观点和女性的利益角度来反思社会哲学和道德规范。一些女权主义哲学家创造了新的哲学主题内容,而另一些女权主义哲学家则使用了由男性哲学家创造的传统哲学方法。例如,政治哲学家常常假定基本的政治单位是以男性为主导的家庭,因此忽视了女性工作者和传统家庭中女性所做的无偿工作。女权主义哲学家对这些假设进行了修改和扩展,把女性的作用和权利也考虑在内。

▶ 什么是女权主义哲学中的主要主题？

迄今为止，女权主义哲学家对其他学科的理论工作都没有偏见。她们专注于把哲学历史以及当代文化中对女性的压迫进行理论化。仅在美国，女权主义哲学家就有大量的研究工作。

尽管女权主义几乎还不是学术界的主流哲学，但现在大多数哲学研究部门都有女性成员。有影响力的女权主义学术的例子包括女权主义复垦、女权主义认识论、女权主义政治理论以及女权主义性理论。艾莉森·M.贾格尔（Alison M. Jagger）与马里恩·杨（Marion Young）合著的《女权主义哲学的同伴》（*A Companion to Feminist Philosophy*）（2000年）对这些主题做了极好的概括。

▶ 什么是女权主义复垦？

在哲学领域以及其他领域，女权主义复垦是对女权主义思想家的重新发现，这些女权主义思想家在传统知识史中，特别是在20世纪80年代之前，一直被人们所忽视。只有当人们广泛地解释哲学时，才将其中的一些女性归类为哲学家。然而，其他的女权主义思想家在所研究的领域做了全面的研究，极大程度上影响了同时代的哲学家，他们的成就却仅仅在近期才被人们真正地认识和认可。其中一个最明显的例子是鲁斯·巴肯·马库斯（Ruth Barcan Marcus）。

▶ 鲁斯·巴肯·马库斯是什么人物？

鲁斯·巴肯·马库斯（1921—　）曾经在耶鲁大学学习，她获得过1952年的古根汉奖学金，并且是芝加哥伊利诺伊大学的哲学系奠基人。在结束了西北大学的教授生涯之后，1973年—1991年，她成为耶鲁大学的哈勒克哲学教授（Halleck Professor of Philosophy）。她引进了量化理论和模态逻辑的正式学科，有时不赞成威拉德·冯·奥曼·蒯因的观点。

她最引人注目的贡献之一是对希拉里·普特南和索尔·克里普克（Saul Kripke, 1940—　）提出的著名的新参照因果理论进行了明确的描述。参照因果理论认为，从第一次有人用一个特定的词汇来代表一个特定的物体或观点开始，表示事物的词汇已经有一段历史了。例如，我们把苹果称为"苹果"，是因为在某个时候，在某一个特定的地方，"苹果"这个词是第一个被用来给这种水果命名的词汇。正如参照因果理论支持者所述，苹果是受过洗礼的"苹果"。

马库斯的突破性的期刊文章都被收集在《情态：哲学论文集》（*Modalities: Philosophical Essays*）（1993年）中。在2007年，她因为在女权主义领域所作的贡献而获得了美国哲学协会奎因奖。

▶ 女权主义认识论是怎样发展起来的？

南西·乔多罗（Nancy Chodorow, 1944—　　）在著作《母性的再生产》（*The Reproduction of Motherin*）（1978年）中描述了基本家庭内部的社会角色是如何被"再生"的：女孩子认同她们的母亲而男孩子变得不像他们的母亲。对女性社会结构的认识导致人们广泛地拒绝女性传统角色的生物决定论。这为女权主义者寻求造成女性不利地位的社会原因扫清了道路。

卡罗尔·吉利根（Carol Gilligan, 1936—　　）在其著作《不同的声音》（*In a Different Voice*）（1982年）中批判了劳伦斯·科尔伯格（Lawrence Kohlberg）对道德发展的阐述。劳伦斯·科尔伯格认为男孩道德发展的性质更抽象、更个人主义。劳伦斯的道德发展理论没有考虑到女孩道德观点的相关本性。女性有相关特性的观点产生了关怀伦理，明显是基于斯坦福大学的心理学家尼尔·诺丁斯（Nell Noddings）的著作《关怀》（*Caring*）（1982年）。桑德拉·李·巴尔托克（Sandra Lee Bartke）编著的《女性与统治》（*Femininity and Domination*）（1990年）和伊娃·基蒂（Eva Kittay）编著的《爱的劳动：关于妇女、平等和信任的论文集》（*Love's Labor: Essays on Women, Equality and Dependence*）（1999年）都是以《关怀》为基础的。

吉纳维夫·劳埃德（Genevieve Lloyd）编著的《理性的男人：西方哲学中的"男性"和"女性"》（*The Man of Reason: "Male" and "Female" in Western Philosophy*）（1984年）反映了这样一个观点：对于知识分子来说，他们将哲学本身看作是男性所具备的一种推理能力，仅从书名的字面上就把女性排除在外了。这导致了女权主义认识论在表达上更强调连贯性，而不是强调个别的认识者（或者学习并理解事物的人）以及情感和行为在知识中的作用。在琳达·阿尔科夫（Linda Alcoff, 1955—　　）和伊丽莎白·波特（Elizabeth Potter, 1947—　　）

共同编辑的著作《女权主义认识论》（*Feminist Epistemologies*）（1993年）中的论文就涉及一些对传统认识论的突破性的工作。女权主义认识论还发展出女权主义科学哲学。

▷ 什么是女权主义科学哲学？

女权主义科学哲学由科学方法论的分析和真理标准组成。它的重点集中在分析客观观念将对女性有价值的知识排除在外的各种情况。

▷ 一些主要的女权主义科学哲学家主要都有谁？

桑德拉·哈丁（Sandra Harding，1935—　）提出了下面这些疑问：在第三世界和欧美社会中，女性是否拥有认知方式的特权；女性被科学排除在外这种情况是否能够在科学内部被纠正；科学本身是否厌恶女人。哈丁的开创性的著作包括《女权主义的科学问题》（*The Science Question in Feminism*）（1986年）和《谁的科学？谁的知识？》（*Whose Science? Whose Knowledge?*）（1991年）。珍妮特·克莱妮（Janet Kourany，1943—　）编辑了《科学的性别》（*The Gender of Science*）（2002年）和《科学知识》（*Scientific Knowledge*）（1987年，1998年），这两本书将传统科学中的女权主义批判与科学的主流哲学特定的问题联系在了一起。

▷ 在第二浪潮女权主义政治哲学中，什么具有影响力？

父权制观念，或者由"父亲"制定规则，在整个人类历史中激发了大量的社会分析和作品分析，并且由卡罗尔·帕特曼（Carole Pateman）在著作《性契约》（*The Sexual Contract*）（1988年）中上升为完整的理论。帕特曼认为，在托马斯·霍布斯（Thomas Hobbes，1588—1679）和约翰·洛克建立了现代社会契约理论之后，女性就被排除在政治平等之外并归属为私人生活。

艾里斯·杨（Iris Young，1949—2006）是芝加哥大学的一位哲学教授，她在《正义与差异政治》（*Justice and the Politics of Difference*）（1990年）和《包容与民主》（*Inclusion and Democracy*）（2000年）两本书中提出了女性社会角

▶ 所有哲学的女权主义者都是女性吗？

绝对不是这样的。许多男性哲学家都努力研究和支持女权主义,并且在他们自己更传统的研究工作中包含了女权主义学科。这些男人出版了如下著作:赖瑞·梅(Larry May)和罗伯特·斯特里克韦达(Robert Strikwerda)编辑出版的《反思男性:女权主义的哲学探索》(*Rethinking Masculinity: Philosophical Explorations in Light of Feminism*)(1992年),汤姆·迪格比(Tom Digby)编辑的《研究女权主义的男人》(*Men Doing Feminism*)(1998年);以及迈克尔·A.斯洛特所著的《关心与移情伦理学》(*The Ethics of Care and Empathy*)(2007年)。

在20世纪70年代发生了女性独立主义社会运动,但是在学术界这绝不是一个可行的选择。在波士顿学院任教33年的女权主义宗教哲学家玛丽·戴利(Mary Daly, 1936—)在1999年因为不准男生听她的一些课程而在学校的压力下被迫退休。戴利在这所教会学校的工作一直如履薄冰,特别是在她的第一部著作《教堂与第二性》(*The Church and the Second Sex*)(1968年)出版之后。戴利的这部著作是关于男性是如何窃用了女性在宗教中(特别是在天主教仪式中)的角色和权力的。

女同性恋在社会中被压迫,并且女同性恋者可能比男性更赏识女性的人格,在这样的背景下,哲学的女权主义强烈支持女同性恋的女权主义。然而,性偏好自由所推崇的还是异性恋。从道德角度或者政治角度,在堕胎方面的自由选择并不会导致女权主义者废除女性怀孕和分娩的权利。例如,关于为母之道,萨拉·拉迪克(Sara Ruddick)在著作《母性思考:走向和平政治》(*Maternal Thinking: Toward a Politics of Peace*)(1990年)中论述了尽管分娩和养育并不局限于异性恋的女性,但是儿童在特定情况下是如何发展形成独特的思维方式的。许多法国女权主义者的著作体现出强烈的男女性别差异。

色和政治结构之间的关系。杨还在她发表于1980年的论文《像一个女孩那样投球》(*Throwing Like a Girl*)(在1990年被收录到一部同名书籍中)中谈到了会降低女性自信心的身体动作。此外，女权主义哲学家愉快地接受并讨论了密歇根大学法学院教授凯瑟琳·麦金农(Catherine MacKinnon, 1946—　)的著作。

▶ 凯瑟琳·麦金农对第二浪潮女权主义政治哲学有哪些贡献？

在19世纪70年代，凯瑟琳·麦金农开始指出性骚扰是性别歧视的一种形式。性骚扰在1964年的民权法案中被认定是违法行为。麦金农和安德里亚·德沃金(Andrea Dworkin)一起改良法律理论来禁止色情文学。美国最高法院在1986年制定法律阻止性骚扰，这在很大程度上是基于麦克基侬的工作；并且加拿大最高法院部分地接受了她的反对色情文学的观点。

麦金农的著作包括：同安德里亚·德沃金一起编辑和出版的《有害的方式：色情文学公民权利听证会》(*In Harm's Way: The Pornography Civil Rights Hearings*)(1997年)、《迈向女权主义的国家理论》(*Toward a Feminist Theory of the State*)(1989年)、与安德里亚·德沃金合著的《色情文学与公民权利：女性平等的新时代》(*Pornography and Civil Rights: A New Day for Women's Equality*)(1988年)、《组织起来反对色情文学》(*Organizing Against Pornography*)(1988年)、《未更改的女权主义：对生活和法律的论述》(*Feminism Unmodified: Discourses on Life and Law*)(1987年)以及与托马斯·I.爱默生(Thomas I. Emerson)合著的《职业女性的性骚扰：性别歧视的一个案例》(*Sexual Harassment of Working Women: A Case of Sex Discrimination*)(1979年)。

▶ 凯瑟琳·麦金农反对色情文学的争论是什么？

根据麦金农的说法，色情文学不仅不道德地利用和具体化了那些作为主角的女性，而且还表达并支持在社会中对女性的全面压迫。色情文学中女性的从属地位以及许多对女性施暴行为的描写，是不公平的性—性别体系的组成部分。

◉ 第二浪潮的女权主义者是如何处理社会性别的?

她们批判了"强制异性恋"的社会规范,理由是人类的性—性别体系是一个在损害女性的情况下使男性受益的权力体系。这些著作包括性别的"解构",将女性之间的爱视作正常和稳定的。朱迪斯·巴特勒(Judith Butler)是加利福尼亚大学伯克利分校的修辞与比较文学教授,她在《安蒂根妮的主张:生与死之间的血族关系》(*Antigone's Claim: Kinship Between Life and Death*)(2000年)和《性别麻烦:身份的颠覆》(*Gender Trouble: Feminism and the Subversion of Identity*)(1999年)两本著作里对"异性恋常规"提出了挑战。巴特勒因为将性别解构为性别的表现而闻名于世。莎拉·露西娅·霍格兰(Sara Lucia Hoagland)在《女同性恋的道德规范:一个新的价值观》(*Lesbian Ethics: Toward a New Value*)(1988年)一书以及玛丽莲·弗赖伊(Marilyn Frye)在《真实的政治:女权主义理论论文集》(*The Politics of Reality: Essays in Feminist Theory*)(1983年)一书中,逐步提出了对这一观点的基本看法。

◉ 什么是法国女权主义?

法国女权主义是由法国之外的女权主义者所命名的一个思想学派,主要指露西·伊利格瑞(Luce Irigaray, 1932—   )、埃莱娜·西苏(Helene Cixous, 1937—   )和朱莉亚·克里斯蒂娃(Julia Kristeva, 1941—   )的著作。但是这3个人最初都不是法国人,并且她们自始至终都否认自己是女权主义者。伊利格瑞、西苏和克里斯蒂娃的共同点是她们的研究都以哲学和精神分析为基础。她们都认为想要改变女性的境遇,必须要先改变人们的基本心理结构。也就是说,她们是在构造主义的传统领域里进行研究。

相比之下,还有另一批法国女权主义者,她们的研究更具社会性、更激进而多过于理论。比如众所周知的一些唯物主义女权主义者,她们企图利用政治活动和社会科学研究来改变社会,从而达到改善女性境遇的目的。主要人物有:西蒙娜·德·波伏娃(Simon de Beauvoir, 1908—1986)、克里斯廷·德尔菲(Christine Delphy, 1941—   )、莫妮克·威蒂格(Monique Wittig, 1935—2003)和柯里特·圭洛敏(Colette Guillaumin, 1934—   )。她们的一些理论著作阐述了女性在家庭中的无偿劳动支持了资本主义,这些著作在共产主义革命联盟中

具有很大的影响力。

▶ 朱莉亚·克里斯蒂娃是什么人物?

1966年,朱莉亚·克里斯蒂娃从保加利亚来到法国。此后,她凭借在心理分析传统方面撰写的关于女性的著作而得到了国际上的认可。人们认为她的著作涉及多学科,包括艺术批评、哲学和文化批判。克里斯蒂娃在理论上的主要贡献是她区分了符号语言和她所命名的符号论。符号论是一种意义上的精神标准,以孩子和母亲的关系为基础。最初的人类愿望都被纳入基于母体生物节律的符号论中。

▶ 朱莉亚·克里斯蒂娃认为女性卑劣的本性是什么?

克里斯蒂娃认为由于男性主导文化模式,母亲被男孩和女孩排斥,这使母亲变得卑劣,也就是说,变成完全不同的令人厌恶、怪异的人。克里斯蒂娃认为想要解决这个问题需要重新发现并从心灵上治愈女性的自恋情节,同时要接受成年女性之间的爱恋。然而,克里斯蒂娃拒绝把"女性"作为一个通用的术语,并且拒绝去定义女性。很显然,她认为每一个女人在关于她为什么是女人以及她作为女人存在的意义是什么这两方面,基本上都是不同的。正如她写道:

> 在分析她与母亲难相处的关系以及她与其他人(男人和女人)的不同之处时,某个女人就会遭遇"女性"之谜。我支持对女性特质这样的理解:有多少女性,就有多少"女性的特质"。

克里斯蒂娃的主要理论著作包括:《论中国女性》(*About Chinese Women*)(1977年)、《语言的欲望:接近文学和艺术的符号论》(*Desire in Language: A Semiotic Approach to Literature and Art*)(1980年)、《恐惧的力量:一篇关于卑劣的文章》(*Powers of Horror: An Essay on Abjection*)(1982年)、《诗歌语言的革命》(*Revolution in Poetic Language*)(1984年)以及《新的灵魂疾病》(*New Maladies of the Soul*)(1995年)。

▶ 露西·伊利格瑞是什么人物？

露西·伊利格瑞（Luce Irigaray，1932—　）出生于比利时，她在20世纪60年代参加了雅各·拉康（Jacques Lacan）的精神分析研讨会。她因在著作中写出如下这些话而闻名："性别差异可能是伴随我们一生的问题，如果能够解决这个问题，那么我们可能就会得到'救赎'"。同时，她还写道："一个人必须刻意地假定自己是女性的角色。这就意味着由从属状态转变为被认可的状态，从而阻止这种情况的发生。"伊利格瑞的主要著作包括《性别差异伦理学》（*An Ethics of Sexual Difference*）（1982年）和《我，你，我们：走向文化差异》（*Je, Tu, Nous: Toward a Culture of Difference*）（1990年）。

▶ 露西·伊利格瑞最著名的文章是什么？

露西·伊利格瑞的博士论文《窥镜，作为他者的女人》（*Speculum of the Other Woman*）（1974年）的发表导致了她不能在位于万塞讷的拉康弗洛伊德学院继续学习。（在欧洲，哲学博士学位不足以在大学任教，事实上在美国也是一样，还需要再有一篇论文才能取得任教的资格。）伊利格瑞的论文包括她对西格蒙德·弗洛伊德就女性气质这一主题所做演讲的理论解释以及从柏拉图时期（公元前428年—公元前348年）至黑格尔时期（1770年—1831年）较长历史时期的男性哲学家著作的引言。很显然，她在她的博士论文中提到的"窥镜"指的是插入到女性身体里的凹透镜医疗器械。

▶ 露西·伊利格瑞的《窥镜，作为他者的女人》有社会意义吗？

是的，这本书对法国女权主义哲学体系的学生和学者产生了巨大的影响。在20世纪70年代期间发生在美国的妇女健康运动的背景下，这篇文章表达了在妇女解放运动中妇产科医学方面的部分精神要求。当时只有非常少的女医生，男性医生用压抑的方式治疗女性生殖和生育方面的问题，妇女们开始对这一现状进行反抗。她们开始更多地公开谈论对自己身体的羞耻感觉。

一些妇女团体的成员开始为她们自己和她们的朋友进行妇产科医学检

法国的女权主义者衣着华丽吗？

在某些时候，答案是肯定的。例如，柏瑞娜·安德马特·康利（Berena Andermatt Conley）曾经说过，埃莱娜·西苏过去常常去位于法国万塞讷（Vincennes）的巴黎大学（the University of Paris）综合楼。"她穿着光彩夺目的貂皮大衣，这件貂皮大衣的价格超过了班上许多同学手中的钱。"

查，而另外一些没有受到医学培训的妇女，教会她们如何处理流产。与此同时，为了母亲和婴儿的健康，提倡有条件的妇女进行自然分娩（无药分娩）和护理，在此之前这一直是许多贫穷女性的唯一生育手段。妇女对她们自身健康负责的行为是受到反对父权制的意识形态和改善妇女健康的目标激发的。

自20世纪70年代以来，女权主义的拥护者就已经指出，临床医学一直都是以为男性身体服务为基础的。有些疾病在男人和女人之间有着不同的症状——例如，心脏病。在这个时候，女性医生的存在就是很正常的事情，特别是在妇科医学的实践中，女性医生的存在是必要的。总之，人们需要对妇女健康问题有更多的关注。

如果你想获得有关20世纪70年代女性健康运动的更多历史信息，可以参照芝加哥女性解放运动联盟所开展的女性故事项目资料：芝加哥女性解放运动联盟在线资料网址为http://www.cwluherstory.com。

埃莱娜·西苏是什么人物？

埃莱娜·西苏（Helene Cixous，1937—　　）最为哲学家们所知的是她的著作《美杜莎的笑声》（The Laugh of the Medusa）（1975年）和《突围》（Sorties）（1975年）。这些著作为女性提供了与传统教育不同的告诫，将女性身体经历作为女性写作的新形式，这就是埃莱娜·西苏所倡导的"阴性书写"。人们认为西苏提倡性特征的双性和多样性预示着她支持同性恋理论。

▶ 为什么现在 LGBT 研究和同性恋理论是哲学的一部分?

伴随着人们对文化扩展方面兴趣的增加,以前被忽视的一些问题开始受到了更多的关注,LGBT 研究(LGBT 代表 lesbian、gay、bisexual、transgender,指女同性恋、男同性恋、双性恋、变性人)和同性恋理论已经成为哲学的一部分。这种转变属于人文学科,通常,哲学家们都将注意力集中在与这些领域相关的概念问题上。

20 世纪 90 年代,同性恋理论伴随着人们对 LGBT 的研究逐渐形成。它是对性别差异的一种积极的肯定,但它并不属于任何一个之前的研究范畴,包括女性同性恋关系。内奥米·斯格尔(Naomi Schor)的著作《女权主义和同性恋理论》(*Feminism Meets Queer Theory*)(1997 年)提出了对于这个问题的正面观点。在变性人研究上有所帮助的著作是苏珊·斯特赖克(Susan Stryker)的《变性人历史》(*Transgender History*)(2008 年)和劳丽·希拉格(Laurie Shrage)的《你变了》(*You've Changed*)(2009 年)。

▶ 为什么女权主义有第三浪潮?

根据批评家提出的观点,虽然人们假定女性运动第二浪潮的目的是支持所有女性,但第二浪潮的运动只提出并维护了一小部分有特权的美国白人女知识分子的利益。有两本书明确提出了这样的控诉:蓓尔·赫珂丝(bell hooks)(她用小写字母拼写自己的名字)的《难道我不是女人吗? 黑人女性与女权主义》(*Ain't I a Woman?: Black Women and Feminism*)(1981 年)使人们开始关注有色女性受到的种族压迫。伊丽莎白·V. 斯佩尔曼在《无关紧要的女性: 女权主义思想中的排他问题》(*Inessential Woman: Problems of Exclusion in Feminist Thought*)(1988 年)这本书中指出了女权主义有忽略女性之间差异的趋势这一问题。

白人女权主义者抱怨"玻璃天花板"("玻璃天花板"意思是指,虽然公司高层的职位对某个群体来说并非遥不可及,却无法真正接近)。一方面是商业高层职位的无形障碍,另一方面是无偿的家务劳动,这种抱怨没有在所有其他人种女性中引起共鸣。几个世纪以来,贫穷的女性和有色人种女性都在家庭外工作,例如工厂、田地或者其他女性的家中;"第二浪潮"对她们来说并不新鲜。正是因为如此,女权主义需要一个第三浪潮来提出所有女性的需求。

⊙ 在女权主义哲学中，种族为什么变得重要了？

洛杉矶加利福尼亚大学的法律教授金伯利·格鲁肖（Kimberle Crewshaw）在他的具有突破性的论文《使种族与性别交叉边缘化：歧视学说的黑人女权主义批评，女权主义理论和反种族主义政治》（*Demarginalizing the Intersection of Race and Sex: A Black Feminist Critique of Antidiscrimination Doctrine, Feminist Theory and Antiracist Politics*）（芝加哥大学法律论坛）（1989年）中强调了女权主义种族问题的复杂性。金伯利的著作介绍了一些种族与性别交叉的问题，他认为种族和性别问题所引发的压抑不能够被简单地累计在一起，因为它们会导致人们将歧视转变为新形式的特殊的新身份。

金伯利指出，黑人妇女既没有得到有关女性遭受歧视的法律的保护，也没有得到有关黑人受歧视的法律的保护——白人女性优先得到了第一种保护，而黑人男性得到了第二种保护。也就是说，反歧视法符合法律的字面意思，它保护了白人女性占支配地位的女性群体，也保护了黑人男性占支配地位的黑人群体。但是结果是，既是黑人又是女性的黑人女性没有受到法律的保护。

⊙ 交叉导致了什么问题？

所有交叉的结果有一个公认的等式：种族＋阶级＝性别。交叉导致了女性性别的多样性，这种多样性减少了女性在一起工作的可能性，甚至阻碍了人们用同样的方式来鉴别女性。结果导致不确定数量的女权主义种类出现。一旦人们确认了一种不同的女性性别，重新将她们归为同一类女性便会非常困难。例如，玛利亚·C.卢格尼斯（Maria C. Lugones）和伊丽莎白·V.斯佩尔曼（Elisabeth V. Spelman）在她们的文章《我们有一个适合你的理论！》（*Have We Got a Theory for You!*）（1998年）中用一个对话展现出安拉和拉蒂纳文化体验具有差异，而这种差异不能简单地通过翻译来归纳到彼此的理解框架中。

⊙ 人们能解决交叉问题吗？

许多理论家相信只要对女性的共同之处有一致的理解，这个问题就能够解决。内奥米·扎克（Naomi Zack）在著作《综合性女权主义：关于女性共

在女权主义第二浪潮中，尚未解决的种族主义问题与被疏忽的社会地位不平等问题结合在一起。此外，西方女权主义者的目标是获得男女平等，而经历政治剧变的第三世界的女性则以她们作为妻子和母亲这样的传统角色为基础来构建女权主义。在乌玛·娜莱雅（Uma Narayan）和桑德拉·哈丁（Sandra Harding）共同编辑的《偏离中心：多元文化的、后殖民主义女权主义世界的哲学》（*Decentering the Center: Philosophy for a Multicultural, Postcolonial and Feminist World*）（2000 年）以及哈勒·阿芙埃尔德（Haleh Afshared）编著的《第三世界的女性和政治》（*Women and Politics in the Third World*）（1996 年）两本书中讨论了第三世界的女权主义项目。劳丽·希拉格在《堕胎与社会责任：退极化争论》（*Abortion and Social Responsibility: Depolarizing the Debate*）（2003 年）中论述了可怜的美国女性在堕胎争论中被忽视的事实。

同点的第三浪潮理论》（*Inclusive Feminism: A Third Wave Theory of Women's Commonality*）（2005 年）中提出了一种可能性，就是所有女性都与压迫的历史范畴有一定的关联。她们都是被压迫的：母亲群体，或者生育女性，或者男性异性恋的选择对象。克雷西达·J. 海斯（Cressida J. Heyes）在《路线图：通过女权主义实践来定义妇女》（*Line Drawings: Defining Women Through Feminist Practice*）中提出了第二种可能性，就是女性们都有维特根斯坦理论中的"家族相似性"。

◉ 为什么女性的统一或者女性的共同性质是重要的？

尽管全世界都知道哪些人是"女性"而不是"男性"，但是，如果女权主义者不能在这一事实上取得一致意见，那么人们就不清楚女权主义是如何为女性的

幸福辩护的。生活在第三世界贫穷的、被种族边缘化的女性需要第一世界女性的支持,她们可以在发展中国家所创办的实践机构里学习。如果女性没有公共意识,公共政治目的便没有基础。例如卫生保健、教育、在职妈妈照顾孩子、保护和关爱自然环境等方面,都是女权主义者共同追求的目标。

环 境 哲 学

▶ 什么是环境保护主义?

环境保护主义是对生物(包括人类)与自然环境之间关系的研究。研究的目的是为了保护自然环境和可再生资源。目前,环境保护主义是一个多方面、多学科的领域。可以广泛地扩展到理论和实践领域。

环境哲学涉及哲学的多个领域和分支,其中包括伦理学、社会哲学、大陆哲学、审美学和女权主义。每个领域都将人类与环境的关系问题融入了基本的哲学观点。

▶ 除了伦理学,环境保护主义的哪些方面与哲学有关?

人类依靠环境生存,地球使得人类生活成为可能。我们应该心怀感激之情珍惜环境,珍惜自然生命以及没有生命的物体,欣赏它们的美丽。环境保护主义鼓励人们尊重生活,崇尚自然真实的生活,反对人造产品以及大批量生产制造产品。

当然,环境保护主义是指人们对自然环境、人类基本生活条件以及逐渐减少的资源的保护。例如,研究全球变暖的多学科专家在全球变暖的危害以及全球变暖在多大程度上是由燃烧化石燃料引起的这两个主题上没有达成共识。一些专家认为在人类社会工业化之前,地球的温度有同样的变化模式。最近有研究表明,全球变暖的大部分原因是人们饲养肉食牲畜的胃肠气胀造成了全球变暖(研究者认为这是间接的人类活动)。研究全球变暖这种复杂的事件需要人们掌握广泛的科学哲学知识!

▶ 环境保护主义提出了哪些普遍的哲学问题？

在更为传统的哲学术语中，环境保护主义所指的"整体"包括了存在论和形而上学（正确地定义"整体"是非常重要的，因为该定义从理论上确定了范围，使得人们明确地知道什么物质该被保护）。究竟是一种动物，一个群体，整个生态龛，一个地区，还是一个国家？

从更广义的范围看，自然环境问题成为21世纪全世界人民关注的焦点。人类对地球自然环境的依赖以及地球某些地区健康的自然环境与人类活动密切的关系，将成为人们更加关注、更苦恼、更有争议的问题。

在哲学领域所有的新兴学科中，环境保护主义是最受关注的。下列著作可以为我们提供更多关于环境保护主义的信息。威廉·F. 巴克斯特（ William F. Baxter ）所著的《人类或者

环境哲学家分析人类与自然之间的关系。（图片来源：大图片文献库）

企鹅：最大的污染案例》(*People or Penguins: The Case for Maximum Pollution*)（ 1974年 ）、特德·本顿（ Ted Benton ）所著的《自然关系：生态学、动物权利和社会正义》(*Natural Relations: Ecology, Animal Rights & Social Justice*)（ 1993年 ）、杰伊·伯恩斯坦（ Jay Bernstein ）所著《阿多诺：觉醒与道德》(*Adorno: Disenchantment and Ethics*)（ 2001年 ）、J. B. 卡利科（ J.B.Callicott ）所著的《保护土地道德：环境哲学论文集》(*In Defense of the Land Ethic: Essays in Environmental Philosophy*)（ 1989年 ）、B. 迪伏（ B. Devall ）与G.塞申斯（ G. Sessions ）共同撰写的《神秘生态学：自然决定下的生活》(*Deep Ecology: Living as if Nature Mattered*)（ 1985年 ）、罗伯特·海尔布鲁诺（ Robert Heilbroner ）在杂志《纽约时报》(*New York Times Magazine*)（ 1975年1月19日 ）上发表的文章《后人为我做过什么？》(*What Has Posterity Ever Done for Me?*)、托马斯·E.

希尔（Thomas E. Hill）在著作《伦理》第5册（*Ethics*）（1983年）里收录的文章《人类美德典范和自然环境保护》（*Ideals of Human Virture and Preserving the Natural Environment*）、编辑D.杰美森所著的《环境哲学手册》（*A Companion to Environmental Philosophy*）（2001年）、奥尔多·利奥波德（Aldo Leopold）所著的《沙乡年鉴》（*A Sand County Almanac*）（1949年）、A.娜斯（A. Naess）所著的《生态学，社会，生活方式》（*Ecology, Community, Lifestyle*）（再版，1989年）、R.纳什（R. Nash）所著的《自然的权利：环境道德历史》（*The Rights of Nature: A History of Environmental Ethics*）（1989年）、V.普鲁姆德所著的（V. Plumwood）《环境文化》（*Environmental Culture*）（2002年）以及彼得·辛格（Peter Singer）所著的《动物解放：我们对待动物的道德规范》（*A New Ethics for our Treatment of Animals*）（1975年，1977年，1983年）。

▶ 环境哲学何时形成的？

环境保护主义始于20世纪60年代至70年代之间，当时海洋生物学家雷切尔·卡森（Rachel Carson，1907—1964）在她的著作《沉默的春天》（*Silent Spring*）（1962年）中介绍了食物链中追踪到的有毒杀虫剂（特别是滴滴涕）在植物和动物之间的传递。该书激发了生态学家、林务员奥尔多·利奥波德（1887—1948）对自然进行重新探索和发现，并撰写了《沙乡年鉴》。约翰·米尔（John Muir，1838—1914）也在此期间受到启发创办了塞拉俱乐部（Sierra Club）。

利奥波德曾经写道："土地是一个生物体的共同生存的区域，这是一个生态学概念。但是人们热爱并且尊重土地是伦理观的外延。"这种表述为环境保护主义设定了基本的哲学方向，环境保护主义是一种道德观或者伦理观。挪威哲学家阿恩·奈斯（Arne Naess，1912—　）在拜访喜马拉雅夏尔巴人时，当地的夏尔巴人因为对伟大的喜马拉雅山的敬重而拒绝带他去神圣的地方参观，这一做法激发了他的灵感。他将浅层生态学与深层生态学进行了区分。

▶ 浅层生态学与深层生态学有什么区别？

根据阿恩·奈斯的描述，浅层生态学是众多西方人为失去清洁的空气和水、丰富的资源和美丽的景色担忧。相对于浅层生态学来说，深层生态学以地球生态平衡为基础,重视所有存在的自然生物固有价值,提倡生态平衡。

奈斯将地球想象成一个"整体"或者"球形生态网"。其中,每个生物体都与它们所处的整体环境相互关联。而作为个体的人类仅仅是球形生态网的一个"结",人类应该停止为了自身存在和个人利益而对自然环境的恶意破坏和占有。

▶ 阿恩·奈斯有怎样的哲学影响?

奈斯提出了人类与自然的恰当关系,他认为人类与自然之间存在着精神上而非宗教上的价值。他对于人类与自然关系的整体判断力在哲学领域具有广泛的影响。人类应该尊敬并关爱环境,并将此视作高尚的行为。许多环境保护主义者在理论和实践上体现出与奈斯相同的观点。他们认为人类与自然以及动物的接触使得人类收益颇丰,这些收益是娱乐的商业形式,甚至人与人之间的相互接触所不能比拟的。美德伦理学家,例如小托马斯·E.希尔(Thomas E. Hill Jr., 1951—)认为在人类与自然的关系中,人类确实有所收益。他宣称我们对待自然的方式能够揭露出我们自身的个性,同时也组成了我们的部分个性。

在当代的环境争论中,阐述浅层生态学与深层生态学区别的另一种方法是工具价值和内在价值。一个生命体如果自身是优良的,那么它就有内在价值。反之,如果涉及如何利用该生命体的优良特质,这就体现了生命体的工具价值。这种理论在伦理上是非常重要的,甚至可以追溯到伊曼纽尔·康德提出的观点。人们可以利用该理论区分绝对命令和假设的工具性命令。尽管康德认为唯一具有内在价值的是理性生物(人类)的好的意愿,一些环境保护主义者将具有内在价值的理性生物这一范围扩展到所有生物。

▶ 深层生态学向哲学家提出了哪些问题?

深层生态学向哲学家提出的问题是:"我们如何证明非人类生命体的内在价值?"杰里米·本瑟姆(Jeremy Bentham, 1748—1832)很好地回答了这个问题,他认为非人类生命体的内在价值不在于"它们"是否会思考或者推理,而是在于它们是否能够经受痛苦。当代的功利主义者,澳大利亚哲学家彼得·辛格(Peter Singer, 1946—)在他闻名世界的著作《动物解放》(*Animal Liberation*)

一张讽刺彼得·辛格的漫画。他提出成年动物比因残疾而能力被削弱的人类婴儿更有价值,这种观点使他受到了批评。(图片来源:大图片文献库)

在美国，人类的"物种歧视"为什么具有讽刺性？

人类的"物种歧视"让人觉得讽刺有如下的原因，一方面，美国人残忍地对待野生物种，而另一方面，在许多情况下，美国人却给家庭宠物王者般的待遇。2006年，美国人在宠物身上花了360亿美元，这个数字是他们给孩子购买玩具价钱的两倍。2007年，宠物花费增加到了410亿美元。除了为他们所养的吉娃娃购买名牌服装和上千美元的床垫之外，许多人和家庭还将宠物视为人类，与它们建立了深厚的情感。但这种现象并不是现在才出现的——美国人在很长的历史时期里都对家庭饲养的宠物关爱有加。20世纪70年代，当公众的注意力转向虐待儿童问题时，美国并不存在现有的法律体系供早期的辩护者参照。一些早期的虐待儿童案例是根据美国防止虐待动物协会（the American Society for the Prevention of Cruelty to Animals，缩略形式是ASPCA）颁布的立法提起公诉的。

（1973年）一书中将这一价值观点进行了发展。

▶ 彼得·辛格有什么观点？

辛格曾经提出，健康的成年动物比那些因为残疾而能力被削弱的人类婴儿更有价值。这个观点引起了人们的激烈争论。1999年，当辛格被普林斯顿大学聘用时，残疾人和支持残疾人的健全人举行了大型的公开示威活动，普林斯顿大学行政部不得不雇用武装警卫来保护辛格。

辛格继而提出了功利主义观点，认为动物没有权利，动物的健康是内在的优势，动物的痛苦和毁灭是内在的劣势。辛格不是一位深层生态学家，因为他没有把内在价值赋予山脉、河流、植物或者没有感觉能力的物体上。辛格认为，人类与动物相比有生活的特权和幸福是物种歧视，在原则上，与种族主义和性别歧视没有区别。

▶ 谁主张动物也有权利？

汤姆·里根（1938—　）认为杀害无辜生命，包括动物，是一种错误的行为。他的这一学说的前提是他认为动物具有内在的本质价值。基于这一前提，人们有义务不因为消遣、食用或者实验而伤害动物，或者至少不去伤害一些动物。保罗·W. 泰勒（Paul W. Taylor, 1923—　）将里根的观点进行了发展。他认为任何生命体，从微生物到大象，存在都是有其目的性的，因此这种"以目的为中心的生活"是值得我们在道德上去尊敬的。

▶ 深层生态学和动物价值观批评家提出了怎样的观点？

威廉·F.巴克斯特是一位在1998年去世的教授。他在《人类或者企鹅：最大的污染案例》一书中写到没有污染的社会的代价对人类来说是有害的。他假定人道主义主张在所有事物中，人类是最重要的。巴克斯特对那些不相信动物有内在价值或者与人类有同等权利的人提出了批评。

▶ 与环境论有关联的宗教事件是什么？是支持还是反对环境论？

一些批评环境论的观点来源于基督教，基督教渗透在西方政治哲学的各个领域。基督教宣扬上帝为人类创造了地球以及地球上的一切事物。上帝赋予人类特定的权利，根据自己的需要来支配这些事物。只有人类具有内在价值，这是上帝赋予人类的神力。但是，许多宗教团体已经声明他们有义务在地球的一些地区开展一些慈善工作。但是，在提到这些慈善工作是为后代着想时，一个令人困惑的问题产生了：我们怎样为目前并不存在的人尽义务？罗伯特·海尔布鲁诺（1919—2005）在1975年发表《后人为我做过什么？》的文章分析过这一问题。这篇最初发表在《纽约时报》杂志上的文章被广泛地引用和再版。

▶ 环境道德规范为什么是一个长期的问题？

从长远角度来看，动物和其他自然实体在人类法庭里没有合法位置，除非有人为它们辩护。濒临灭绝的物种证明了动物在人类世界里地位的低下，反虐法反映出一些人愿意保护动物，为动物辩护。其他环境保护主义和动物权利批评家指出，99.9%的曾经生活在地球上的物种已经灭绝，人们对于自然的掠夺行为就像动物的掠夺行为一样自然。

▶ 环境保护主义与女权运动有何关联？

女权主义者认为人类开发自然环境是文化上厌女症的反应，因为地球一直被比喻成女性。并且，人类开展的一些对动物的研究则主要以雌性动物为目标。克里斯·库莫（Chris Cuomo）对这一主题进行研究并在其著作《女权主义与生态群落》（*Feminism and Ecological Communities*）（2002年）中将生物有趣的生存方式描述为"动态魅力"。

▶ 环境保护主义和种族及国际研究有何关联？

种族歧视理论家，例如劳拉·维斯特拉（Laura Westra）、比尔·E. 劳森（Bill E. Lawson）确认了"环境种族主义"的存在。生活在贫穷街区的少数民族更容易受到周围环境有毒垃圾倾倒场的侵害。例如，一些本土哲学家批评了整个西方科技发展计划。相比之下，国际学者批评了西方环境保护主义者，因为后者认为贫穷国家人们生活的改善没有保护自然重要。

新哲学的其他趋势

▶ 什么是生物学哲学？

严格说来，生物学哲学并不是新兴事物，因为自从亚里士多德（公元前384年—公元前322年）时期，生物学哲学就是哲学的一部分。然而，近来人们在生物体系与物理和化学主题的差异方面进行了进一步的思考，这些思考使人们将新的生物学哲学视为一个独特的理论/哲学学科。并且，一些社会争论，例如关于创造宇宙说和进化论的著名争论，个人自主和遗传决定论的信念，都为生物学

哲学一些旧话题注入了新的活力。

▶ 生物学哲学的研究主题有哪些？

人类能否预测生物习性？环境、遗传以及生物发展过程是如何与有机体相互作用的？这些都是生物学哲学家感兴趣的主题。他们还对有关上述主题的生物学解释和其他学科解释形式上的差异感兴趣。进化论同样也是他们感兴趣的主题。

生物学哲学领域实用性教材包括：亚历山大·罗森伯格（Alexander Rosenberg）所著的《生物科学的结构》（*Structure of Biological Science*）（1985年）、艾略特·索伯（Elliot Sober）所著的《自然选择》（*The Nature of Selection*）（1984年）以及迈克尔·鲁塞（Michael Ruse）所著的《生物学哲学》（*Philosophy of Biology*）（1973年）。大多数当代的生物学哲学家都参照厄恩斯特·麦尔（Ernst Mayr）所著的《生物学思想的发展：差异、进化和遗传》（*The Growth of Biological Thought: Diversity, Evolution and Inheritance*）（1982年）和《朝新的生物学哲学发展：一位进化论者的观察》（*Towards a New Philosophy of Biology: Observations of an Evolutionist*）（1988年）。生物学家新的思想引发了生物学哲学研究的新角度，生物学哲学家有帕特里克·贝特森（Patrick Bateson）、理查德·道金斯（Richard Dawkins）、杰拉德·戴蒙德（Jared Diamond）、史蒂芬·杰伊·古尔德（Stephen Jay Gould）、理查德·莱沃丁（Richard Lewontin）、约翰·梅纳德·史密斯（John Maynard Smith）以及爱德华·O.威尔逊（Edward O. Wilson）。进化生物学激发了新的哲学思考体系，代表人为丹尼尔·丹尼特（Daniel Dennett）。

▶ 丹尼尔·C.丹尼特是什么人物？

丹尼尔·C.丹尼特（Daniel C. Dennett, 1942—　）是美国心智与科学哲学家。他是美国塔夫茨大学（Tufts University）的哲学教授和认知研究中心的联合董事。他比较有影响的是在生物哲学领域将认知科学与进化理论相结合，主要体现在下面的这些著作中：《达尔文的危险观念：进化和生命的意义》（*Darwin's Dangerous Idea: Evolution and the Meanings of Life*）（1996年）、《思想的种类：为了意识的了解》（*Kinds of Minds: Towards an Understanding of Consciousness*）（1997年）、《脑力劳动的产物：关于设计思想的论文（表现与思想）》（*Brainchildren: Essays on Designing Minds*（*Representation and Mind*））
（1998年）、《自由进化》（*Freedom Evolves*）（2003年）、《甜美的梦：意识科学的
哲学障碍》（*Sweet Dreams: Philosophical Obstacles to a Science of Consciousness*）
（2005年）以及《打破魔咒：作为自然现象的宗教》（*Breaking the Spell: Religion
as a Natural Phenomenon*）（2006年）。丹尼特还是明理思想运动的支持者。

▶ 丹尼尔·C.丹尼特提出的生物学哲学是什么？

　　丹尼特从事进化理论的研究，他提出了这个问题："高空吊车或者起重机？"
高空吊车是指从一个发展阶段到下一个发展阶段的不明确的飞跃，而起重机是指
根据前一个发展进程设计之后进程的方式。丹尼特认为：意识，意识的内容，甚至
意识的产物，比如莎士比亚戏剧，都可以用同样的方式被自然地理解，自然进化是
可以理解的。神经中枢系统对同一个事物会产生"多种不同的图案"，以至于大

▶ 什么是明理思想运动？

　　明理思想运动致力于促进公众对自然主义世界观的理解和认同。芝
加哥的生物教师保罗·吉赛尔特（Paul Geisert）和米恩佳·福特瑞尔
（Mynga Futrell）在2003年共同发起了这项运动。保罗·吉赛尔特是教
育家同时还是美国人文主义协会（the American Humanist Association）的
理事会成员，而米恩佳·福特瑞尔是一位无神论者和其他思想家协会
（Atheists and Other Freethinkers）的前任会长，福特瑞尔把世界观是自然主
义（不受自然和神秘元素的控制）的个体定义为具有"明理思想"的人。

　　明理思想运动的座右铭是"启发和提高自然主义世界观"。该组织有
3个主要目标：提升自然主义世界观的公众意识；获得人们的认可，同意
持有明理思想世界观的个体用道德标准解决重要事件；教导所有社会成
员认可并同意参与明理思想运动。

脑本身就是"一种麦堆，在这个麦堆中，其他人的思想的幼虫进行自我更新"。丹尼特还是"文化基因"学说的支持者，即特定的行为模式是进化的产物，是身体上的继承。他的极端唯物主义吸引了众多的批评，也有众多的支持者。

理查德·道金斯是一位进化生物学家，他提出了"文化基因"这一术语。（图片来源：美联社）

▶ 什么是文化基因谜米（meme）？

在《自私的基因》（*The Selfish Gene*）（1976年）这本书中，英国进化生物学家、教授、作家理查德·道金斯（Richard Dawkins）提出了谜米这个术语作为"基因"的对等物。一个文化基因谜米——比如，一首曲子、处方、道德系统，或者服装的样式——通过文化的相互作用一代代地传递下去。虽然人们通常不认为谜米是像基因一样采用身体遗传的方式，但是社会生物学家认为它们受自然选择和突变的支配。

▶ 什么是实验哲学？

实验哲学是一种非常新颖的哲学方法，旨在用经验主义的信息来支持哲学家们提到的"普通直觉"。哲学家向人们介绍了一些哲学问题以及这些问题的答案，并且询问人们是否同意哲学家们所给出的解答。实验哲学已经被应用于语言哲学、行动哲学以及自由意志与决定论不一致的"直觉"中。

▶ 实验哲学有哪些成果？

到目前为止，伯特兰·罗素的描述理论至少已经在一次直觉测试中"失败"了。接受测试的人倾向于责怪人们无意识下所做的事，根据哲学家们的观点，这些事情是他们不应该做的。人们还认为自由意志与决定论相一致,而哲学家们假设的情况并非如此。

▶ 实验哲学的承诺和缺陷是什么?

从简单的形式上来说,实验哲学类似于民意测验哲学,但民意测验不是它的目标或者方法。相反,这个观点是指在依靠普遍直觉之前,哲学家们应该了解那些不是哲学家的人实际相信什么。也就是说,如果哲学理论取决于某个直觉的观点,那么哲学家应该从以经验为主的正确观点开始:他们应该确保当他们说到公众认为某事物是X时,公众确实认为该事物是X。哲学的承诺是,实验哲学有潜力使社会哲学和政治哲学更加科学化。

这并没有剥夺哲学家构建相关的理论来解释为什么普通直觉是错误的自由,只要这些理论是基于综合的判断而不是基于纯粹的体验经历。实验哲学领域最近的著作包括:约书亚·诺比(Joshua Knobe)与肖恩·尼古拉斯(Shaun Nichols)合著的《实验哲学》(*Experimental Philosophy*)(2008年)、约书亚·诺比在杂志《哲学心理学》(*Philosophical Psychology*)2003年第16期上发表的《民族心理学的有意行动:一个实验研究》(*Intentional Action in Folk Psychology: An Experimental Investigation*)以及克瓦米·安东尼·阿皮亚(K. Anthony Appiah)编著的《伦理学实验》(*Experiments in Ethics*)(2008年)。对实验哲学的批判性著作包括:欧内斯特·索萨(Ernest Sosa)在杂志《哲学研究》(*Philosophical Studies*)2006年第132期上发表的《实验哲学和哲学的直觉》(*Experimental Philosophy and Philosophical Intuition*)、柯克·路德维希(Kirk Ludwig)在《中西部哲学研究》(*Midwest Studies in Philosophy*)杂志2007年第31期上发表的《思想实验认识论:第一人称方法与第三人称方法相比较》(*The Epistemology of Thought Experiments: First vs. Third Person Approaches*)以及安蒂瓦·考皮宁(Antti Kauppinen)在《哲学探索》(*Philosophical Explorations*)杂志2007年第10期上发表的《实验哲学的兴衰》(*The Rise and Fall of Experimental Philosophy*)。

▶ 什么是科技哲学?

科技哲学的观点可以追溯到柏拉图和亚里士多德时期,因为他们曾经提到

我们与科技有怎样的联系？科技如何改变我们的生活和我们对世界的感知？这些是科技哲学所提出的问题。（图片来源：大图片文献库）

过技术，或者是艺术和手工艺知识，这其中包括算术和医学。根据普遍原则和因果关系，科技知识不言自明。科技知识可以通过教授的方法获得，并且与自然知识截然不同。

当代的科技哲学涵盖了各种学科，主要致力于从历史角度和它的表现形式这两个方面来研究文化影响和技术动机。美国哲学协会在《哲学与计算机》（ *Philosophy and Computers* ）上发表关于科技哲学的实时通讯。该领域的其他学术期刊还有《目的和手段，网络的未来——技术和人类责任》（ *Ends and Means, NetFuture—Technology and Human Responsibility* ）和《科技：哲学与技术研究》（ *Techne: Research in Philosophy and Technology* ）。

▶ 科技哲学有哪些主要的主题和影响？

大部分科技哲学著作涉及当代哲学的进步论、环境保护论、男女平等主义和后现代主义。虽然本质上没有反对以牺牲人道来取得技术发展，但是马丁·海德格尔（ Martin Heidegger, 1889—1976 ）在著作《有关科技的问题》（ *The Question*

儿童哲学是人们向中学生介绍批判性思维与哲学主题的一次尝试，该尝试的目的是开发和发展孩子对哲学问题的兴趣。通常情况下，欧洲中学的教学大纲中要求学校为学生开设一些哲学课程。在美国，学校开设哲学课程所面临的问题并不是青少年是否有能力学习哲学，而是如何向学生介绍哲学，如何找到合格的哲学老师以及是否有足够的资金来开设课程。

而心理学家让·皮亚杰（Jean Piaget）在这一领域为人们树立了典范，他认为孩子在大约12岁之前不能够"考虑思想的问题"或者从事哲学研究。哲学家加雷思·马修斯（Gareth Matthews, 1929—　）在《哲学与年幼的孩子》（*Philosophy and the Young Child*）（1980年）中指出，皮亚杰年轻的研究对象具有哲学思想和言论。在此之前，马修·李普曼（Matthew Lipman, 1922—　）向新泽西州蒙特克莱（Montclair, New Jersey）的中学生们介绍哲学，他为孩子们写了一本96页的哲学小说《哈里·斯托特米尔的发现》（*Harry Stottlemeier's Discovery*）（1974年）（这本为孩子写的哲学小说讲述了一个故事，马修在故事中用孩子能够理解的语言提出了一些哲学问题）。

马修斯和李普曼都强调了孩子们具备对哲学产生兴趣的积极的天性。相比之下，挪威作家乔斯坦·贾德（Jostein Gaarder）撰写的青少年最畅销小说《苏菲的世界：一本关于哲学历史的小说》（*Sophie's World: A Novel about the History of Philosophy*）（1994年）引导读者对哲学进行一系列的研究。因此，教授给青少年一些哲学知识可能比教授年幼的孩子们哲学知识有更好的教育效果。

致力于儿童哲学教育的当代刊物包括《分析教学》（*Analytic Teaching*）、《社区调查杂志》（*The Community of Inquiry Journal*）、《批判性

Concerning Technology)中表达了自己对于科技的许多质疑。相比之下，约翰·杜
威(John Dewey,1859—1952)在文章中体现出了关于科技的更多乐观的观点。

关键的问题是：人们能否不依赖激进的经济和政治变革来控制科技；科
技是否可以纠正自身的过激行为；科技在科学发展史中发挥怎样的作用。当
代有影响的科技哲学著作包括：迈克·亚达斯(Michael Adas)的《作为人类
量度的机器：科学、技术及西方统治的意识形态》(*Machines as the Measure of
Men: Science, Technology, and Ideologies of Western Dominance*)(1990年)；埃
里克·希格斯(Eric Higgs)的文选《科技和美好的生活》(*Technology and the
Good Life*)(2000年)；以及汉斯·阿奇特休斯(Hans Achterhuis)的《美国科技
哲学》(*American Philosophy of Technology*)(2001年)。

▶ 什么是电影哲学？

视觉媒体出现后，电影批评就出现。这些电影批评有学术性的也有通俗性
的。但是电影哲学，作为当代审美学的一个分支，或者作为艺术哲学的一部分，
是在20世纪70年代后才形成的。电影哲学与电影理论相似，是电影或者电影研
究专家所从事的研究。

一些哲学家，例如电影理论家和批评家，专门将电影视为一种独立的媒介
进行研究。哲学文化批评家将电影视作"证据"，这一"证据"反映出当代文化
中大众的信念。哲学家在电影中寻找道德规范、审美学、政治哲学、女权运动以
及许多其他的哲学兴趣和分支的事例。

一些电影直接地提出了哲学问题。例如电影《黑客帝国》(*The Matrix*)
(1999年)及其续集中提到了什么是真实存在的问题；《记忆碎片》(*Momento*)
(2000年)中涉及记忆和身份的性质。同时，还有一些电影直接以哲学和哲学家

为主题，例如《伊斯特河》（*The Ister*）（2004年）就是一部关于哲学家马丁·海德格尔的电影。

关于哲学电影的当代著作包括编辑理查德·艾伦（Richard Allen）和默里·史密斯（Murray Smith）所著的《电影理论与哲学》（*Film Theory and Philosophy*）（1997年）、格雷戈里·柯里（Gregory Currie）所著的《图像和意识：电影、哲学和认知科学》（*Image and Mind: Film, Philosophy, and Cognitive Science*）（1995年）、辛西娅·A. 弗里兰（Cynthia A. Freeland）与托马斯·E. 沃特伯格（Thomas E. Wartenberg）合著的《哲学与电影》（*Philosophy and Film*）（1995年）。在线期刊《电影—哲学：电影研究和世界电影的哲学评论》（*Film-Philosophy: A Philosophical Review of Film Studies and World Cinema*）为人们提供了当代电影哲学研究的更多资源。

▶ 什么是神秘主义？

神秘主义认为人类无法解释意识。现在人们将一些哲学家提出的这种观点叫做"新神秘主义"。科林·麦克金（Colin McGinn, 1950—　）著有多本关于神秘主义的著作，例如《意识问题》（*The Problem of Consciousness*）（1991年）、《神秘的火焰》（*The Mysterious Flame*）（1999年）以及《意识及其对象》（*Consciousness and Its Objects*）（2004年）。

"神秘主义"一词是欧文·弗拉纳根（Owen Flanagan, 1949—　）在著作《意识的科学》（*Science of the Mind*）（1991年）中首次提出的。"神秘主义"是以摇滚乐队"问号和神秘"（Question Mark and the Mysterians）的名字为基础创造的。以前的哲学家，例如戈特弗里德·莱布尼茨认为人类虽然具有意识，但却不能完全了解意识的出现。

然而，新神秘主义引人注目的特点是，它出现在人们严谨的哲学尝试（哲学家努力尝试提供意识和认知的理论）之后的一个世纪。与哲学家的主张不同，正如杰瑞·福多所阐述的那样，我们不知道意识如何与身体相关联，我们从未了解这种关联，我们甚至也不了解意识本身是什么。一些哲学家还将自己在神秘主义领域的观点融合了古代和16世纪的怀疑论。